U0084260

古典文獻研究輯刊

三九編

潘美月・杜潔祥 主編

第65冊

理雅各《孟子》英譯本注引用儒家《五經》文獻考述（下）

梁鑑洪 著

國家圖書館出版品預行編目資料

理雅各《孟子》英譯本注引用儒家《五經》文獻考述（下）
／梁鑑洪 著 -- 初版 -- 新北市：花木蘭文化事業有限公司，
2024〔民 113〕
目 6+234 面；19×26 公分
（古典文獻研究輯刊 三九編；第 65 冊）
ISBN 978-626-344-985-5（精裝）
1.CST：孟子 2.CST：五經 3.CST：注釋 4.CST：研究考訂
011.08　　113009900

古典文獻研究輯刊
三九編　第六五冊　　ISBN：978-626-344-985-5

理雅各《孟子》英譯本注引用
儒家《五經》文獻考述（下）

作　　者　梁鑑洪
主　　編　潘美月、杜潔祥
總 編 輯　杜潔祥
副總編輯　楊嘉樂
編輯主任　許郁翎
編　　輯　潘玟靜、蔡正宣　美術編輯　陳逸婷
出　　版　花木蘭文化事業有限公司
發 行 人　高小娟
聯絡地址　235 新北市中和區中安街七二號十三樓
　　　　　電話：02-2923-1455／傳真：02-2923-1400
網　　址　http://www.huamulan.tw 信箱 service@huamulans.com
印　　刷　普羅文化出版廣告事業
初　　版　2024 年 9 月
定　　價　三九編 65 冊（精裝）新台幣 175,000 元　

理雅各《孟子》英譯本注引用
儒家《五經》文獻考述(下)

梁鑑洪 著

目次

上冊

下　冊

第五章　引用《禮經》文獻考述

在《十三經》之中，有關「禮」的書籍凡三，包括《周禮》、《儀禮》、《禮記》，是謂《三禮》。《三禮》之名起於東漢的鄭玄。〔註1〕在《漢書．藝文志．六藝略》云：「禮，古經五十六卷，經七十篇。」〔註2〕王先謙《漢書補注》云：「孔子宅得古《儀禮》五十六篇，其字皆篆書，是古文也。」〔註3〕《漢書．藝文志．六藝略》又云：「《記》百三十一篇」……《周官經》六篇。」〔註4〕王先謙：《漢書補注》認為一百三十一篇的《記》，是《大戴禮記》與《小戴禮記》，而《周官經》就是《周禮》。〔註5〕所以，漢代所講的《禮經》是指《儀禮》，而大小戴《禮記》與《周禮》只是附錄於《儀禮》之後。〔註6〕自唐代孔穎達撰定《五經正義》，《禮記》便取代了《儀禮》成為《禮經》，王應麟《小學紺珠》云：「五經正義：《周易》、《尚書》、《毛詩》、《禮記》、《春秋》。唐孔穎達與諸儒選定《五經義疏》凡一百七十卷，詔改為《正義》。」〔註7〕

〔註 1〕〔清〕皮錫瑞：《經學通論》，第三卷，第 4 頁。

〔註 2〕〔漢〕班固撰，〔清〕王先謙補注：《漢書補注》，虛受堂刻本，第三十卷，第十頁，上冊，第 870 頁。

〔註 3〕〔漢〕班固撰，〔清〕王先謙補注：《漢書補注》，虛受堂刻本，第三十卷，第十頁，上冊，第 870 頁。

〔註 4〕〔漢〕班固撰，〔清〕王先謙補注：《漢書補注》，虛受堂刻本，第三十卷，第十至十一頁，上冊，第 870 頁。

〔註 5〕〔漢〕班固撰，〔清〕王先謙補注：《漢書補注》，虛受堂刻本，第三十卷，第十至十一頁，上冊，第 870 頁。

〔註 6〕蔣伯潛：《十三經概論》，第 251 頁。

〔註 7〕〔宋〕王應麟：《小學紺珠》，上海古籍出版社影印《文淵閣四庫全書》本，1987 年，第四卷，第四頁，總第 948 冊，第 452 頁。

若根據清人阮元刻的《十三經注疏》而言，現代講《禮經》應合共三部：《周禮》、《儀禮》、《禮記》。其中以《禮記》的文學思想最豐富。《禮記》的研究歷史，經學層面的研究一直居於主流地位，但文學方面的研究日漸受到重視，兩者可相伴而行，促進彼此的研究層面。〔註 8〕

《禮記》的文學研究跟《禮記．檀弓》文學闡釋有緊密關係。〔註 9〕文學意義上的《禮記》研究，主要是以評注的方式展示《禮記》文學闡釋的獨特風貌和歷程。〔註 10〕現代人較為熟識的《古文觀止》便收錄了《檀弓》上、中、下六個片斷。〔註 11〕《古文評註》則收錄了《檀弓》上、中、下九個片斷。〔註 12〕從各個古文選本評注的篇目來看，先後共選評《禮記》271 個片斷，多半集中在《檀弓》，其次有《學記》、《樂記》、《禮運》、《月令》等篇。〔註 13〕根據《禮記》日漸受到文學界重視的發展史而言，《禮記》的文學價值是值得重視的。

鄭玄注《三禮》之後，特崇《周禮》，所以在《十三經注疏》的三本禮經，就以《周禮》為首。〔註 14〕本書所講的《禮經》，包含了上述的《三禮》，即十三經中的《周禮》、《儀禮》、《禮記》。而本書所據，是清人阮元刻《十三經注疏》本《周禮》、《儀禮》、《禮記》，嘉慶二十年江西南昌府學開雕版。

第一節　引用《周禮》文獻考

理氏所用的《周禮》英文名稱是 *Châu-li*。由於理雅各沒有翻譯《周禮》，也沒有講明他所根據的中文原典，而且理氏所講的卷數又與今本阮元刻《十三經注疏．周禮注疏》有所分別，所以釐清理雅各《孟子》譯注本所引用的《周禮》文獻，十分重要。

〔註 8〕盧靜：《〈禮記〉文學研究綜述》，《社會科學評論》，2008 年，第 4 期，第 124 頁。

〔註 9〕盧靜：《從古代評點看〈檀弓〉的文學闡釋》，《求索》，2016 年，6 月號，第 83 頁。

〔註 10〕盧靜：《〈禮記〉文學研究綜述》，第 124 頁。

〔註 11〕〔清〕吳楚材輯、宋晶如註譯：《考正古文觀止》，香港：鴻光書店，19？年，上冊，第 109～116 頁。

〔註 12〕佚名：《古文評註全集》，香港：鴻榆出版社，200？年，上冊，第 3 卷，第 10～21 頁。

〔註 13〕盧靜：《〈禮記〉文學研究綜述》，第 124 頁。

〔註 14〕〔清〕皮錫瑞：《經學通論》，第三卷，第 5 頁。

理氏一共引用了《周禮》十一篇文獻以解釋《孟子》，包括《天官冢宰・閽人》、《地官司徒・小司徒》、《地官司徒・載師》、《地官司徒・媒氏》、《地官司徒・司市》、《地官司徒・司關》、《地官司徒・山虞》、《地官司徒・澤虞》、《地官司徒・場人》、《春官宗伯・職喪》、《春官宗伯・司常》。

一、引用《天官冢宰・閽人》考

理氏引《周禮》解釋《孟子》所用「辟」字的意思。《離婁下》第二章第四節云：「君子平其政，行辟人。可也；焉得人人而濟之。」〔註15〕

理雅各《孟子》英譯本注：「辟 read as 闢. Removing people from the way, when the prince went forth, was likewise a rule of the Châu dynasty; and not only did it extend to the prince, but to many officers and women. See the *Châu-li*, Pt. I. vii. 32.」〔註16〕理氏意謂，辟讀若闢。君王出巡時，將人民驅離道路，是周代的法例，不單止君王如此，許多高官與婦女都是這樣，見《周禮》第一部第七卷。

理氏所引《周禮》的解釋，出自《周禮・天官冢宰第一・閽人》，其云：「閽人，掌守王宮之中門之禁。……凡外內命夫命婦出入，則為之闢。」〔註17〕閽人之職責是管理王宮中門出入事宜。〔註18〕外內命夫命婦者，內命夫乃指宮中之卿大夫，外命夫是指在朝的卿大夫。婦者，即這些官員的夫人。〔註19〕「闢」者，鄭玄《周禮注》云：「辟行人，使無干也。」〔註20〕若依《周禮・閽人》所言，其職掌只限於中門範圍，其辟行人之責亦應限於中門附近。但古代天子或高官出門，沿途皆有人為其開路卻是事實。理氏謂：「辟 read as 闢」，是採用《康熙字典》的講法，「pì，《廣韻》：『普擊切』。……並音僻。……又與闢通，……《孟子》：『行辟人可也。』」〔註21〕

〔註15〕《孟子注疏》，北京：中華書局影印〔清〕阮元刻《十三經注疏》本，第八卷上，第三頁，總第五冊，第5928頁。

〔註16〕James Legge, *The Works of Mencius*, p.318.

〔註17〕《周禮注疏》，北京：中華書局影印〔清〕阮元刻《十三經注疏》本，第七卷，第二十至二十一頁，總第二冊，第1477～1478頁。

〔註18〕《周禮注疏》，北京：中華書局影印〔清〕阮元刻《十三經注疏》本，第七卷，第二十頁，總第二冊，第1477頁。

〔註19〕《周禮注疏》，北京：中華書局影印〔清〕阮元刻《十三經注疏》本，第七卷，第二十一至二十二頁，總第二冊，第1478頁。

〔註20〕《周禮注疏》，北京：中華書局影印〔清〕阮元刻《十三經注疏》本，第七卷，第二十一頁，總第二冊，第1478頁。

〔註21〕〔清〕康熙御撰：《康熙字典》，漢語大詞典編纂處標點整理本，第1234頁。

《孟子》用「辟」,《周禮》用「闢」。因為「闢」可假借作「辟」。但二字都可解作「避」。朱駿聲《說文通訓定聲》論「辟」字云:「辟,假借……為避。《小爾雅·廣言》:『辟除也。』《周禮·掌交》:『使咸知王之好惡,辟行之。』《孟子》:『行辟人可也。』《荀子·榮辱篇》:『不辟死傷』。」〔註22〕朱駿聲《說文通訓定聲》論「闢」字云:「闢,……假借為避。《周禮·閽人》:『則為之闢。』《釋文》:『避也。』《荀子·解蔽》:『是以闢耳目之辱。』注:屏除也。《小爾雅》:『廣言辟除也。』《漢書·項籍傳》:『辟易數里。』亦以辟為之。」〔註23〕從上述例子來看,辟闢二字,意義互通,都有「避開」之意。楊伯峻《孟子譯注》云:「辟同『闢』。古代上層人物出外,前有執鞭者開路,猶如後代的鳴鑼開道。」〔註24〕

《孟子》在此所表達的,是為政之人應該於大處著想,不要局限於施行小恩小惠。蓋此章是藉批評子產在鄭國之施政,說出其政治思想,其時子產在鄭國主政,用自己所坐的車輛幫助百姓渡過溱水與洧水,茲將其整章列出:

> 子產聽鄭國之政,以其乘輿濟人於溱、洧。孟子曰:「惠而不知為政,歲十一月徒杠成,十二月輿梁成,民未病涉也。君子平其政,行辟人可也;焉得人人而濟之?故為政者,每人而悅之,日亦不足矣。」〔註25〕

孟子並不欣賞子產的施政方式,評論子產所做者,只是小恩小惠,他並不懂得長遠的施政。孟子認為,先做較小的橋供行人使用,然後修建較穩固的大橋供車輛使用,百姓就不需再為過河而辛苦了。君子只要把利民措施搞好,他一出外,鳴鑼開道都可以,又何需一個一個地幫助別人渡河呢。

二、引用《地官司徒·小司徒》考

理氏引用《地官司徒·小司徒》兩次,第一次是解釋什一之稅。

(一)什一之稅

理氏引用《周禮》解釋《孟子》所講的三代稅制,實際上都是什一之稅。《滕文公上》第三章第六節:「夏后氏五十而貢,殷人七十而助,周人百畝而

〔註22〕〔清〕朱駿聲:《說文通訓聲》,解部第十一,第五十三頁,總第535頁。

〔註23〕〔清〕朱駿聲:《說文通訓聲》,解部第十一,第五十六頁,總第537頁。

〔註24〕楊伯峻:《孟子譯注》,上冊,第186頁。

〔註25〕《孟子注疏》,北京:中華書局影印〔清〕阮元刻《十三經注疏》本,第八卷上,第三頁,總第五冊,第5928頁。

徹。其實皆什一也。徹者徹也，助者藉也。」〔註 26〕

理雅各《孟子》英譯本注：

> By the Hsiâ statutes, every husbandman —— head of a family —— received fifty mau, and paid the produce of five of them to the government. This payment was the 貢. By those of Yîn, 630 mau were divided into nine equal allotments of seventy mau each, the central one being reserved for the government, and eight families on the other allotments uniting in its cultivation. By those of Châu, to one family 100 mau were assigned, and ten families cultivated 1,000 acres in common, dividing the produce, and paying a tenth to government. Such is the account here given by *Mencius*, but it is very general, and not to be taken, especially as relates to the system of the Châu dynasty, as an accurate exposition of it. More in accordance with the account in the *Châu Lî* is his own system recommended below Pî Chan.〔註 27〕

理氏之意謂，夏朝的法例，每個農夫即是一家之主，可領到五十畝耕地，其中五畝的收成上繳政府，這叫貢。殷代的法例是將六百三十畝田（以井形）分九等份，每份七十畝，中間的一份是公（government）田，而圍繞政府田的八家人要共同耕種這塊公田。周代的法例，每戶可得一百畝田，十戶就共耕一千畝，將收成每戶均分，十份之一歸政府。孟子在這裏所講的制度，是公有制而非私有制，是對周代制度準確的解釋。他根據《周禮》對此制度有更多解說，見諸下文對畢戰的回答。

理氏認為《孟子》的什一稅制，在周代是用井田制的方法繳稅，他指畢戰向孟子問井田之制，孟子的回答是比較詳盡的解釋，茲將畢戰向孟子問井田之事列出：

> 使畢戰問井地。孟子曰：「子之君將行仁政，選擇而使子，子必勉之。夫仁政必自經界始。經界不正，井地不鈞，穀祿不平。是故暴君汙吏必慢其經界。經界既正，分田制祿，可坐而定也。夫滕壤地褊小，將為君子焉，將為野人焉。無君子莫治野人，無野人莫養

〔註 26〕《孟子注疏》，北京：中華書局影印〔清〕阮元刻《十三經注疏》本，第五卷上，第七頁，總第五冊，第 5877 頁。

〔註 27〕James Legge, *The Works of Mencius*, p.241.

> 君子。請野九一而助，國中什一使自賦。卿以下必有圭田。圭田五十畝，餘夫二十五畝。死徙無出鄉，鄉田同井，出入相友，守望相助，疾病相扶持，則百姓親睦。方里而井；井九百畝，其中為公田。八家皆私百畝，同養公田。公事畢，然後敢治私事，所以別野人也。此其大略也。若夫潤澤之，則在君與子矣。」〔註28〕

理氏認為孟子用井田之制解釋周代的稅制並無錯誤。理氏之錯誤是說井田之制度，詳見於《周禮》。《周禮》所載的井田，實乃土地經界的最小單位，並無井田制度的明確記載。《周禮．地官．小司徒》：「乃經土地而井牧其田野：九夫為井，四井為邑，四邑為丘，四丘為甸，四甸為縣，四縣為都，以任地事而令貢賦，凡稅斂之事。乃分地域而辨其守，施其職而平其政。」〔註29〕無可否認，《周禮》有記井田，但只說九夫為井，無公田或私田之分，又無共耕一田以交稅之說。至於井田之大小，鄭玄說是一里，《周禮．冬官考工記．匠人》：「九夫為井，井間廣四尺、深四尺謂之溝。」〔註30〕鄭玄《周禮注》云：「此畿內采地之制，九夫為井，井者方一里，九夫所治之田也。」〔註31〕

故此，《周禮》所載「九夫為井」之制，與孟子所載之井田制相去甚遠。井田之制，《春秋．穀梁傳》所載較《周禮》尤為詳盡，《春秋．穀梁傳．宣公十五年》云：

> 古者三百步為里，名曰井田。井田者九百畝，公田居一。私田稼不善則非吏，公田稼不善則非民。初稅畝者，非公之去公田而履畝，十取一也。以公之與民為已悉矣。古者公田為居，井竈蔥韭盡取焉。〔註32〕

從這記載而言，《春秋．穀梁傳》與《孟子》所言，尤為相近。所以，理氏

〔註28〕《孟子注疏》，北京：中華書局影印〔清〕阮元刻《十三經注疏》本，第五卷上，第八至九頁，總第五冊，第5877～5878頁。

〔註29〕《周禮注疏》，北京：中華書局影印〔清〕阮元刻《十三經注疏》本，第十一卷，第六頁，總第二冊，第1533頁。

〔註30〕《周禮注疏》，北京：中華書局影印〔清〕阮元刻《十三經注疏》本，第四十二卷，第一頁，總第二冊，第2014頁。

〔註31〕《周禮注疏》，北京：中華書局影印〔清〕阮元刻《十三經注疏》本，第四十二卷，第一頁，總第二冊，第2014頁。

〔註32〕《春秋穀梁傳注疏》，北京：中華書局影印〔清〕阮元刻《十三經注疏》本，嘉慶二十年江西南昌府學開雕版，2009年，第十二卷，第十六頁，總第五冊，第5242頁。

所講的井田制，並非出自《周禮》，而且理氏對《周禮》井田之說亦不大清楚，理氏所講之井田制，實際是根據朱熹之言而來，《四書集註‧孟子集註》云：

> 此以下，乃言制民常產，與其取之之制也。夏時，一夫受田五十畝，而每夫計其五畝之入以為貢。商人始為井田之制，以六百三十畝之地，畫為九區，區七十畝，中為公田。其外八家各授一區，但藉助力以助耕公田，而不復稅其私田。周時，一夫授田百畝，鄉遂用貢法，十夫有溝，都鄙用助法，八家同井，耕則通力而作，收則計畝而分，故謂之徹。其實皆什一者，貢法固以十分之一為常數。惟助法乃是九一，而商制不可考，周制則公田百畝，中以二十畝為廬舍，一夫所耕公田實計十畝，通私田百畝，為十分一而取其一，蓋又輕於什一矣。竊料商制亦當似此，而以十四畝為廬舍，一夫實耕公田七畝，是亦不過什一也。徹，通也，均也。藉，借也。〔註33〕

孟子《滕文公上》第三章的目的，不是要講井田制，而是藉井田制向滕文公講仁政思想，孟子是提出什一之稅，夏、商、周三代的稅制名目雖然有不同，但都是什一之稅，自古以來都是用這個量化為標準，但因為戰國時代，各諸侯國沒有固定的稅制，所以畢戰就問孟子關於周代的井田制，趙岐《孟子注》云：「畢戰，滕臣也，問古井田之法。時諸侯各去典籍，人自為政，故井田之道不明也。」〔註34〕此章的開頭是「滕文公問為國，孟子曰：『民事不可緩也。』」〔註35〕顯見孟子的目的不是解釋古代的稅制，而是勸君王不要勞役百姓，不可抽重稅，使百姓可過安樂的生活，仁政的思想之一，就是讓人民過豐衣足食的生活。

（二）丘民考

理氏引《周禮》解釋《孟子》所講「丘民」之意。《盡心下》第十四章第二節：「是故得乎丘民而為天子；得乎天子為諸侯；得乎諸侯為大夫。」〔註36〕

理雅各《孟子》英譯本注：

〔註33〕〔宋〕朱熹：《四書集註‧孟子集註》，影印怡府藏板，第三卷，第五頁。

〔註34〕《孟子注疏》，北京：中華書局影印〔清〕阮元刻《十三經注疏》本，第五卷上，第八頁，總第五冊，第5877頁。

〔註35〕《孟子注疏》，北京：中華書局影印〔清〕阮元刻《十三經注疏》本，第五卷上，第六頁，總第五冊，第5876頁。

〔註36〕《孟子注疏》，北京：中華書局影印〔清〕阮元刻《十三經注疏》本，第十四卷上，第七頁，總第五冊，第6037頁。

> 丘民＝田野之民, "the people of the fields and wilds," the peasantry. According to the *Châu Lî*, nine husbandmen, heads of families, formed a *tsing*（井）; four *tsings* formed a *yih*（邑）; and four *yih*（邑）formed a *k'ew*（丘）, which would thus contain 144 families. But the phrase 丘人, signifying the peasantry, is yet equivalent to "the people."〔註37〕

理氏意謂，丘民即田野之民，亦即全國農民，根據《周禮》，九個農夫成為一井，每個農夫都是一家之主，四井成為一邑，四邑成一丘，所以一丘就是144個家庭。但丘人表示農民，就如現今所講之「百姓」。

理氏所講的社會組合，是據《周禮・地官司徒第二・小司徒》而來，《小司徒》云：「乃經土地而井牧其田野：九夫為井，四井為邑，四邑為丘，四丘為甸，四甸為縣，四縣為都，以任地事而令貢賦，凡稅斂之事。乃分地域而辨其守，施其職而平其政。」〔註38〕可見《周禮》之「丘」，乃一種地方分區之規劃，如現代之村鎮之類，未必是《孟子》所講之丘民。趙岐《孟子注》云：「丘十六井也。」〔註39〕是用《周禮》解「丘民」的意思。而朱熹《四書集註・孟子集註》則云：「丘民，田野之民，至微賤也。然得其心，則天下歸之。」〔註40〕朱熹的解釋較為合理，焦循則認為「丘民」即「百姓」，《孟子正義》云：「然則丘民猶言邑民、鄉民、國民也。王氏念孫《廣雅疏證》云：『丘，眾。《孟子・盡心篇》：得乎丘民而為天子。《莊子・則陽篇》云：丘里者，合十姓百名以為風俗也。《釋名》云：四邑為丘，丘，眾也。』皆眾之義也。」〔註41〕

正如焦循所講，把丘民解作民眾或百姓會比較契合《孟子》的意思，理雅各認為「丘民」可解作百姓，也算掌握到《孟子》的意思。蓋一個國家只有天子與官員，沒有百姓，則國不成國矣。這也符合孟子所提倡的政治思想，亦符合《盡心下》第十四章的意思，茲引此章云：「孟子曰：『民為貴，社稷次之，

〔註37〕James Legge, *The Works of Mencius*, p.483~484.

〔註38〕《周禮注疏》，北京：中華書局影印〔清〕阮元刻《十三經注疏》本，第十一卷，第六頁，總第1533頁。

〔註39〕《孟子注疏》，北京：中華書局影印〔清〕阮元刻《十三經注疏》本，第十四卷上，第七頁，總第五冊，第6037頁。

〔註40〕〔宋〕朱熹：《四書集註・孟子集註》，影印怡府藏版，第七卷，第二十二頁。

〔註41〕〔清〕焦循：《孟子正義》，北京：中華書局，上冊，第974頁。

君為輕。是故得乎丘民而為天子；得乎天子為諸侯；得乎諸侯為大夫。諸侯危社稷，則變置；犧牲既成，粢盛既潔，祭祀以時，然而旱乾水溢，則變置社稷。』」〔註 42〕「民為貴」之「民」就是平民百姓，「得乎丘民」之「民」解作平民百姓，有平民百姓的支持，天子才會有所作為〔註 43〕。

三、引用《地官司徒・載師》考

理雅各引用《周禮》解釋《公孫丑上》第五章第五節：「廛，無夫里之布，則天下之民皆悅而願為之氓矣。」〔註 44〕的「夫里之布」。

理雅各《孟子》英譯本注云

> What was the 夫布? And what the 里布? It appears from the *Châu-lî*, that there was a fine, exacted from idlers or loafers in the towns, called 夫布, and it is said that the family which did not plant mulberry trees and flax according to the rules, was condemn to pay one hamlet, or twenty-five families', quota of cloth. But 布 may be taken in the sense of money, simply＝錢, which is a signification attaching to it. We must leave the passage in the obscurity which has always rested on it. Mencius is evidently protesting against some injurious exactions of the time.〔註 45〕

理氏意謂，甚麼是夫布？甚麼是里布？據《周禮》所載，對市鎮內的賦閒之人或遊手好閒之輩的罰金或懲罰，就是夫布。而且，一個家庭如果不種桑樹與麻樹，根據法例，要支付相等於一個小村莊（one hamlet）或相等於二十五個家庭的布。但布應該是指錢，因布帛在古代是賦予錢幣的含意，這段經文有些是我們不能理解的含糊之處，孟子肯定是反對當時傷害性的懲罰。

理氏雖指出夫布與里布之說出自《周禮》，但並未講清其出處。夫布與里布乃出自《周禮・地官司徒・載師》，其云：「凡宅不毛者有里布，凡田不耕者出屋粟，凡民無職事者出夫家之征。」〔註 46〕此段有里布而無夫布，只言「出

〔註 42〕《孟子注疏》，北京：中華書局影印〔清〕阮元刻《十三經注疏》本，第十四卷上，第七頁，總第五冊，第 6037 頁。
〔註 43〕傅佩榮：《孟子新解》，下冊，第 324 頁。
〔註 44〕《孟子注疏》，北京：中華書局影印〔清〕阮元刻《十三經注疏》本，第三卷下，第四頁，總第五冊，第 5850 頁。
〔註 45〕James Legge, *The Works of Mencius*, p.200.
〔註 46〕《周禮注疏》，北京：中華書局影印〔清〕阮元刻《十三經注疏》本，第十三卷，第十五頁，總第二冊，第 1565 頁。

夫家之征」，而據《周禮・地官司徒・閭師》云：「凡無職者出夫布。」〔註47〕兩者比較可見「出夫家之征」就是「出夫布」。

夫布與里布之意思，鄭玄《周禮注》云：

> 鄭司農云：「宅不毛者，謂不樹桑麻也。里布者，布參印書，廣二寸長二尺以為幣，貿易物。《詩》云：抱布貿絲。抱此布也。或曰布，泉也。《春秋傳》曰：買之百兩一布。又《廛人》職掌斂市之次布、儳布、質布、罰布、廛布。《孟子》曰：廛無夫里之布，則天下之民，皆悅而願為其民矣。故曰：宅不毛者有里布，民無職事，出夫家之征。欲令宅樹桑麻，民就四業，則無稅賦以勸之也。」……玄謂：「宅不毛者，罰以一里二十五家之泉，空田者，罰以三家之稅粟，以其吉凶二服及喪器也。民雖有閒無職事者，猶出夫稅家稅也。夫稅者，百畝之稅。家稅者，出士，從車輦、給繇役。」〔註48〕

賈公彥《周禮疏》云：「出夫布者，亦使出一夫口稅之泉也。」〔註49〕所謂布者，猶如現代的金錢，焦循《孟子正義》云：「鄭氏注《禮記・檀弓》云：『古者謂錢為帛布。』韋昭注《國語・周語》云：『錢者，金幣之名，古曰泉，後轉曰錢。』是布為錢，即為泉也。」〔註50〕

焦循《孟子正義》引江永《羣經補義》云：

> 凡民居區域關市邸舍通謂之廛，上文「廛而不征，法而不廛」之廛是市宅，此廛謂民居，即《周禮》「上地夫廛」，「許行願受一廛」之廛，非市宅也。布者，泉也，亦即錢也。非布帛之布。夫布見《周禮・閭師》：「凡無職者出夫布」，謂閒民為民傭力者，不能赴公旬三日之役，使之出一夫力役之泉，猶後世之僱役錢也。里謂里居，即《孟子》「牧其田里」之里。非二十五家也。里布見《地官・載師》：「宅不毛者有里布」，謂有宅不種桑麻，或荒其地，或為臺榭游觀，則使之出里布，猶後世凡地皆有地稅也。此皆民之常賦。〔註51〕

〔註47〕《周禮注疏》，北京：中華書局影印〔清〕阮元刻《十三經注疏》本，第十三卷，第十八頁，總第二冊，第1566頁。

〔註48〕《周禮注疏》，北京：中華書局影印〔清〕阮元刻《十三經注疏》本，第十三卷，第十五頁，總第二冊，第1565頁。

〔註49〕《周禮注疏》，北京：中華書局影印〔清〕阮元刻《十三經注疏》本，第十三卷，第十八頁，總第二冊，第1566頁。

〔註50〕〔清〕焦循：《孟子正義》，北京：中華書局，上冊，第230頁。

〔註51〕〔清〕焦循：《孟子正義》，北京：中華書局，上冊，第230頁。

江氏認為夫布者猶後世之傴役，而里布者，乃如今時之地稅，是相當好的詮釋。

至於理氏所講的「孟子肯定是反對當時傷害性的懲罰（Mencius is evidently protesting against some injurious exactions of the time.）。」此說應該出自朱熹《四書集註．孟子集註》，其云：「今戰國時，一切取之，市宅之民，已賦其廛，又令出此夫里之布，非先王之法也。」〔註52〕焦循《孟子正義》引江永《羣經補義》亦主此說：「戰國時，一切取之非傭力之閒民，已有力役之征，而仍使之別出夫布。宅有種桑麻，有嬪婦布縷之征，而仍使之別出里布。是額外之征，借夫布、里布之名而橫取者，今皆除之，則居廛者皆受惠也。」〔註53〕楊伯峻對江永此言論有中肯的批評，其《孟子譯注》云：

> 案江氏說夫布里布之義甚是，但後段謂「戰國時一切取之」因而孟子欲除之則非，《孟子．盡心下》云：「孟子曰：有布縷之征、粟米之征、力役之征。君子用其一，緩其二，用其二而民有殍，用其三而父子離。」可見孟子本意。江氏所以為此說者，以為《周禮》是周公所作，孟子只有同意，決無反對之理，於是不得已而為此調停之言。殊不知《周禮》決非周公之書，僅是部分地反映了春秋戰國一代中的若干實際情況的書罷了。〔註54〕

孟子的目的，是講君王若要施行仁政，吸納各式人才，就要從個人徵稅著手，使百姓可安居，不用抽勞役方面的稅，也不需要抽地稅，使百姓不需要受額外稅項的負擔，這樣一來，不但本國的百姓，即使別國的百姓也願意到來這裏發展了。〔註55〕

四、引用《地官司徒．媒氏》考

理氏引用《周禮》解釋《孟子》之「媒妁」的意思。《滕文公下》第三章第六節：

> 丈夫生而願為之有室，女子生而願為之有家。父母之心，人皆有之。不待父母之命、媒妁之言，鑽穴隙相窺，踰牆相從，則父母、國人皆賤之。古之人未嘗不欲仕也，又惡不由其道。不由其道而往

〔註52〕〔宋〕朱熹：《四書集註．孟子集註》，影印怡府藏版，第二卷，第十三頁。
〔註53〕〔清〕焦循：《孟子正義》，北京：中華書局，上冊，第231頁。
〔註54〕楊伯峻：《孟子譯注》，上冊，第78頁。
〔註55〕傅佩榮：《孟子新解》，上冊，第160頁。

者，與鑽穴隙之類也。〔註 56〕

理雅各《孟子》英譯本注：

> 丈夫 and 女子, —— here simply "a son," "a daughter." A man marrying is said 有室, "to have an apartment," and a woman marrying, 有家, "to have a family," or "home." On the go-between, see the *Châu Li*, Pt. II. Bk. Vi. Pars. 54~60; the *Shih-ching*, I. viii. Ode VI.st. 4. The law of marriage here referred to by *Mencius* still obtains, and seems to have been the rule of the Chinese race from time immemorial.〔註 57〕

理氏之意謂，這裏的「丈夫」與「女子」就是男子與女子的意思。已婚的男士是「有室」，就是有居所，已婚女士叫「有家」，就是擁有家庭。媒妁見《周禮》第二部份第六卷第 54～60 章及《詩經・國風・齊風・南山》。《孟子》所講的婚嫁習俗現時仍然流行，這種婚俗似乎在史前時代就已是中華民族的傳統習俗。

理雅各引《周禮》第二部份，第六卷，第 54～60 章解釋「媒妁」一詞，實在不知其是何所指。據《周禮》，管理婚姻之官是「媒氏」，載於《地官司徒第二》第十四卷第七章。《周禮・地官司徒・媒氏》云：

> 媒氏。掌萬民之判。凡男女自成名以上，皆書年月日名焉。令男三十而娶，女二十而嫁。凡娶判妻入子者，皆書之。中春之月，令會男女。於是時也，奔者不禁。若無故而不用令者，罰之。司男女之無夫家者而會之。凡嫁子娶妻，入幣純帛無過五兩。禁遷葬者與嫁殤者。凡男女之陰訟，聽之于勝國之社；其附于刑者，歸之于士。〔註 58〕

判者，兩半耦合的意思，鄭玄《周禮注》云：「判，半也。得耦為合，主合其半成夫婦也。《喪服》傳曰：『夫妻判合。』鄭司農云『主萬民之判合。』」〔註 59〕按《周禮》之「媒氏」掌管婚姻制度，不單止是管理未婚嫁的男女之新婚嫁娶，也包括喪偶之人的再嫁娶，尤其特別之處，是禁止陰婚「禁遷葬

〔註 56〕《孟子注疏》，北京：中華書局影印〔清〕阮元刻《十三經注疏》本，第六卷上，第六頁，總第五冊，第 5895 頁。

〔註 57〕James Legge, *The Works of Mencius*, p.268.

〔註 58〕《周禮注疏》，北京：中華書局影印〔清〕阮元刻《十三經注疏》本，第十四卷，第十三至十七頁，總第二冊，第 1579～1581 頁。

〔註 59〕《周禮注疏》，北京：中華書局影印〔清〕阮元刻《十三經注疏》本，第十四卷，第十三頁，總第二冊，第 1579 頁。

者與嫁殤者。」鄭玄《周禮注》云：「遷葬，謂生時非夫婦，死既遷之葬使相從也。殤，十九以下未嫁而死者，生不以禮相接，死而合之，是亦亂人倫者也。」〔註60〕

《周禮》只有「媒」而無「妁」，《孟子》則言「媒妁」。《說文》云：「媒，謀也。謀合二姓者也。妁，酌也，斟酌二姓者也。」〔註61〕段玉裁《說文解字注》云：「斟者，酌也。酌者，盛酒行觴也。斟酌二姓者，如挹彼注茲，欲其調適也。《孟子》曰：『不待父母之命、媒妁之言。』」〔註62〕由此而言，媒與妁二字意義非常相近。媒妁二字連用，可能始於《孟子》。

《孟子》用「媒妁之言」，其目的不是講古代的婚姻，只不過以男女無不欲婚嫁，但必須按國家禮法行之有道，比喻士人之仕，亦要行之有道，一切按規矩而行，張居正《四書集註闡微直解》云：

> 孟子答說：「君子之心，豈不欲仕而得位？但出處進退自有正道，不可苟且。且如男女居室，人之大倫，故丈夫生而願為之有室，女子生而願為之有家，這是父母之心，人所同有。然在男女必待父母有命，媒妁之言，才好婚配而成室。若不待父母之命，媒妁之言，甚至鑽穴隙以相窺，逾牆垣以相從，這等污辱苟合，不惟為父母者賤而惡之，舉國之人皆賤而惡之矣。是以古之君子未嘗不欲仕，亦如為人父母之心，未嘗不願男女之有室家，但必審去就之義，明進退之禮。又以不由其道為恥，若不得諸侯之招而屈己往見，這便是不由其道，與鑽穴隙相窺的一般，人之賤惡又當何如？然則士之不見諸侯，正惡不由其道也。」〔註63〕

孟子對於為諸侯工作的態度，都是強調合禮，若不合禮，就如鑽穴隙相窺，亦即鑽門路。

五、引用《地官司徒．司市》考

理氏引《周禮》是解釋《公孫丑上》第五章第二節：「市，廛而不征，法

〔註60〕《周禮注疏》，北京：中華書局影印〔清〕阮元刻《十三經注疏》本，第十四卷，第十七頁，總第二冊，第1581頁。

〔註61〕〔漢〕許慎著，〔清〕段玉裁注：《說文解字注》，第十二篇下，第四頁，總第613頁。

〔註62〕〔漢〕許慎著，〔清〕段玉裁注：《說文解字注》，第十二篇下，第四頁，總第613頁。

〔註63〕〔明〕張居正：《四書集註闡微直解》，第十九卷，第十頁，總第555頁。

而不廛，則天下之商皆悅而願藏於其市矣。」〔註 64〕所講的商業活動——「市」。

理雅各《孟子》英譯本注：

> 廛, "a shop, or market-stance," is used here as a verb, "to levy ground-rent for such a shop." According to Chû Hsî, in the《語類》, we are to understand the market-place here as that in the capital, which was built on the plan of the division of the land, after the figure of the character 井. The middle square behind was the 市; the centre one was occupied by the palace; the front one by the ancestral and other temples, government treasuries, arsenals, & c.; and the three squares on each side were occupied by the people. He adds that, when traders became too many, a ground-rent was levied; when they were few, it was remitted, and only a surveillance was exercised of the markets by the proper officers. That surveillance extended to the inspection of weights and measures, regulation of the price, & c. See its duties detailed in the *Châu-li*, XIV. Vii.〔註 65〕

理氏意謂，廛是指商店或街市攤檔，但在這裏卻用作動詞，指徵收這些商店或攤檔的地租。據朱熹《朱子語類》所講，這是指首都的商業活動，首都的設計是按井字形來劃分，中間是皇宮，其後是市，其前是宗廟與其他廟宇，政府庫房，武器庫，而左右各三個區份是民居。當商販越來越多，就徵稅以抑減之，商販少就減免稅款。有相關官員監察市場活動以及度、量、衡、價格等，詳見《周禮》第十四卷第七章。

理氏在此的論述，引用了兩段文字，第一是引用《朱子語類》，第二是引用《周禮》。理氏引用《朱子語類》解釋《孟子》所講「市、廛」的意思，並且講到國都的劃分與市場的位置，「市」是國都佈局的一部份，茲引述《朱子語類・孟子三・公孫丑上之下・尊賢使能章》云：

> 「市廛而不征」。問：「此市在何處？」曰：「此都邑之市。人君國都如井田樣，畫為九區：面朝背市，左祖右社，中間一區，則君

〔註 64〕《孟子注疏》，北京：中華書局影印〔清〕阮元刻《十三經注疏》本，第三卷下，第四頁，總第五冊，第 5850 頁。

〔註 65〕James Legge, *The Works of Mencius*, p.199~200.

之宮室。宮室前一區為外朝，凡朝會藏庫之屬皆在焉。後一區為市，市四面有門，每日市門開，則商賈百物皆入焉。賦其廛者，謂收其市地錢，如今民間之舖面錢。蓋逐末者多，則賦其廛以抑之；少則不廛，而但治以市官之法，所以招徠之也。市官之法，如《周禮》司市平物價，治爭訟，譏察異服異言之類。市中惟民乃得入，凡公卿大夫有爵位及士者皆不得入，入則有罰。如『國君過市，則刑人赦；夫人過市，則罰一幕；世子過市，則罰一樂；命夫、命婦過市，則罰一蓋、帷』之類。左右各三區，皆民所居。而外朝一區，左則宗廟，右則社稷在焉。此國君都邑規模之大概也。」

或問：「法而不廛」。「謂治以市官之法」。「如何是市官之法？」曰：「《周禮》自有，如司市之屬平價，治爭訟，謹權量等事，皆其法也。」又問：「市，廛而不征，法而不廛。」曰：「『市，廛而不征』，謂使居市之廛者，各出廛賦若干，如今人賃舖面相似，更不徵稅其所貨之物。『法而不廛』，則但治之以市官之法而已，雖廛賦亦不取之也。」又問：「『古之為市者，以其所有，易其所無者，有司者治之耳。』此便是市官之法否？」曰：「然。如漢之獄市、軍市之類，皆是古之遺制。蓋自有一箇所在以為市，其中自有許多事。『市，廛而不征，法而不廛』，伊川之說如何？」曰：「伊川之說不可曉。橫渠作二法，其說卻似分明。」問：「『廛無夫里之布』。《周禮》：『宅不毛者有里布，民無職事，出夫家之征。』鄭氏謂宅不種桑麻者，罰之，使出一里二十五家之布。不知一里二十五家之布是如何？」曰：「亦不可考。」又問：「鄭氏謂民無常業者，罰之，使出一夫百畝之稅，一家力役之征。如何罰得恁地重？」曰：「後世之法與此正相反，農民賦稅丁錢卻重，而遊手浮浪之民，泰然都不管他。」因說：「浙間農民丁錢之重，民之彫困，不可開眼！」〔註66〕

上引《朱子語類》的文字提及《周禮》三次，第一次是講《周禮》司市的職責，第二次是指「法而不廛」在《周禮》有講解此職，第三次是指「夫里之布」在《周禮》亦有解釋。朱子解「廛而不征」之意，認為「廛」是指「鋪面稅」，即是政府收取鋪面的租金，卻不徵收貨物稅。朱子解「法而不廛」之意，認為是用司市之法，平抑物價，治理市場糾紛，管理權量以防欺詐，但

〔註66〕〔宋〕朱熹：《朱子語類》，第拾伍冊，第1754～1755頁。

不收其廛賦。

理氏第二段資料是引用《周禮》第十四卷第七章解釋《孟子》，但據阮元刻《十三經注疏．周禮》此章是「媒氏」，並非解釋「市」，乃是管理婚姻制度的官員。關於「市」的記載，是第十四卷第八章的「司市」。茲引《周禮．地官司徒．司市》云：

> 司市。掌市之治教、政刑、量度、禁令。以次敘分地而經市，以陳肆辨物而平市，以政令禁物靡而均市，以商賈阜貨而行布，以量度成賈而徵價，以質劑結信而止訟，以賈民禁偽而除詐，以刑罰禁虣而去盜，以泉府同貨而斂賒。大市日昃而市，百族為主；朝市朝時而市，商賈為主；夕市夕時而市，販夫販婦為主。凡市入，則胥執鞭度守門，市之羣吏平肆、展成奠賈，上旌于思次以令市。市師涖焉，而聽大治大訟。胥師、賈師涖于介次，而聽小治小訟。凡萬民之期于市者、辟布者、量度者、刑戮者各于其地之敘。凡得貨賄、六畜者亦如之，三日而舉之。凡治市之貨賄、六畜、珍異，亡者使有，利者使阜，害者使亡，靡者使微。凡通貨賄，以璽節出入之。國凶、荒、札、喪，則市無征而作布。凡市偽飾之禁，在民者十有二，在商者十有二，在賈者十有二，在工者十有二。市刑：小刑憲罰，中刑徇罰，大刑扑罰，其附于刑者歸于士。國君過市，則刑人赦；夫人過市，罰一幕；世子過市，罰一帟；命夫過市，罰一蓋；命婦過市，罰一帷。凡會同、師役，市司帥賈師而從，治其市政，掌其賣價之事。〔註 67〕

據《周禮．地官司徒．司市》所載，司市的職責與工作都相當繁雜，包括制定市場度、量、衡制度，平抑市場物價，限制市場貨物的供求，對犯刑者施以懲罰等。然而，《周禮．司市》只講到市場零售制度，並未實際講到「廛而不征」與「法而不廛」的意思。所以，理氏兩段引述都不能清楚解釋《公孫丑上》此節的意思，只能解釋「市」的意思。

《孟子》所言的「市，廛而不征，法而不廛」，需要分市、廛、征、法四層面解釋，才明瞭其深意，「市」就是市場，物產交易的地方。朱熹認為是都城的「市」，實際上可以是任何一個地區的「市」。有關「市」的作用與制度，

〔註 67〕《周禮注疏》，北京：中華書局影印〔清〕阮元刻《十三經注疏》本，第十四卷，第十八至二十五頁，總第二冊，第 1581～1585 頁。

上面所引《周禮》的經文已經說明。

現茲解釋「廛而不征，法而不廛」的意義，《周禮・廛人》云：「凡珍異之有滯，斂而入于膳府。」〔註 68〕鄭玄《周禮注》云：

> 故書滯或作廛，鄭司農云：「謂滯貨不售者，官為居之，貨物沉滯於廛中，不決，民待其值以給喪疾，而不可售賈賤者也。廛謂市中之地未有肆而可居以畜藏貨物者也。孟子曰：市，廛而不征，法而不廛。則天下之商皆悅而願藏於其市矣。謂貨物藏於市中而不租稅也，故曰：廛而不征。其有貨物久滯于廛而不售者，官以法為居取之，故曰法而不廛。」玄謂：滯讀如沉滯之滯，珍異，四時食物也，不售而在廛，久則將瘦臞腐敗，為買之入膳夫之府，所以紓民事而官不失實。〔註 69〕

按此而言，「廛而不征」之「廛」是市中儲藏與售賣貨物的地方，「征」就是徵稅，孟子之意是，商賈在市廛中售賣貨物，政府不向之徵稅，按《禮記・王制》所載：「市廛而不稅」〔註 70〕。鄭玄《禮記注》云：「廛，市物邸舍，稅其舍，不稅其物。」〔註 71〕孟子亦應是相同意思，政府只徵收廛舍之租金，而不徵收貨物之稅款。《朱子語類》的講法亦相同。用現代人的講法，就是對市場中人推行「稅務減免」措施。

至於「法而不廛」是一種市場調節方法，不廛就是不將貨物久藏於市廛之地，不讓貨物滯銷。如果貨物滯銷，政府就要出手購貨，使百姓不會因貨物滯銷而影響生計。孟子在農業社會所提的意見都是與農業有關的策略，農產品若不及時售出，就容易變壞，政府在市場滯銷的情況下，就要按法例購入農產品，使農民不至血本無歸，這些策略的目的是使商賈做生意有法例保障，可以安心做生意，也可使農商二業有所發展。

然而《孟子》這句話的著重點是藉「市」的「廛」與「徵」，指出任用人才的重要性。由於市場穩定，百姓生活無憂，就能吸收到各式各類的人才到

〔註 68〕《周禮注疏》，北京：中華書局影印〔清〕阮元刻《十三經注疏》本，第十五卷，第二頁，總第二冊，第 1589 頁。

〔註 69〕《周禮注疏》，北京：中華書局影印〔清〕阮元刻《十三經注疏》本，第十五卷，第三頁，總第二冊，第 1590 頁。

〔註 70〕《禮記正義》，北京：中華書局影印〔清〕阮元刻《十三經注疏》本，第十二卷，第二十三頁，總第二冊，第 2895 頁。

〔註 71〕《禮記正義》，北京：中華書局影印〔清〕阮元刻《十三經注疏》本，第十二卷，第二十三頁，總第二冊，第 2895 頁。

來，《公孫丑上》第五章一開始就說：「孟子曰：『尊賢使能，俊傑在位，則天下之士皆悅而願立於其朝矣；市，廛而不征，法而不廛，則天下之商皆悅而願藏於其市矣。』」〔註 72〕國家的發展，需要吸納不同的人才，「賢」是指賢良有道德之人，「能」就是各類型的專業人士，「市」、「廛」是指做生意的人，生意人使貨暢其流，使不同國家的貨物在市場流通，由此可見孟子的思想是著重商業人才對國家與社會的影響。

《孟子》講市廛的問題，是藉市廛之法而討論「尊賢使能」。理雅各並不是朝著這一路向解釋《孟子》，落入掌故式的分解，忽略了政治思想的方向，而政治思想路向才是《孟子》此段經文的至重關要處。

六、引用《地官司徒．司關》考

理氏引用《周禮》解釋《公孫丑上》第五章第三節：「關，譏而不征，則天下之旅皆悅而願出於其路矣。」〔註 73〕之「關」。

理雅各《孟子》英譯本注：

> All critics refer for the illustration of this rule to the account of the duties of the 司關, in the *Châu-li*, XV. Xi. But from that it would appear that the levying no duties at the passes was only in bad years, and hence some have argued that *Mencius's* lesson was only for the emergency of the time. To avoid that conclusion, the author of the《四書拓餘說》contends that the *Châu-li* has been interpolated in the place, ——rightly, as it seems to me.〔註 74〕

理氏意謂，批評家們都認為這個例子是《周禮》第十五卷第十一章「司關」的職責，但從《周禮》所載，只會在凶年時，海關才免徵貨物的關稅，所以有論者認為，孟子所言是在危急時應用，為避免這種結論，《四書摭餘說》就辯論說，《周禮》所載是由後者插入的，這也是筆者的講法。

《周禮》第十五卷第十一章是「司關」。茲引述《周禮．地官司徒．司關》云：

〔註 72〕《孟子注疏》，北京：中華書局影印〔清〕阮元刻《十三經注疏》本，第三卷下，第四頁，總第五冊，第 5850 頁。

〔註 73〕《孟子注疏》，北京：中華書局影印〔清〕阮元刻《十三經注疏》本，第三卷下，第四頁，總第五冊，第 5850 頁。

〔註 74〕James Legge, *The Works of Mencius*, p.200.

司關，掌國貨之節，以聯門市。司貨賄之出入者，掌其治禁與其征廛。凡貨不出於關者，舉其貨，罰其人。凡所達貨賄者，則以節傳出之。國凶札，則無關門之征，猶幾。凡四方之賓客敂關，則為之告。有外內之送令，則以節傳出內之。〔註 75〕

可見「司關」之職，乃是管理關口貨財物之出入，使關門、國門、與市之貨賄能夠統一，鄭玄《周禮注》云：「貨節，謂商本所發司市之璽節也。自外來者，則案其節而書其貨之多少，通之國門，國門通之司市。自內出者，司市為之璽節，通之國門，國門通之關門，參相聯以檢猾商。」〔註 76〕「關門」的官員也負責徵收貨物關稅，鄭玄《周禮注》云：「征廛，貨賄之稅。」〔註 77〕

然而，理氏認為《周禮．司關》之「國凶札，則無關門之征，猶幾。」（the levying no duties at the passes was only in bad years）與《孟子》「關，譏而不征。」之講法有矛盾，所以認為《周禮》此句是後世羼入，這個講法實是不理解《周禮》與《孟子》之分別。茲先論述二者之意思。

《周禮．司關》之「國凶札，則無關門之征，猶幾。」鄭玄《周禮注》云：「鄭司農云：『凶謂凶年饑荒也，札謂疾疫死亡也，越人謂死為札。』《春秋傳》曰：『札瘥夭昏，無關門之征者。』出入關門無租稅。猶幾，謂無租稅猶苛察，不得令姦人出入。」〔註 78〕由此言之，《周禮》所講者，在凶年歲饑之時，就不徵收貨物關稅，但需要注意防止姦賊違法之人出入關禁。關口徵收關稅，是常年之制度，只在凶年歲饑才暫時停止徵收關稅。

現討論《孟子》「關，譏而不征。」之意。《孟子》此語亦見諸《禮記．王制》，茲引述之云：「關，譏而不征。」〔註 79〕鄭玄《禮記注》云：「譏，譏異服，識異言。征亦稅也。《周禮》國凶札則無門關之征，猶譏也。」〔註 80〕譏

〔註 75〕《周禮注疏》，北京：中華書局影印〔清〕阮元刻《十三經注疏》本，第十五卷，第八至十頁，總第二冊，第 1592～1593 頁。

〔註 76〕《周禮注疏》，北京：中華書局影印〔清〕阮元刻《十三經注疏》本，第十五卷，第八頁，總第二冊，第 1592 頁。

〔註 77〕《周禮注疏》，北京：中華書局影印〔清〕阮元刻《十三經注疏》本，第十五卷，第九頁，總第二冊，第 1593 頁。

〔註 78〕《周禮注疏》，北京：中華書局影印〔清〕阮元刻《十三經注疏》本，第十五卷，第九頁，總第二冊，第 1593 頁。

〔註 79〕《禮記正義》，北京：中華書局影印〔清〕阮元刻《十三經注疏》本，第十二卷，第二十三頁，總第三冊，第 2895 頁。

〔註 80〕《禮記正義》，北京：中華書局影印〔清〕阮元刻《十三經注疏》本，第十二卷，第二十三頁，總第三冊，第 2895 頁。

可以假借作幾，朱駿聲《說文通訓定聲》云：

> 《禮記・王制》：「關執禁以譏。」注「呵察也。」《孟子》：「關，譏而不征。」注「察也。」《周禮・宮正》：「幾其出入。」《大司徒》：「六日去幾。」《史記・李斯傳》：「去其幾也。」皆以幾為之。〔註 81〕

可見《周禮》的「幾」與《孟子》的「譏」是同義，就是」嚴密監察」。《孟子》「關，譏而不征。」是說嚴察姦軌違法之人出入關禁，而貨物出入關口則不徵收關稅。蓋貨物不徵稅，人流出入關禁就會比較自由，犯禁之人就會乘機出入關禁，異服異言的外國人也會多有出入，違禁品也會乘時出入關禁。故孟子提議不徵收貨稅但要嚴查出入之人。理雅各與曹之升的《四書摭餘說》對「譏」、「幾」的意思不理解，所以誤認為二者有矛盾。

《孟子》之講法與《周禮》不同，二者並無矛盾之處。《周禮》是記載周代的官職制度之經書，《周禮》「國凶札，則無關門之征，猶幾。」反映了不徵收貨物關稅是在特殊日子才實行，不是常例，徵收貨物關稅是常例，所以《孟子》才會有不收貨物關稅之建議。《孟子》所講是為其「尊賢使能，俊傑在位，則天下之士，皆悅而願立於朝矣。」〔註 82〕之為政思想提出一個方法，雖然，趙岐認為孟子所提出的「關，譏而不征」這行政措施，在周公時代實行過，但後來卻廢止了，孟子是想恢復古制。〔註 83〕但在孟子時代，貨物徵收關稅卻是常例。孟子提出不徵收關稅，以吸納更多人才，君王有沒有接納成為常例則大有疑問。

理雅各接納清曹之升的說法，《四書摭餘說》云：「此必漢世聚斂之臣，如桑宏羊輩，欲興榷利，故附益是說于《周禮》，託周公以要說其君耳。」〔註 84〕曹之升的意思，是桑宏羊等漢朝大臣為了增加「榷利」而附益此說，這是用《孟子》的講法，證明《周禮》「國凶札則無門關之征，猶譏。」這句是後人羼入《周禮》之說，這種講法第一是不明《孟子》的意思，第二是不明《周禮》之意義，並且用《孟子》來質疑疑《周禮》。不明白《周禮》「國凶札則無門關之征，猶譏。」是在特殊日子才實行的措施。

〔註 81〕〔清〕朱駿聲：《說文通訓定聲》，履部第十二卷第三十六頁，總第 567 頁。

〔註 82〕《孟子注疏》，北京：中華書局影印〔清〕阮元刻《十三經注疏》本，第三卷下，第四頁，總第五冊，第 5850 頁。

〔註 83〕《孟子注疏》，北京：中華書局影印〔清〕阮元刻《十三經注疏》本，第三卷下，第四頁，總第五冊，第 5850 頁。

〔註 84〕〔清〕曹之升：《四書摭餘說》，《孟子注疏》卷一，頁三十四。

七、引用《地官司徒・山虞》考

理氏引用《周禮》解釋《梁惠王上》第三章第三節：「斧斤以時入山林，材木不可勝用也。」〔註85〕的意思。

理雅各《孟子》英譯本注：

> The time to work in the forests was, according to Chû Hsî, in the autumn, when the growth of the trees for the year was stopped. But in the *Châu-li*, we find various rules about cutting down trees, —— those on the south of the hill, for instance, in midwinter, those on the north, in summer, &c., which may be alluded to.〔註86〕

理氏意謂，在山林工作的時間，根據朱熹之講法，是在秋天，那時正當樹木暫停生長的時候。在《周禮》可以找到斬樹的各種規定，例如在山的南面的樹，是在仲冬斬伐，在山的北方，就在夏天斬伐。

理氏只說《周禮》有斬樹的規則，並沒有說明這些規則出自何處，有關的規例應該出自《周禮・地官司徒・山虞》，其云：「掌山林之政令，物為之厲而為之守禁。仲冬斬陽木，仲夏斬陰木。」〔註87〕

山虞是掌管山林的官職，鄭玄《周禮注》云：

> 物為之厲，每物有蕃界也。為之守禁，為守者設禁令也，守者謂其地之民占伐林木者也。鄭司農云：「陽木春夏生者，陰木秋冬生者，若松柏之屬。」玄謂：「陽木生山南者，陰木生山北者，冬斬陽，夏斬陰。堅濡調。」〔註88〕

可見虞人之職責是管理山林之樹木，制定斬樹的規矩，而使百姓按照季節入山林斬伐。冬天與夏天所斬的樹木亦有分別，目的是使樹木之生長有所控制。這種順時砍伐樹木的規矩，《禮記・王制》亦有記載，其云：「草木零落，然後入山林。」〔註89〕而且又規定買賣樹木之規例，「木不中伐，不粥於

〔註85〕《孟子注疏》，北京：中華書局影印〔清〕阮元刻《十三經注疏》本，第一卷上，第七頁，總第五冊，第5798頁。

〔註86〕James Legge, *The Works of Mencius*, p.131.

〔註87〕《周禮注疏》，北京：中華書局影印〔清〕阮元刻《十三經注疏》本，第十六卷，第十至十二頁，總第二冊，第1610～1611頁。

〔註88〕《周禮注疏》，北京：中華書局影印〔清〕阮元刻《十三經注疏》本，第十六卷，第十至十二頁，總第二冊，第1610～1611頁。

〔註89〕《禮記正義》，北京：中華書局影印〔清〕阮元刻《十三經注疏》本，第十二卷，第五頁，總第三冊，第2886頁。

市。」〔註 90〕市場只可售賣合時砍伐的樹木。

這種適時而伐的政策，目的除了是保護大自然的環境外，亦是保護百姓的燃料有長期而穩定的供應。此亦是孟子所著重者。孟子引用這個樹林管理的規則，是回應梁惠王所問：「寡人之於國也，盡心焉耳矣。河內凶，則移其民於河東，移其粟於河內。河東凶亦然。察鄰國之政無如寡人之用心者，鄰國之民不加少，寡人之民不加多，何也？」〔註 91〕梁惠王認為這種做法已經是急百姓之所急，但梁國的人民卻沒有增加。面對梁惠王的問題，孟子指出核心所在，梁惠王所做的是後知後覺的政策，事情發生之後才作出補救的工作。但孟子所注重者，是順應大自然季節轉換，制定長治久安的政策，解決百姓的溫飽與生死，是防患於未然的養民政策，此乃王政與仁政之道。張居正《四書集註闡微直解》云：

> 孟子又說：「治國莫要于王政，而王政必先於養民。為治之初，法制未備，且因天地自然之利，而盡撙節愛養之宜。如農時乃五穀所自出，必愛惜民力，勿妨其務農之時，則民得盡力于南畝，而五穀不可勝食矣。灣池乃魚鱉所聚，必禁絕密網，勿使入于洿池之中，則川澤不竭於漁，而魚鱉不可勝食矣。山林乃材木所生，必限制斧斤，直待草木零落之時，方許其入，則萌蘗得有所養，而材木不可勝用矣。穀與魚鱉不可勝食，材木不可勝用，則飲食官室有所資，而民之養生者，得遂其願。祭祀棺槨有所備，而民之喪死者，得盡其精。是使民養生喪死，兩無所憾也。養生喪死無憾，則民心得而邦本固，法制自此而可立，教化自此可興矣。王道之始事如此。」〔註 92〕

孟子所講的仁政王道，是長治久安之策，其中一個重點，是使農林業、魚業、畜牧業等生長有時，令百姓衣食有穩定的供應，是使百姓不愁衣食的重要施政，是孟子藉《周禮》所顯示的政治思想。

八、引用《地官司徒》《山虞》與《澤虞》考

理氏引用《周禮》解釋《孟子》所載「虞人」之意。《滕文公下》第一章第二節「孟子曰：『昔齊景公田，招虞人以旌，不至，將殺之。志士不忘在溝

〔註 90〕《禮記正義》，北京：中華書局影印〔清〕阮元刻《十三經注疏》本，第十三卷，第十頁，總第三冊，第 2909 頁。

〔註 91〕《孟子注疏》，北京：中華書局影印〔清〕阮元刻《十三經注疏》本，第一卷上，第六至七頁，總第五冊，第 5797～5798 頁。

〔註 92〕張居正，《四書集註闡微直解》，第十四卷，第八至九頁，總第 456 頁。

蟚，勇士不忘喪其元。孔子奚取焉？取非其招不往也。如不待其招而往，何哉？』」〔註 93〕

理雅各《孟子》英譯本注：

> The 虞人 was an officer as old as the time of Shun, who appoints Yi（益）, *Shû-ching*, II. i. 22, saying that "he could rightly superintend the birds and beasts of the fields and trees on his hills, and in his forests." In the *Châu Li*, Pt. II. Bk. Xvi, we have an account of the office, where it appears, that, on occasion of a great hunting, the forester had to clear the paths, and set up flags for the hunters to collect around. There the charges are the "hills" and "marshes" and here, according to Chao Ch'I and Chû Hsî, they were the "preserves and parks". 〔註 94〕

理氏意謂，虞人是一古老官職，早在帝舜時代已指派益擔任此職位，據《書經・舜典》帝舜任命益擔任虞人，他可以正確地管理鳥類、田野的動物、山上的樹木。據《周禮》第二部份第十六卷，對此官職有所描述，每逢大狩獵時，虞人要清除路上障礙，插旗讓獵人集合，負責管理山林與沼澤。但趙岐與朱熹則說他們是守苑囿的官吏。

理氏在注解中將「虞人」譯作「forester」，他的英譯《孟子》翻譯「招虞人以旌」是「called his forester to him by a flag」〔註 95〕，若依其翻譯而言，「虞人」應該是《周禮》的「山虞」。然而，理氏又指出虞人的工作包括了管理沼澤之地，按《周禮》管理沼澤的工作是由「澤虞」負責。從理氏的翻譯與注釋而言，理氏不清楚「山虞」與「澤虞」二者的分別。

根據《周禮》，與虞人有關者有「山虞」和「澤虞」，是兩個不同的政府部門，《周禮・地官司徒》敘官曰：

> 山虞：每大山中士四人，下士八人；府二人，史四人，胥八人，徒八十人。中山下士六人；史二人，胥六人，徒六十人。小山下士二人；史一人，徒二十人。〔註 96〕

〔註 93〕《孟子注疏》，北京：中華書局影印〔清〕阮元刻《十三經注疏》本，第六卷上，第一頁，總第五冊，第 5893 頁。

〔註 94〕James Legge, *The Works of Mencius*, p.261~262.

〔註 95〕James Legge, *The Works of Mencius*, p.261.

〔註 96〕《周禮注疏》，北京：中華書局影印〔清〕阮元刻《十三經注疏》本，第九卷，第十三頁，總第二冊，第 1507 頁。

> 澤虞：每大澤大藪中士四人，下士八人；府二人，史四人，胥八人，徒八十人。中澤中藪如中川之衡。小澤小藪如小川之衡。〔註97〕

可見「山虞」與「澤虞」二者的人手編制也有分別。山虞之工作是管理山林，《周禮．地官司徒．山虞》：

> 山虞。掌山林之政令，物為之厲而為之守禁。仲冬斬陽木，仲夏斬陰木。凡服耜，斬季材，以時入之。令萬民時斬材，有期日。凡邦工入山林而掄材，不禁。春秋之斬木不入禁。凡竊木者有刑罰，若祭山林，則為主而脩除，且蹕。若大田獵，則萊山田之野；及弊田，植虞旗于中，致禽而珥焉。〔註98〕

可見山虞的職責相當多，包括設定砍伐樹木的法例，偷竊木材的罰則，祭祀山林的宗教設施，為君王進行狩獵的準備工夫。

而「澤虞」的工作則專管沼澤之地，《周禮．地官司徒．澤虞》：

> 澤虞。掌國澤之政令，為之厲禁。使其地之人守其財物，以時入之于玉府，頒其餘于萬民。凡祭祀、賓客，共澤物之奠。喪紀，共其葦蒲之事。若大田獵，則萊澤野；及弊田，植虞旌以屬禽。〔註99〕

其職責是守護沼澤之財物者，賈公彥《周禮疏》云：「皮角珠貝也者，澤中所出，無過此四物。皮謂犀皮，角麋角、犀角。珠出於蜯蛤，蜯蛤在澤，其貝亦出澤水。」〔註100〕

《孟子》認為「招虞人以旌」是不合禮之行為，其所指「虞人」是「山虞」而非「澤虞」，理氏之《孟子》英譯本注並不正確。《周禮．山虞》有「植虞旗于中」，就是在山中插上虞旗，鄭玄《周禮注》云：「山虞有旗，以其主山，得畫熊虎。」〔註101〕趙岐《孟子注》云：「虞人，守苑囿之吏也。招之常以皮冠，而以旌，故召之而不致也。」〔註102〕朱熹《四書集註．孟子集註》：「虞人，守

〔註97〕《周禮注疏》，北京：中華書局影印〔清〕阮元刻《十三經注疏》本，第九卷，第十四頁，總第二冊，第1507頁。

〔註98〕《周禮注疏》，北京：中華書局影印〔清〕阮元刻《十三經注疏》本，第十六卷，第十至十二頁，總第二冊，第1610～1611頁。

〔註99〕《周禮注疏》，北京：中華書局影印〔清〕阮元刻《十三經注疏》本，第十六卷，第十三至十四頁，總第二冊，第1612頁。

〔註100〕《周禮注疏》，北京：中華書局影印〔清〕阮元刻《十三經注疏》本，第十六卷，第十四頁，總第二冊，第1612頁。

〔註101〕《周禮注疏》，北京：中華書局影印〔清〕阮元刻《十三經注疏》本，第十六卷，第十二頁，總第二冊，第1611頁。

〔註102〕《孟子注疏》，北京：中華書局影印〔清〕阮元刻《十三經注疏》本，第六卷

苑囿之吏也。招大夫以旌，招虞人以皮冠。」〔註 103〕招虞人是用皮冠，而不以旌。「旌」是「澤虞」所用，《周禮・澤虞》云：「植虞旌以屬禽。」鄭玄《周禮注》云：「澤虞有旌，以其主澤，澤鳥所集，故得注析羽。」〔註 104〕賈公彥《周禮疏》云：「以澤是鳥之所集，故得建析羽之旌。」〔註 105〕

由此言之，《孟子》此段所載，齊景公田獵，田獵所招者應是「山虞」而非「澤虞」，「招虞人以旌」於禮於法亦不合，因為「旌」是「澤虞」所使用。「山虞」使用虞旗，以皮冠為之。理氏解此段經文，混淆不清，「山虞」與「澤虞」不分。而藉這一例子，也可以看到孟子對禮的重視，君王召見臣子，都要遵守適當的禮。

九、引用《地官司徒・場人》考

理氏引用《周禮》解釋《孟子》的「場師」。《告子上》第十四章第三節：「今有場師，舍其梧檟，養其樲棘，則為賤場師焉。養其一指，而失其肩背，而不知也，則為狼疾人也。」〔註 106〕

理雅各《孟子》英譯本注：「The 場人 was an officer under the Châu dynasty, who had the superintendence of the ruler's plantations and orchards; —— see the *Châu Li*, II. Pt XVI. Xxiii. I.」〔註 107〕理氏意謂，塲人是周朝一個官職，主管君王的山林、果園。見《周禮》第二部份第十六卷二十三章第一節。

理氏所講者，應該是「場人」，茲引述《周禮・地官司徒・場人》云：「場人。掌國之場圃，而樹之果蓏珍異之物，以時斂而藏之。凡祭祀、賓客，共其果蓏，享亦如之。」〔註 108〕

《孟子》原文是「場師」《周禮》作「場人」，而理氏《孟子》注卻作「塲人」。茲先論「場」與「塲」之別。「場」字者《說文解字》云：「場，祭神道

上，第一頁，總第五冊，第 5893 頁。

〔註 103〕朱熹：《四書集註・孟子集註》，影印怡府藏版，第三卷，第十八頁。

〔註 104〕《周禮注疏》，北京：中華書局影印〔清〕阮元刻《十三經注疏》本，第十六卷，第十四頁，總第二冊，第 1612 頁。

〔註 105〕《周禮注疏》，北京：中華書局影印〔清〕阮元刻《十三經注疏》本，第十六卷，第十四頁，總第二冊，第 1612 頁。

〔註 106〕《孟子注疏》，北京：中華書局影印〔清〕阮元刻《十三經注疏》本，第十一卷下，第八頁，總第五冊，第 5989 頁。

〔註 107〕James Legge, *The Works of Mencius*, p.416.

〔註 108〕《周禮注疏》，北京：中華書局影印〔清〕阮元刻《十三經注疏》本，第十六卷，第十八頁，總第 1614 頁。

也。一曰山田不耕者。一曰治穀田也。从土，昜聲。」〔註 109〕《段注》云：「《豳風・七月》曰：『九月築場圃。』《傳》曰：『春夏為圃，秋冬為場。』《箋》云：『場圃同地也。』《周禮・場人》注曰：場築地為墠，季秋除圃中為之。『故許云：治穀之田曰場。』」〔註 110〕至於「塲」字，《辭海》云：「塲，場俗字，見《正字通》。」〔註 111〕可見「場」是正字，「塲」則是俗字。理氏應該使用了其他版本的《孟子》，以致誤用了俗字。

《周禮》之「場人」即《孟子》之「場師」，焦循《孟子正義》云：「《爾雅・釋言》云：『師，人也。』蓋場師即場人也。場人稱師，猶工師、醫師、漁師之屬。」〔註 112〕《周禮・場人》所載，場人一職是管理場圃，種植合時的果木。趙岐《孟子注》云：「場師，治場圃者。場以治穀，圃園也。」〔註 113〕朱熹亦隨趙岐之講法云：「場師，治場圃者。」〔註 114〕二者之講法，大抵據《周禮》與《說文》而來。

《孟子》講場師，是用其做比喻，目的是講人的養身之道，玆引述《告子上》第十四章云：

> 孟子曰：「人之於身也，兼所愛；兼所愛，則兼所養也。無尺寸之膚不愛焉，則無尺寸之膚不養也。所以考其善不善者，豈有他哉？於己取之而已矣。體有貴賤，有小大。無以小害大，無以賤害貴。養其小者為小人。養其大者為大人。今有場師，舍其梧檟，養其樲棘，則為賤場師焉。養其一指，而失其肩背，而不知也，則為狼疾人也。飲食之人，則人賤之矣，為其養小以失大也。飲食之人，無有失也，則口腹豈適為尺寸之膚哉！」〔註 115〕

〔註 109〕〔漢〕許慎著，〔清〕段玉裁注：《說文解字注》，第十三篇下，第三十八至三十九頁，總第 693 頁。

〔註 110〕〔漢〕許慎著，〔清〕段玉裁注：《說文解字注》，第十三篇下，第三十九頁，總第 693 頁。

〔註 111〕舒新城等編：《辭海》，香港：中華書局，1979 年，丑集第九十頁，總第 328 頁。

〔註 112〕〔清〕焦循：《孟子正義》，北京：中華書局，下冊，第 790 頁。

〔註 113〕《孟子注疏》，北京：中華書局影印〔清〕阮元刻《十三經注疏》本，第十一卷下，第八頁，總第五冊，第 5989 頁。

〔註 114〕〔宋〕朱熹：《四書集註・孟子集註》，影印怡府藏版，第六卷，第十四頁。

〔註 115〕《孟子注疏》，北京：中華書局影印〔清〕阮元刻《十三經注疏》本，第十一卷下，第七至八頁，總第五冊，第 5989 頁。

張居正《四書集註闡微直解》云：

> 孟子承上文說：「貴賤大小，同一體也。乃謂小不可以害大，賤不可以害貴者，何哉？試自材木而言，梧檟其貴者也，樲棘其賤者也。設使為場師者，於梧檟美材，棄置之而不加培養，卻把那樲棘之木，培養之而望其有成，則是美惡不分，徒費栽培之力，以無用害有用者也，非賤場師而何？養身者，以賤害貴，殆無以異此矣。又自一身而言，肩背其大者也，一指其小者也，設使養生者，於一指之小，愛惜而不忍傷，卻將肩背之大，喪失而不自覺，則是輕重反常，就如狼之疾走，但知顧前，不能顧後的一般，非狼疾之人而何？養身者，以小害大，殆無以異此矣。」〔註 116〕

《孟子》之意，是從大處、善處著手，不可以小害大，猶如無知的場師一樣，捨棄有價值又美好的梧檟而不種，反而種無用的樲棘，是不懂養身。孫奭《孟子疏》云：「此章言養其行，治其正，俱用智力善惡相厲，是以君子居處思義，飲食思禮者也。」〔註 117〕《孟子》所養的身，不是指人的肉身，而是精神生命，飲食所養是肉身，是小體。養大體之意，就是用「善」養精神生命。

十、引用《春官宗伯・職喪》考

理氏引《周禮・職喪》解釋《孟子》的「不歷位」、「不踰階」。《離婁下》二十七章第三節：「禮：朝廷不歷位而相與言，不踰階而相揖也。我欲行禮，子敖以我為簡，不亦異乎？」〔註 118〕

理雅各《孟子》英譯本注：「禮 refers to the established usages of the court; see the *Châu Li*, Bk. III. V. 65~67; Bk. IV. Iv.3~14.」〔註 119〕理氏意謂，禮者是指朝廷上規定使用之禮，參見《周禮》第三部第五卷 65～67 章，第四部第四卷第 3～14 章。

〔註 116〕〔明〕張居正：《四書集註闡微直解》，第二十四卷，第二十五頁，總第 672 頁。

〔註 117〕《孟子注疏》，北京：中華書局影印〔清〕阮元刻《十三經注疏》本，第十一卷下，第八頁，總第五冊，第 5989 頁。

〔註 118〕《孟子注疏》，北京：中華書局影印〔清〕阮元刻《十三經注疏》本，第八卷下，第四至五頁，總第五冊，第 5938～5939 頁。

〔註 119〕James Legge, *The Works of Mencius*, p.333.

理氏未講明其《周禮》所據版本，所以不知所講的《周禮》篇章，是何所指。《周禮・天官冢宰》云：「惟王建國，辨方正位，體國經野，設官分職。以為民極。」〔註 120〕是以《周禮》一書是講每個職位的職責所在，而非臨事而行的禮儀之書，而且《周禮》亦無「不歷位」、「不踰階」的記載。

《孟子》此章乃與喪禮之禮儀有關，茲將其全章引述之：

> 公行子有子之喪，右師往弔。入門，有進而與右師言者，有就右師之位而與右師言者。孟子不與右師言，右師不悅曰：「諸君子皆與驩言，孟子獨不與驩言，是簡驩也。」孟子聞之，曰：「禮：朝庭不歷位而相與言，不踰階而相揖也。我欲行禮，子敖以我為簡，不亦異乎？」〔註 121〕

右師王驩參加公行子的兒子的喪禮，很多人進門就與右師談話，唯獨孟子不與右師交談，右師認為孟子怠慢他。孟子知道了，就用禮來解答這問題。

有關喪禮之禮儀，有「職喪」者負責，《周禮・春官宗伯》云「職喪：上士二人，中士四人，下士八人；府二人，史四人，胥四人，徒四十人。」〔註 122〕職喪之職責，是處理有爵位者的喪禮，《周禮・春官宗伯・職喪》云：「職喪。掌諸侯之喪及卿、大夫、士凡有爵者之喪，以國之喪禮涖其禁令，序其事。凡國有司以王命有事焉，則詔贊主人。凡其喪祭，詔其號，治其禮。凡公有司之所共，職喪令之，趣其事。」〔註 123〕職喪以國家喪禮處理有爵者之喪禮，因此就會有官員的站位與坐位排列的規矩，朱熹《四書集註・孟子集註》云：

> 是時，齊卿大夫以君命弔，各有位次，若《周禮》：凡有爵者之喪禮，則職喪涖其禁令，序其事，故云朝廷也。歷，更涉也。位，他人之位也。右師未就位而進與之言，則右師歷己之位矣。右師已就位而就與之言，則己歷右師之位矣。孟子、右師之位，又不同階，孟子不敢失此禮，故不與右師言也。〔註 124〕

〔註 120〕《周禮注疏》，北京：中華書局影印〔清〕阮元刻《十三經注疏》本，第一卷，第一至四頁，總第二冊，第 1373～1374 頁。

〔註 121〕《孟子注疏》，北京：中華書局影印〔清〕阮元刻《十三經注疏》本，第八卷下，第四至五頁，總第五冊，第 5938～5939 頁。

〔註 122〕《周禮注疏》，北京：中華書局影印〔清〕阮元刻《十三經注疏》本，第十七卷，第八頁，總第二冊，第 1625 頁。

〔註 123〕《周禮注疏》，北京：中華書局影印〔清〕阮元刻《十三經注疏》本，第二十二卷，第五至六頁，總第二冊，第 1699 頁。

〔註 124〕朱熹：《四書集註・孟子集註》，影印怡府藏版，第四卷，第二十八頁。

既然是按朝廷之規格舉行喪禮，就需要嚴謹從之，不能跨越自己的位置與人交談。〔註 125〕

十一、引用《春官宗伯・司常》考

理氏引《周禮》解釋《孟子》所載古代呼召官員的旗幟信物。《萬章下》第七章第六節：「曰：『敢問招虞人何以？』曰：『以皮冠。庶人以旃，士以旂，大夫以旌。』」〔註 126〕

理雅各《孟子》英譯本注：「The explanation of the various flags here is from Chû Hsî, after the *Châu Li*. The dictionary may be consulted about them.」〔註 127〕理氏意謂，這裏對各種旗幟的解釋是根據朱熹之言，朱熹則依《周禮》之所載，《康熙字典》應該是參考兩者之言。

朱熹《四書集註・孟子集註》云：「庶人，未仕之臣，通帛曰旃。士，謂已仕者，交龍為旂。析羽而注於旂干之首曰旌。」〔註 128〕《孟子》與朱熹均用「旃」，然而《周禮》則用「旜」。茲引述《周禮・春官宗伯・司常》云：「掌九旗之物名，各有屬，以待國事。日月為常，交龍為旂，通帛為旜，雜帛為物，熊虎為旗，鳥隼為旟，龜蛇為旐，全羽為旞，析羽為旌。」〔註 129〕

先解釋「旜」與「旃」。《說文解字》云：「旃，旗曲柄也，所以旃表士眾，从㫃，丹聲。《周禮》曰：『通帛為旃』。旜，或从亶。」〔註 130〕可見《孟子》所用之「旃」是正字，而「旜」是或體字，但《周禮》卻多使用「旜」，段玉裁《說文解字注》云：「亶，聲也。《周禮》禮經皆如此作。」〔註 131〕鄭玄《周禮・司常》注云：「通帛謂大赤，從周正色。」〔註 132〕

〔註 125〕楊伯峻：《孟子譯注》，上冊，第 197 頁。

〔註 126〕《孟子注疏》，北京：中華書局影印〔清〕阮元刻《十三經注疏》本，第十卷下，第九頁，總第五冊，第 5973 頁。

〔註 127〕James Legge, *The Works of Mencius*, p.389~390.

〔註 128〕〔宋〕朱熹：《四書集註・孟子集註》，影印怡府藏版，第五卷，第二十八頁。

〔註 129〕《周禮注疏》，北京：中華書局影印〔清〕阮元刻《十三經注疏》本，第二十七卷，第十六頁，總第二冊，第 1783 頁。

〔註 130〕〔漢〕許慎著，〔清〕段玉裁注：《說文解字注》，第七篇上第十八至十九頁，總第 310～311 頁。

〔註 131〕〔漢〕許慎著，〔清〕段玉裁注：《說文解字注》，第七篇上第十九頁，總第 311 頁。

〔註 132〕《周禮注疏》，北京：中華書局影印〔清〕阮元刻《十三經注疏》本，第二十七卷，第十六頁，總第二冊，第 1783 頁。

「旂」者，《周禮》云：「交龍為旂」，《說文》云：「旂，旗有眾鈴，以令眾也。」〔註 133〕段玉裁《說文解字注》云：「《爾雅》曰：『有鈴曰旂。』《司常》職曰：『交龍為旂。』許稱《爾雅》不稱《周禮》者，錯見其說，欲學者互攷也。畫交龍於正幅，一升一降，象諸侯升朝下復也。」〔註 134〕

「旌」者，《周禮》「析羽為旌」，鄭玄云：「全羽、析羽皆五采繫之於旞旌之上，所謂注旌於干首也。」〔註 135〕《說文》云：「旌，游車載旌。析羽注旄首也，所以精進士卒也。」〔註 136〕

據上引而言，「旃」、「旂」、「旌」是三種不同的旗幟，顏色、花紋、使用方式都各有不同。楊伯峻《孟子譯注》云：「召喚老百姓用全幅紅綢做的曲柄旗，召喚士用有鈴鐺的旗，召喚大夫才用有羽毛的旗。」〔註 137〕這是戰國時代君主召喚臣子的禮制。

十二、府、史、胥、徒考

據《周禮》所載，府、史、胥、徒在很多政府部門都存在，不能指明出自哪個部門。

理氏引《周禮》解釋《孟子》「庶人在官」的意思。《萬章下》第二章第六至八節云：

> 大國地方百里，君十卿祿，卿祿四大夫，大夫倍上士，上士倍中士，中士倍下士，下士與庶人在官者同祿，祿足以代其耕也。次國地方七十里，君十卿祿，卿祿三大夫，大夫倍上士，上士倍中士，中士倍下士，下士與庶人在官者同祿，祿足以代其耕也。小國地方五十里，君十卿祿，卿祿二大夫，大夫倍上士，上士倍中士，中士倍下士，下士與庶人在官者同祿，祿足以代其耕也。〔註 138〕

〔註 133〕〔漢〕許慎著，〔清〕段玉裁注：《說文解字注》，第七篇上第十七頁，總第 310 頁。

〔註 134〕〔漢〕許慎著，〔清〕段玉裁注：《說文解字注》，第七篇上第十七頁，總第 310 頁。

〔註 135〕《周禮注疏》，北京：中華書局影印〔清〕阮元刻《十三經注疏》本，第二十七卷，第十六頁，總第二冊，第 1783 頁。

〔註 136〕〔漢〕許慎著，〔清〕段玉裁注：《說文解字注》，第七篇上第十六頁，總第 309 頁。

〔註 137〕楊伯峻：《孟子譯注》，上冊，第 249 頁。

〔註 138〕《孟子注疏》，北京：中華書局影印〔清〕阮元刻《十三經注疏》本，第十卷上，第五頁，總第五冊，第 5964 頁。

理雅各《孟子》英譯本注：「庶人在官 would be runners, clerks and other subordinate, which appear in the *Châu Li*, as 府，史，胥，and 徒。」〔註139〕理氏意謂，庶人在官者，乃是信差、文員或更低級的職員。即《周禮》所講的府、史、胥、徒之類。

理氏此說是據朱熹而來，《四書集註．孟子集註》云：「庶人在官府，府史胥徒也，愚按君以下所食之祿，皆助法之公田，藉農夫之力以耕而收其租。士之無田，與庶人在官者，則但受祿於官，如田之入而已。」〔註140〕但朱熹並未指明其出處。

據《周禮》所載的官職制度，府、史、胥、徒四者，乃位於下士之下之官員，例如《天官冢宰》云：「宰夫：下大夫四人；上士八人，中士十有六人，旅下士三十有二人；府六人，史十有二人，胥十有二人，徒百有二十人。」〔註141〕是在官署中很普遍及眾多的吏員，這類吏員，不屬於政府直接委派的職位，鄭玄《周禮注》云：「官長所自辟除者，官長謂一官之長，若治官六十，其下府、史皆大宰辟召，除其課役而使之，非王臣也。」〔註142〕此類吏員，亦即在公家當差的老百姓。〔註143〕

第二節　引用《儀禮》文獻考

理雅各使用的《儀禮》英文名稱是 *Î Lî*，理氏沒有翻譯《儀禮》成英語。本書是根據清人阮元刻《十三經注疏》本《儀禮注疏》，嘉慶二十年江西南昌府學開雕版。

一、引用《士冠禮》考

理氏引用《儀禮．士冠禮》解釋《孟子》所載的「冠禮」與「于歸之禮」。《滕文公下》第二章第二節：「孟子曰：『是焉得為大丈夫乎？子未學禮乎？丈夫之冠也，父命之；女子之嫁也，母命之，往送之門，戒之曰：往之女家，必

〔註139〕James Legge, *The Works of Mencius*, p.375.

〔註140〕〔宋〕朱熹：《四書集註．孟子集註》，影印怡府藏版，第五卷，第十九頁。

〔註141〕《周禮注疏》，北京：中華書局影印〔清〕阮元刻《十三經注疏》本，第一卷，第五頁，總第二冊，第1375頁。

〔註142〕《周禮注疏》，北京：中華書局影印〔清〕阮元刻《十三經注疏》本，第一卷，第六至七頁，總第二冊，第1375～1376頁。

〔註143〕楊伯峻：《孟子譯注》，上冊，第236頁。

敬必戒，無違夫子。以順為正者，妾婦之道也。』」〔註 144〕

理雅各《孟子》英譯本注：

> The "*Rites*" or "*Book of Rites*," to which *Mencius* here chiefly refers, is not the compilation now received among the higher classics, under the name of the *Lî Chî*, but the *Î Lî*（《儀禮》）. He throws various passages together, and, according to his wont, is not careful to quote correctly. In the *Î Lî* not only does her mother admonish the bride, but her father also, and his concubines, and all to the effect that she is to be obedient, though the husband（here called 夫子）is not expressly mentioned. See the《儀禮註疏》, Bk. II.pp.49, 50. For the ceremonies of Capping, see the same, Bk. I.〔註 145〕

理氏意謂，『禮』、『禮書』，《孟子》在此所引述的，並不是現時收入大經（higher classics）的《禮記》，而是《儀禮》。他把不同的篇章，按其演說的習慣編在一起，而不是審慎和正確的引述。根據《儀禮》，新娘的母親與父親都作勸誡，父親的妾氏也勸誡她在夫家服從翁姑。而在此則沒有明確的提及男子。見《儀禮註疏》第二卷，第 49～50 頁，而加冠的禮儀可見同書第一卷。

理氏所講的《儀禮註疏》，據其英譯《中國經典》所列出的四份參考書目，可考見是阮元刻的《十三經注疏．儀禮注疏》。〔註 146〕

《孟子》此段經文，說了兩個古代禮儀，一是加冠之禮，二是女子出嫁之禮。加冠之禮由父親負責教訓兒子。于歸之禮由母親教訓女兒，到了夫家——自己之家，要順從丈夫。茲分兩點論之。

第一點，先論《孟子》所引加冠之禮，《儀禮．士冠禮》：「戒賓曰：『某有子某，將加布於其首，願吾子之教之也。』賓對曰：『某不敏，恐不能共事，以病吾子，敢辭。』主人曰：『某猶願吾子之終教之也。』賓對曰：『吾子重有命，某敢不從！』」〔註 147〕據《儀禮》此經文而言，受冠男子之父親請賓負責

〔註 144〕《孟子注疏》，北京：中華書局影印〔清〕阮元刻《十三經注疏》本，第六卷上，第四頁，總第五冊，第 5894 頁。

〔註 145〕James Legge, *The Works of Mencius*, p.264~265.

〔註 146〕參考本論文附錄二理雅各《中國經典》英譯本引用中國文獻目錄，第 308～321 頁。

〔註 147〕《儀禮注疏》，北京：中華書局影印〔清〕阮元刻《十三經注疏》本，嘉慶二十年江西南昌府學開雕版，2009 年，第三卷，第七頁，總第二冊，第 2066 頁。

加冠與祝辭之事，焦循《孟子正義》云：

> 「丈夫之冠也父命之。」《正義》曰：江氏永《群經補義》云：「命之者，迎賓冠子，父主其事。至於《士冠禮》諸祝辭，皆賓祝之，非父命也。父醮則有辭矣。」周氏柄中《辨正》云：「陳亦韓曰：《士冠禮》無父命之文，賓則有三加祝辭，又有醴辭字辭。冠後以贄見於卿大夫鄉先生，如晉趙文子冠，見欒武子、范文子、韓獻子、智武子，皆有言以勸勉之。蓋父不自命，而以其命之意出於賓，亦不親教子之意也。」〔註148〕

楊伯峻亦主此說，但也指出孟子之時的冠禮，未必與《儀禮》所載完全一樣。其《孟子譯注》云：

> 丈夫之冠也，父命之——古時男子到了二十歲，便叫做成年人，行加冠禮。但根據《儀禮．士冠禮》，行加冠的時候，祝辭都由「賓」，不由「父」，與孟子所言不同，因之後來有種種解釋。一說，「父不自命，而以其命之意出於賓。」則「賓命」即是「父命。」一說，「命」不必口令，以行與事示之而已（《詁經精舍文集四集．孫瑛丈夫之冠也父命之說》。一說孟子當時本有父命的禮儀，不必事事與《儀禮》相合。〔註149〕

孟子本非講禮儀之書，引用禮儀的目的是藉之表達他的思想，孟子的目的是回應景春公的說話「公孫衍、張儀豈不誠大丈夫哉」，〔註150〕景春公認為公孫衍與張儀是大丈夫，孟子則反對景春公的講法，用「冠禮」作例子，指公孫衍與張儀不是大丈夫，受冠禮的人，都要聽受父親與負責冠禮的賓客訓誡，比喻公孫衍與張儀兩人只不過是聽受君主之命而行，不是大丈夫所為。

二、引用《士昏禮》考

理氏引用《儀禮．士昏禮》解釋《孟子》所載「于歸之禮」。《滕文公下》第二章第二節：「孟子曰：『是焉得為大丈夫乎？子未學禮乎？丈夫之冠也，父命之；女子之嫁也，母命之，往送之門，戒之曰：往之女家，必敬必戒，無違

〔註148〕〔清〕焦循：《孟子正義》，北京：中華書局，1987年，上冊，第417頁。

〔註149〕楊伯峻：《孟子譯注》，上冊，第142頁。

〔註150〕《孟子注疏》，北京：中華書局影印〔清〕阮元刻《十三經注疏》本，第六卷上，第四頁，總第五冊，第5894頁。

夫子。以順為正者，妾婦之道也。』」〔註151〕

在上一點討論了「冠禮」，這一點討論「婚禮」。《孟子》講到女子出嫁的于歸之禮，是引用《儀禮·士昏禮》，女子于歸，父、母、庶母都作出勸誡，其云：「父醴女而俟迎者。母南面于房外。女出于母左。父西面戒之，必有正焉，若衣若笄。母戒諸西階上，不降。」〔註152〕於此可見父親戒出閣之女兒。又云「父送女命之曰：『戒之敬之，夙夜毋違命。』母施衿結帨曰：『勉之敬之，夙夜無違宮事。』庶母及門內施鞶，申之以父母之命，命之曰：『恭聽宗爾父母之言，夙夜無愆，視諸衿鞶。』」〔註153〕父親教女兒不要違反翁姑之教訓，母親教女兒不要違反家姑所交付之事情，庶母教女兒恭敬事奉翁姑。〔註154〕焦循《孟子正義》解此段經文甚詳云：

> 閻氏若璩《釋地又續》云：「門，即父母家之門，非女子所適之壻家之門。今人祇緣俗有母送其女至壻家禮，遂以為壻門。不知婦人迎送不出門，又內言不出於梱，古豈有是耶？然《孟子》此一禮，與《儀禮·士昏禮》記亦殊不同。記云：『父在阼階上西面戒女，母戒諸西階上，不降。』又云：『父送女，命之曰：戒之敬之，夙夜無違命。母施衿結帨，曰：勉之敬之，夙夜無違宮事。庶母及門內施鞶，申之以父母之命，命之曰：敬恭聽，宗爾父母之言，夙夜無愆，視諸衿鞶。』是戒者非止母一人，與所送亦非止門一處。大抵《孟子》言禮多主大綱，不暇及詳。抑《儀禮》定於周初，而列國行之久，頗各隨其俗。如衛人之祔也離之，魯人之祔也合之。雖孔子善魯，而衛當日仍行自若。」周氏炳中《辨正》云：「《士昏禮》女父不降送，母戒諸西階上，亦不降，而《孟子》言『往送之門』，《穀梁傳》亦言『送女不出祭門』，乃指廟之大門，則送不止於階矣。或說送至壻門，毛西河引《戰國策》『婦車至門，送諸母還』，謂諸母有送至壻門者。按《穀梁傳》諸母兄弟送不出闕門，謂祭門外兩觀門

〔註151〕《孟子注疏》，北京：中華書局影印〔清〕阮元刻《十三經注疏》本，第六卷上，第四頁，總第五冊，第5894頁。

〔註152〕《儀禮注疏》，北京：中華書局影印〔清〕阮元刻《十三經注疏》本，第六卷，第五至六頁，總第二冊，第2096頁。

〔註153〕《儀禮注疏》，北京：中華書局影印〔清〕阮元刻《十三經注疏》本，第六卷，第十一至十二頁，總第二冊，第2099頁。

〔註154〕《儀禮注疏》，北京：中華書局影印〔清〕阮元刻《十三經注疏》本，第六卷，第十一至十二頁，總第二冊，第2099頁。

也。所指諸侯嫁女之禮，與《士昏禮》傳所言『庶母及門內』略同，並無送至壻門之說，《國策》恐未可據。」〔註155〕

《滕文公下》第二章引用了《儀禮》兩段經文，但《孟子》引用經典的目的，是按其自己討論的主題與文意而使用，並非解釋經典之細節，而是引用經文作例子，所以與《儀禮》所載有不同實屬正常之事。《孟子》引用《儀禮》的目的，是說明甚麼是大丈夫，張居正《四書集註闡微直解》云：

當時列國分爭，遊說之士往往以縱橫之術，竊取權勢，震耀一時，公孫衍、張儀尤其著者。故景春羨慕之，問於孟子說道「我觀當時之士，如公孫衍、張儀二子，豈不誠然為大丈夫哉？如何見得？蓋方今諸侯力爭，天下多事，他若有所憤怒，即能動大國之兵，使諸侯恐懼；他若安居無事，即能解列國之難，使天下寧息。以一人之喜怒，繫一世之安危，是何等氣焰，夫而何？」蓋景春但見二子權力可畏，遂以大丈夫目之，不知聖賢之所謂大，有出於權力之上者。故孟子曉之說：「儀、衍所為如此，安得為大丈夫哉？夫大丈夫之道與妾婦不同，子豈未曾學禮乎？《禮經》上說：丈夫行冠禮，其父醮而訓之，女子出嫁，其母亦醮而訓之。嫁時送之於門，戒之說：女今歸於夫家，必要敬謹，必要戒慎，惟夫子之命是從，無得違悖。母命若此。可見以順從為正者，乃是為妾婦的道理。今二子，雖是聲勢權力炫耀一時，其實有所喜怒，都是揣摩諸侯之好惡而順從其意，乃妾婦者流耳，豈大丈夫之所為哉？」〔註156〕

朱熹云：「女子從人，以順為正道。蓋言二子阿諛苟容，竊取權勢，乃妾婦順從之道耳，非丈夫之事也。」〔註157〕世人都認為有權力就是大丈夫，景春公讚賞公孫衍與張儀二人可以一怒而使天下懼的影響力。孟子卻不接納這種思想。孟子強調大丈夫注重人的德性，大丈夫應在乎有沒有仁、義、禮，應有個人的處事原則，身處任何環境，心志都不改變。〔註158〕孟子周遊列國，宣揚仁政，與其時代的君主的想法頗大分歧，但是孟子仍堅持仁政理論，保持其立場和原則。

〔註155〕〔清〕焦循：《孟子正義》，北京：中華書局，1987年，上冊，第417～418頁。

〔註156〕〔明〕張居正：《四書集註闡微直解》，第十九卷，第五至六頁，總第552～553頁。

〔註157〕〔宋〕朱熹：《四書集註．孟子集註》，第三卷，第十九頁。

〔註158〕〔宋〕朱熹：《四書集註．孟子集註》，第三卷，第十九頁。

第三節　引用《禮記》文獻考

理氏翻譯《禮記》的英文名稱是有三，一是 *Book of Rites*，二是 *Lî Chî*，這譯名在英譯《孟子》經常使用，三是 *Lî kî*，此名是英譯《禮記》的名稱。《禮記》原本是四十九卷，理雅各的英文譯本，將《曲禮上》、《曲禮下》合為一卷，把《檀弓上》、《檀弓下》合為一卷，將《雜記上》、《雜記下》合為一卷，因此，理氏的英譯本《禮記》共有四十六卷。理氏把英譯本《禮記》分作兩部份，第一部份是《曲禮》至《內則》，收入《東方聖書》（*The Sacred Books of the East*）第二十七冊，第二部份是《玉藻》至《喪服四制》，收入《東方聖書》第二十八冊。此兩冊《東方聖書》於 1885 年在英國倫敦由 Clarendon Press 出版。本書是根據清人阮元刻《十三經注疏》本《禮記正義》，嘉慶二十年江西南昌府學開雕版。

一、引用《曲禮》考

理氏一共五次引用《曲禮》解釋《孟子》，玆分別論述之。

（一）

理氏引《禮記．曲禮上》解釋「几」之意思。《公孫丑下》第十一章第二節：「孟子去齊，宿於晝。有欲為王留行者，坐而言。不應，隱几而臥。」〔註 159〕

理雅各《孟子》英譯本注：「The 几 was a stool or bench, on which individuals might lean forward, or otherwise, as they sat upon their mats. It could be carried in the hand. See the *Lî Chî*, Bk. I. Sect. I. ii I. 謀於長者，必操几杖以從之。」〔註 160〕理氏意謂，「几」是高腳凳或長凳，几上鋪以蓆，人可以在几上斜倚靠著。可以用手攜帶。見《禮記．曲禮上》第二章第一節。

玆先引述《禮記．曲禮上》相關之文字云：「謀於長者，必操几杖以從之。」〔註 161〕有關「几」之解釋，孔穎達云：「操几杖以從之者。操，執持也。杖可以策身，几可以扶己，俱是養尊者之物。」〔註 162〕孫希旦《禮記集解》

〔註 159〕《孟子注疏》，北京：中華書局影印〔清〕阮元刻《十三經注疏》本，第四卷下，第八頁，總第五冊，第 5869 頁。

〔註 160〕James Legge, *The Works of Mencius*, p.228.

〔註 161〕《禮記正義》，北京：中華書局影印〔清〕阮元刻《十三經注疏》本，第一卷，第十七頁，總第三冊，第 2667 頁。

〔註 162〕《禮記正義》，北京：中華書局影印〔清〕阮元刻《十三經注疏》本，第一卷，第十八頁，總第三冊，第 2667 頁。

云:「愚謂賜之『几』，使於朝中治事之所憑之以為安也。」〔註 163〕《說文解字》云:「几，凥几也。象形。」〔註 164〕段玉裁:《說文解字注》云:

> 凥，各本作踞，今正。凥几者，謂人所凥之几也。凥，処止也。古之凥字今悉改為居，乃改為「居几」，又改為蹲踞，俗字。古人坐而憑几，蹲則未有倚几者也。几俗作机，《左傳》:「設机而不倚。」《周易》:「渙奔其机」，皆俗字。象其高而上平，可倚，下有足。〔註 165〕

楊伯峻《孟子譯注》云:「『几』《說文》云:『居几也。』『居几』就是『坐几』，為老年人坐時所倚靠的。古時無高几。」〔註 166〕

綜合各家意見，理雅各把「几」理解為「高腳凳」或「長凳」(stool or bench)都不正確。周以前之人，都是席地而坐，是故無高腳凳。而解几作「長凳」亦不正確，蓋據《說文》而論，「几」是一象形字，但象其高而不象其長。所以几也不是長凳。

而「几」的作用，是讓長者工作時可以有所倚靠以正其身，明顯是讓老人家坐下時有所倚靠。如若在朝中做事，則可靠之而安坐工作。

孟子「隱几而臥」是指孟子身體依靠著几，而頭則伏在几上。焦循《孟子正義》云:「《毛詩．商頌》『依我磬聲』,《傳》云:『依，倚也。』隱、依、倚三字義同。故以倚釋隱。段氏玉裁《說文解字注》云『臥，伏也。从人臣，取其伏也。』」〔註 167〕

張居正《四書闡微直解》對《孟子》此節解釋甚詳，其云:

> 晝，是齊邑名。古人席地而坐，年長者為之設几。隱几，是憑著几案。齊王不能用孟子，孟子以道不得行，辭之而去。行到西南境上晝邑地方，暫且止宿。蓋去國不忘君之意也。當時有個齊臣，見孟子行得遲緩，意其可以復留。乃不奉王命，而自以其意來見孟子，欲為王留行，是不知留賢之道矣。及既坐而言，孟子由他自說，

〔註 163〕〔清〕孫希旦:《禮記集解》，北京：中華書局，1989 年，上冊，第 15 頁。
〔註 164〕〔漢〕許慎，〔清〕段玉裁注:《說文解字注》，第十四篇上，第二十八頁，總第 715 頁。
〔註 165〕〔漢〕許慎，〔清〕段玉裁注:《說文解字注》，第十四篇上，第二十八頁，總第 715 頁。
〔註 166〕楊伯峻:《孟子譯注》，上冊，第 107 頁。
〔註 167〕〔清〕焦循:《孟子正義》，北京：中華書局，上冊，第 303 頁。

竟不答應，且憑著几案而臥，若不曾聽聞者，以示絕之之意焉。蓋為國留賢，雖是美意，然平時不能左右齊王，成就他用賢之美，臨時又不知遵奉王命，道達他留賢之誠，徒欲以一人之口舌，挽回賢者之去志，多見其不自量矣。此孟子所以重絕之也。〔註 168〕

可見孟子一方面願意為齊國效力，但另一方面也注重禮數。齊國臣子私自游說孟子留在齊國效力，可惜這位齊國臣子，一不懂勸導齊王挽留孟子，二在沒有齊王授權的情況下挽留孟子。這種不懂禮數的做法，所以孟子穩几而臥，表示拒絕之意。

（二）

理氏引《禮記．曲禮上》解《孟子》所講「男女授受不親」。《離婁上》第十七章第一節：「淳于髡曰：『男女授受不親，禮與？』孟子曰：『禮也。』曰：『嫂溺則援之以手乎？』曰：『嫂溺不援，是豺狼也。男女授受不親，禮也。嫂溺援之以手者，權也』」〔註 169〕

理雅各《孟子》英譯本注：「For the rule of propriety referred to, see the *Lî Chî*, I. Sect. I. iii. 31. 不親＝不以手親相接」〔註 170〕理氏意謂，這種社會道德規範，可見《禮記．曲禮上》第三章第三十一節。不親是指「不以手親相接」。

茲引述《禮記．曲禮上》之文云：「男女不雜坐。不同椸、枷，不同巾、櫛，不親授。嫂叔不通問，諸母不漱裳。」〔註 171〕

鄭玄《禮記注》云：「皆為重別，防淫亂。不雜坐，男子在堂，女子在房也。椸，可以枷衣者。通問，謂相稱謝也。諸母，庶母也。漱，澣也，庶母賤，可使漱衣，不可使漱裳，裳賤，尊之者，亦所以遠別。」〔註 172〕巾、櫛是指毛巾與梳子。〔註 173〕孫希旦《禮記集解》云：「呂大臨曰：『男女不雜坐，經

〔註 168〕〔明〕張居正：《四書集註闡微直解》，第十七卷，第二十七至二十八頁，總第 525～526 頁。

〔註 169〕《孟子注疏》，北京：中華書局影印〔清〕阮元刻《十三經注疏》本，第七卷下，第六頁，總第五冊，第 5920 頁。

〔註 170〕James Legge, *The Works of Mencius*, p.307.

〔註 171〕《禮記正義》，北京：中華書局影印〔清〕阮元刻《十三經注疏》本，嘉慶二十年江西南昌府學開雕版，2009 年，第二卷，第十三頁，總第三冊，第 2688 頁。

〔註 172〕《禮記正義》，北京：中華書局影印〔清〕阮元刻《十三經注疏》本，第二卷，第十三頁，總第三冊，第 2688 頁。

〔註 173〕姜義華：《新譯禮記讀本》，臺北：三民書局，1987 年，第 21 頁。

雖無文，然喪祭之禮，男女之位異矣。男子在堂，則女子在房；男子在堂下，則女子在堂上；男子在東方，則女子在西方。坐亦宜然。』」〔註 174〕

《孟子·離婁上》此經文，並不是解釋男女授受不親的社會禮節，而是藉此指出通變權宜之做法。張居正《四書集註闡微直解》云：

> 淳於髡，是齊之辯士。權，是稱錘，所以秤物之輕重者，故人之處事，秤量道理以合於中，也叫作權。昔淳於髡因孟子不見諸侯，故設辭以諷之說道：「吾聞男女有別，就是以物相取與，不得親手交接，果是禮之當然歟？」孟子答說：「男不言內，女不言外，故授受不親，正以別嫌、明征，乃禮之所重也。」淳于髡說：「男女授受不親固為禮矣，即如嫂之與叔，禮不通問，亦不可親相授受者。設或嫂溺于水，生死在倉卒之間，為之叔者亦將引手以救之乎？還是拘授受不親之禮，而坐視其死也？」孟子答說：「嫂叔至親，溺水大變，於此不救，則忍心害理，是豺狼之類耳。有人心者固如是乎？蓋天下之事有常有變，君子處事有經有權，男女授受不親是禮之常經，固不可越。至如嫂溺援之以手，是乃事勢危迫之際，顧不得情義，便顧不得嫌疑，故揆度於輕重緩急之間，以求合乎天理人心之正，所謂權也。若但知有禮而不知有權，則所全者小，所失者大矣，豈識時通變者哉？要之經權二字原不相離，禮有常經，如秤之有星，銖兩各別；權無定體，如秤錘之較物，輕重適平，二者交相為用也。」觀孟子之言，則可以識權之義矣。〔註 175〕

傅佩榮《孟子新解》云：

> 「守經」與「達權」配合，就是在遵守固定規範時，也須權衡輕重，採取變通的做法。任何禮制規定都是固定的條文，可以維繫社會整體的秩序，但是人的現實處境卻各個不同，因此要培養判斷的智慧，既能守經，又能達權。「經」就是常規，「權」就是變通。世間的變化很快，而且每個人情況不同，所以要保持高度的警覺。人的情感總是在變化之中，所以儒家強調明智，要分辨什麼時候該怎麼做，就是對人與人之間的互動關係要非常敏感。至於採取何種具體措施，則需考慮效益。秉持真誠之心，依循固定規範，再以有效

〔註 174〕〔清〕孫希旦：《禮記集解》，上冊，第 43 頁。

〔註 175〕〔明〕張居正：《四書集註闡微直解》，第二十卷，第三十六頁，總第 585 頁。

> 的方法完成初衷。如果拘泥於禮儀條文，以致錯過了救人的時機，那不是近似「禮教吃人」嗎？仔細省思本章，可知孟子絕無助成「禮教吃人」的嫌疑。〔註 176〕

由此可知，孟子是一個守禮之人，但若遇到比禮更重要的事情，如拯救人的生命，就會用權宜之法，以拯救人的生命為先。這種做法，也反映出儒家注重人的地位的思想，人的性命比任何禮義都更重要。

（三）

理氏引《禮記．曲禮上》解釋《孟子》的「父召無諾」與「君命召不俟駕」的意思。《公孫丑下》第二章第五節云：「景子曰：『否，非此之謂也。《禮》曰：父召無諾；君命召，不俟駕。固將朝也，聞王命而遂不果，宜與夫禮若不相似然。』」〔註 177〕

理雅各《孟子》英譯本注：「Different passages are here quoted together from the *Book of Rites*. 父召無諾，—— see Bk. I Sect I. iii.3, 14,『A son must cry 唯 to his father, and not 諾，』which latter is a lingering response. 君命召不侯駕 is found substantially in Bk. XI.. ix. 3, *et al.*」〔註 178〕理氏意謂，此節引用了《禮記》幾段經文。「父召無諾」見《禮記》第一卷上（《曲禮上》）第三部份第三章第十四節，兒子須要向父親說「唯」，不是說「諾」，後者是拖延的反應。「君命召，不侯駕。」〔註 179〕基本上可在《禮記》第十一卷（《玉藻》）第九章第三節找到。

理氏引用了《禮記》兩段經文，一在《曲禮上》，另一在《玉藻》。

茲先論《禮記．曲禮上》之經文，其云：「父召無諾，先生召無諾，唯而起。」〔註 180〕此外，《禮記．玉藻》亦有一意思相近的經文，其云：「父命呼，唯而不諾。」〔註 181〕《曲禮上》的經文是說父與先生若有召喚，都要

〔註 176〕傅佩榮：《孟子新解》，上冊，第 348～350 頁。

〔註 177〕《孟子注疏》，北京：中華書局影印〔清〕阮元刻《十三經注疏》本，第四卷上，第三至四頁，總第五冊，第 5859 頁。

〔註 178〕James Legge, *The Works of Mencius*, p.213.

〔註 179〕《孟子注疏》原文是「不俟駕」，理氏誤作「不侯駕」。

〔註 180〕《禮記正義》，北京：中華書局影印〔清〕阮元刻《十三經注疏》本，第二卷，第九頁，總第三冊，第 2684 頁。

〔註 181〕《禮記正義》，北京：中華書局影印〔清〕阮元刻《十三經注疏》本，第三十卷，第二十頁，總第三冊，第 3215 頁。

「唯」而不要「諾」，《玉藻》的經文則是父有召喚，則要「唯」而不要「諾」。鄭玄《禮記注》：「應辭，唯恭於諾。」〔註 182〕孔穎達《禮記正義》云：「父與先生呼召，稱唯，唯，㖑也。不得稱諾，其稱諾則似寬緩驕慢，但今人稱諾，猶古之稱唯，則其意急也。今之稱㖑猶古之稱諾，其意緩也。是今古異也。」〔註 183〕朱駿聲《說文通訓定聲》曰：「唯，諾也。从口，隹聲。……《華嚴音義》引《書孔傳》：「直曉不問曰唯。」〔註 184〕又云：「譍也。从言，若聲。按應詞也。緩應曰諾，疾應曰唯。」〔註 185〕由此言之，《曲禮上》云：「父召無諾，先生召無諾，唯而起。」就是父與先生有召喚，要立即回應，不可遲緩。

理氏引用的第二段經文是《禮記・玉藻》，其云：「凡君召，以三節：二節以走，一節以趨。在官不俟屨，在外不俟車。」〔註 186〕孫希旦《禮記集解》云：

> 此言人臣被召之法。鄭氏曰：「節，所以明信輔君命。」使使召臣，急則持二，緩則持一。《周禮》曰：鎮圭以徵守。其餘未聞也。今漢使者擁節。不俟屨，不俟車，趨君命也。必有執隨授之者。官，謂朝廷治事處也。孔氏曰：「節，以玉為之。」君召臣，有二節時，有一節時，故合云「三」也。急則二節，臣故走，緩則一節，臣故趨。官，謂朝廷治事處也。外，謂其室及官府也。在官近，不須車，故言屨。在外遠，故言車。〔註 187〕

《玉藻》此節經文，是指臣被君王召喚，就要立即起行往見君王，用一節來召喚，可以步行前往，若用兩節來召，便是急召，就要跑往見君王。如果在朝廷附近，不用穿官屨，立刻前往，如果距離朝廷較遠，就不等馬車，立即起行。

《孟子・公孫丑下》此節經文，是說齊宣王召見孟子，孟子不想見齊宣

〔註 182〕《禮記正義》，北京：中華書局影印〔清〕阮元刻《十三經注疏》本，第二卷，第九頁，總第三冊，第 2684 頁。

〔註 183〕《禮記正義》，北京：中華書局影印〔清〕阮元刻《十三經注疏》本，第二卷，第十至十一頁，總第三冊，第 2684～2685 頁。

〔註 184〕〔清〕朱駿聲：《說文通訓定聲》，履部，第一百頁，總第 598 頁。

〔註 185〕〔清〕朱駿聲：《說文通訓定聲》，豫部，第一百四十三頁，總第 460 頁。

〔註 186〕《禮記正義》，北京：中華書局影印〔清〕阮元刻《十三經注疏》本，第三十卷，第十一頁，總第三冊，第 3211 頁。

〔註 187〕〔清〕孫希旦：《禮記集解》，中冊，第 818 頁。

王，避到景丑的家裏，景丑覺得孟子這樣作是不敬齊王，是不合禮，於是引用了《禮記》這些經文來指孟子的行為不合禮。

而孟子對景丑氏的回答，是因齊王沒有親自去見孟子在先，所以孟子也就不見齊王。孟子不去見齊宣王，更認為應該是齊宣王主動來見他的原因，見其下文的解釋「天下有達尊三：爵一，齒一，德一。朝廷莫如爵，鄉黨莫如齒，輔世長民莫如德。惡得有其一，以慢其二哉？」〔註 188〕孟子之意是齊王未盡禮數，雖然齊王政治地位比孟子高，但在年齡與德行上，則是孟子比齊王高。〔註 189〕孟子的意思是，君王求賢才，需要敬重賢人的輩份與德行，君王應該主動拜訪賢才。

（四）

理氏引用《禮記．曲禮下》解釋《孟子》的「采薪之憂」。《公孫丑下》第二章第三節：「孟仲子對曰：『昔者有王命，有采薪之憂，不能造朝。今病小愈，趨造於朝；我不識能至否乎？』」〔註 190〕

理雅各《孟子》英譯本注：

> 采薪之憂, —— literally, "sorrow of gathering firewood," = a little sickness. See a similar expression in the *Lî Chî*, I. Sect. II. I, 3, 8, 君使士射，不能，則辭以疾，言曰某有負薪之憂. On this case《正義》says: —— "Carrying firewood was the business of the children of the common people. From the lips of an officer, such language was indicative of humility."〔註 191〕

理氏意謂，采薪之憂，文字上的理解是「收集木柴的悲傷」，意思是「有小病」，類似的表達方式，可見諸《禮記．曲禮下》第一章第三、八節：「君使士射，不能，則辭以疾，言曰某有負薪之憂。」《正義》解釋此節說：「搬運木柴，是庶人的兒子的工作。但從一個政府官員說出來，是表示謙虛。

理氏所引者，是《禮記．曲禮下》的經文，他亦引用了孔穎達《禮記正義》的解釋。茲分別引述之如下。《禮記．曲禮下》：「君使士射，不能，則辭以疾，

〔註 188〕《孟子注疏》，北京：中華書局影印〔清〕阮元刻《十三經注疏》本，第四卷上，第四頁，總第五冊，第 5859 頁。

〔註 189〕張居正：《四書集註闡微直解》，第十七卷，第七頁，總第 515 頁。

〔註 190〕《孟子注疏》，北京：中華書局影印〔清〕阮元刻《十三經注疏》本，第四卷上，第三頁，總第五冊，第 5859 頁。

〔註 191〕James Legge, *The Works of Mencius*, p.211~212.

言曰：『某有負薪之憂。』」〔註 192〕《曲禮》此章經文，是說，國君命令士表演射箭，士若不能射時，不可以說不會射，只可說「有負薪之憂」，以疾病為託辭。孔穎達《禮記正義》云：

> 言曰某有負薪之憂者，此稱疾之辭也。某，士名也。負，檐也。薪，樵也。大樵曰薪。《詩》云：「析薪如之何，匪斧不克。」是大，故用斧也。憂，勞也。言己有檐樵之餘勞，不堪射也。不直云疾，而云負薪者，直云疾則似教慢，故陳疾之所由，明非假也。然，士祿代耕，且後問庶人子云：能負薪，而今云士負薪者，亦謙辭也。〔註 193〕

理氏的錯誤是把「負薪之憂」與「負薪」的意思混淆。理氏所謂「《正義》解釋此節說：「搬運木柴，是庶人的兒子的工作。但從一個政府官員說出來，是表示謙虛。」是出自《禮記正義》：「然，士祿代耕。且後問庶人子云能負薪，而今云士負薪者，亦謙辭也。」然而，理氏並不明白孔穎達的意思。孔穎達是解釋「負薪」實祭上是一種謙辭。「士祿代耕者」是說「士」這個職位的官員是以俸祿生活，砍柴負薪不是其工作，而「且後，問庶人子云：能負薪」，「且後」應該是「下文」的意思，是指《禮記．曲禮下》另一段經文，茲全章引述以明梗概：

> 儗人必於其倫。問天子之年，對曰：「聞之：始服衣若干尺矣。」問國君之年：長，曰能從宗廟社稷之事矣；幼，曰未能從宗廟社稷之事也。問大夫之子：長，曰能御矣；幼，曰未能御也。問士之子：長，曰能典謁矣；幼，曰未能典謁也。問庶人之子：長，曰能負薪矣；幼，曰未能負薪也。〔註 194〕

《曲禮》此章經文，是說應該如何根據不同的身份，恰如其份地回答年齡的問題。〔註 195〕問庶人之子的年齡，就以「負薪」來回答，也是一種謙辭。孔穎達解釋此「負薪」之意謂：

> 長曰能負薪矣。幼曰未能負薪也。《少儀》云：「問士之子長幼，

〔註 192〕《禮記正義》，北京：中華書局影印〔清〕阮元刻《十三經注疏》本，第四卷，第六頁，總第三冊，第 2721 頁。

〔註 193〕《禮記正義》，北京：中華書局影印〔清〕阮元刻《十三經注疏》本，第四卷，第六頁，總第三冊，第 2721 頁。

〔註 194〕《禮記正義》，北京：中華書局影印〔清〕阮元刻《十三經注疏》本，第五卷，第十五頁，總第三冊，第 2745 頁。

〔註 195〕姜義華：《新譯禮記讀本》，第 61 頁。

長則曰能耕矣，幼則曰能負薪，未能負薪。」謂士祿薄，子猶以能農業為事也。與此不同者，亦當有田無田之異，此所言之士者，是有田者，故子免耕負薪而典謁。〔註196〕

又參考《禮記．少儀》云：

問國君之子長幼，長，則曰：「能從社稷之事矣。」幼，則曰：「能御」、「未能御。」問大夫之子長幼，長，則曰：「能從樂人之事矣。」幼，則曰：「能正於樂人」、「未能正於樂人。」問士之子長幼，長，則曰：「能耕矣。」幼，則曰：「能負薪」、「未能負薪。」〔註197〕

由此可見，「負薪之憂」是一謙辭，表示自己身體有病。而「負薪」，則是士或庶人回答別人詢問自己兒子的年齡應有的回答，「負薪」是謙稱兒子年幼。理氏把孔穎達的「問庶人之子：長，曰能負薪矣；幼，曰未能負薪也。」解作「搬運木柴，是庶人的兒子的工作。但從一個政府官員說出來，是表示謙虛。（Carrying firewood was the business of the children of the common people. From the lips of an officer, such language was indicative of humility.）是誤解了孔穎達的意思，也不知道「負薪」是士或庶人向別人回答兒子年幼的謙詞。

《孟子》此段經文，是孟子的從昆弟孟仲子之言，採薪之憂即負薪之憂，趙岐云《孟子注》：「孟仲子，孟子之從昆弟，從學於孟子者也，權辭以對，如此憂病也，《曲禮》：有負薪之憂。」〔註198〕朱熹《四書集註．孟子集註》謂：「采薪之憂，言病不能采薪，謙辭也。」〔註199〕楊伯峻《孟子譯注》云：「『采薪之憂』或者『負薪之憂』都是疾病之代辭，為當時交際上的習慣語。」〔註200〕從《孟子》的上下文來看，楊伯峻的解說可取。而理雅各則誤會了「負薪」與「負薪之憂」是同義。

（五）

理氏引用《禮記．曲禮下》解釋《孟子》所講「不下帶」的意思。《盡心

〔註196〕《禮記正義》，北京：中華書局影印〔清〕阮元刻《十三經注疏》本，第五卷，第十六頁，總第三冊，第26745頁。

〔註197〕《禮記正義》，北京：中華書局影印〔清〕阮元刻《十三經注疏》本，第三十五卷，第十二頁，總第三冊，第3279頁。

〔註198〕《孟子注疏》，北京：中華書局影印〔清〕阮元刻《十三經注疏》本，第四卷上，第三頁，總第五冊，第5859頁。

〔註199〕〔宋〕朱熹：《四書集註．孟子集註》，第二卷，第二十頁。

〔註200〕楊伯峻：《孟子譯注》，上冊，第92頁。

下》第三十二章第一節：「孟子曰：『言近而指遠者，善言也；守約而施博者，善道也。君子之言也，不下帶而道存焉。』」〔註 201〕

理雅各《孟子》英譯本注：

> 不下帶，—— see the *Book of Rite*, Bk. I. Sect. II. Iii. 15. The ancients did not look at a person below the girdle, so that all above that might be considered as near, beneath the eyes.The phrase 近言 = "words which are near," i. e. on common subjects, simple, plain. So, Chû Hsî; but the passage in the *Lî Chî* is not so general as his commentary. It gives the rule for looking by the sovereign. He is not to raise his eyes above a minister's collar, nor lower them below the girdle.〔註 202〕

理氏之意謂，「不下帶」，見《禮記・曲禮下》第三章第十五節。古代看著一個人的禮節，目光不看著別人的腰帶以下，所以，由腰至眼部以下都可稱作「近」。「近言」這片語，意謂近處之言，即普遍、簡單、清晰之意。但《禮記》的意思並不是朱熹般說得簡單，此經文指出人主看人的規矩，他的目光不可高於大臣的衣領，或低過大臣的腰帶。

茲引述《禮記・曲禮下》之文如下：「天子視不上於袷，不下於帶；國君，綏視；大夫，衡視；士視五步。凡視：上於面則敖，下於帶則憂，傾則姦。」〔註 203〕

此節經文是說人與人見面說話時，目光的規矩，可說是下級之人見上級時的目光之禮。但理氏卻說成是「君王」視「臣子」的禮儀，此解釋有些古怪。孔穎達《禮記正義》云：「此一節論天子以下，其臣視君尊卑有異之事。」〔註 204〕鄭玄《禮記注》此節云：

> 袷，交領也。天子至尊，臣視之，目不過此。視國彌高，綏讀為妥。妥視謂上於袷。視大夫又彌高也，衡平也，平視謂面視也。士視得旁游目五步之中也。視大夫以上，上下游目不得旁。敖則仰。

〔註 201〕《孟子注疏》，北京：中華書局影印〔清〕阮元刻《十三經注疏》本，第十四卷下，第四頁，總第五冊，第 6046 頁。

〔註 202〕James Legge, *The Works of Mencius*, p.494~495.

〔註 203〕《禮記正義》，北京：中華書局影印〔清〕阮元刻《十三經注疏》本，第五卷，第二十三頁，總第三冊，第 2749 頁。

〔註 204〕《禮記正義》，北京：中華書局影印〔清〕阮元刻《十三經注疏》本，第五卷，第二十三頁，總第三冊，第 2749 頁。

憂則低。辟頭旁視，心不正也，傾或為側。〔註 205〕

朱熹之解釋比較簡單，其云：「古人視不下於帶，則帶之上，乃目前常見至近之處也。舉目前之近事，而至理存焉，所以為言近而指遠也。」〔註 206〕理氏跟隨朱熹之言，以古代人與人相見，目光所視之禮來解釋《孟子》的「不下帶而道存焉」，但忽略了朱熹對《孟子》此言的義理疏解。

朱熹可謂吸納並簡化了趙岐之說，趙岐《孟子注》云：「言近指遠，近言正心，遠可以事天也。守約施博，約守仁義，一可以施德於天下也，二者可謂善言、善道也。正心守仁者，皆在胷臆，吐口而言之，四體不與焉，故曰不下帶而道存焉。」〔註 207〕支持趙岐之說者，有焦循《孟子正義》，其云：

> 「不下帶而道存」，孟子自發明言近指遠之義也。「脩其身而天下平」，孟子自發明守約施博之義也。趙氏以脩身明指身言，此不下帶暗指心言；故以近言為正心。凡人束帶於要限間，心在帶之上。《說文．勹部》：「匈，膺也。」《肉部》云：「肊，胸肉也。」匈即胸，肊即臆。劉熙《釋名．釋衣服》云：「膺，心衣，鉤肩之間，施一襠以奄心也。」胸臆當心，亦居帶上，仁守於心，而吐於口，故四體不與也。守雖明言脩身，而未言所以脩身之事，趙氏以仁義明之，謂所以脩身者為守此仁義也。仁者，元也。義者，利也。元亨利貞為四德，故云施德於天下。施德即施仁義也。既以正心明言近，以守仁明脩身，又並云正心守仁皆在胸臆者，謂正心即守此仁義，脩身即是正心，言如是，守即如是，雖分言之，實互言之也。事天之本，不外身心；平天下之功，不外仁義。孟子之恉，趙氏得之矣。〔註 208〕

參考趙岐與焦循之言，《孟子》謂「君子之言他，不下帶而道存焉」。乃謂君子脩身守約，守其仁義之心，道已存於胸臆之間，所謂「不下帶者」，乃指君子胸臆之間，君子脩身正心，道已存於胸臆之間，故君子之言，舒於胸臆之間，已經有道之所在。不需用古代之「視人之禮」解之，否則扞格不通。孔孟

〔註 205〕《禮記正義》，北京：中華書局影印〔清〕阮元刻《十三經注疏》本，第五卷，第二十三頁，總第三冊，第 2749 頁。

〔註 206〕〔宋〕朱熹：《四書集註．孟子集註》，第七卷，第二十九頁。

〔註 207〕《孟子注疏》，北京：中華書局影印〔清〕阮元刻《十三經注疏》本，第十四卷下，第四頁，總第五冊，第 6046 頁。

〔註 208〕〔清〕焦循：《孟子正義》，下冊，第 1010～1011 頁。

之言，注重人之主體性，脩身正心俱是主體性之事，而言行即有道存正，實亦主體性之事。

二、引用《檀弓》考

理氏一共三次引用《檀弓》解釋《孟子》，都是作歷史人物考察，茲論述如下：

（一）

理氏引用《禮記》解釋《孟子》所載「泄柳」之身份，作歷史人物考察。《公孫丑下》第十一章第三節云：「我明語子：昔者魯繆公無人乎子思之側，則不能安子思；泄柳、申詳無人乎繆公之側，則不能安其身。」〔註 209〕

理雅各《孟子》英譯本注：「Hsieh Lîu was a native of Lu, a disciple of the Confucian school. See the *Lî Chî* Bk.II.Sect I. ii. 34, and Bk. XVIII.Sect.II.ii.II. In this last passage Lîu should be Hsieh Lîu.」〔註 210〕理氏意謂，泄柳是魯國人士，是孔門之徒。見《禮記．檀弓上》第二章第三十四節與及《禮記．雜記下》第二章第二節所講的「世柳」就是「泄柳」。

理氏所引用的《禮記．檀弓上》及《禮．雜記下》之經文，茲分別引述之。《禮記．檀弓上》：

> 子柳之母死，子碩請具。子柳曰：「以哉？」子碩曰：「請粥庶弟之母。」子柳曰：「如之何其粥人之母以葬其母也？不可。」既葬，子碩欲以賻布之餘具祭器。子柳曰：「不可，吾聞之也：君子不家於喪。請班諸兄弟之貧者。」〔註 211〕

《禮記．雜記下》：

> 世柳之母死，相者由左。世柳死，其徒由右相。由右相，世柳之徒為之也。〔註 212〕

《檀弓上》所講者是「子柳」，《雜記下》所載者是「世柳」，而孟子則稱

〔註 209〕《孟子注疏》，北京：中華書局影印〔清〕阮元刻《十三經注疏》本，第四卷下，第八頁，總第五冊，第 5869 頁。

〔註 210〕James Legge, *The Works of Mencius*, p.229.

〔註 211〕《禮記正義》，北京：中華書局影印〔清〕阮元刻《十三經注疏》本，第八卷，第一頁，總第三冊，第 2791 頁。

〔註 212〕《禮記正義》，北京：中華書局影印〔清〕阮元刻《十三經注疏》本，第四十三卷，第三頁，總第三冊，第 3397 頁。

之為「泄柳」。理氏認為三者是同一人，茲論述之。

《檀弓上》之「子柳」，鄭玄於《禮記・檀弓》注云：「子柳，魯叔仲皮之子，子碩兄。」〔註 213〕孫希旦《禮記集解》云：「愚謂子柳，孔子弟子顏幸，下篇所稱顏柳是也。」〔註 214〕可見子柳是孔門弟子。

而《雜記下》的世柳，即泄柳。鄭玄《禮記注》云：「世柳，魯穆公時賢人也。」〔註 215〕阮元《十三經注疏校勘記》云：「世柳之母死，《石經》同，《岳本》同，《嘉靖本》同，《釋文》出世柳。《閩監》《毛本》世作泄，《衛氏集說》同。」〔註 216〕孫希旦《禮記集解》經文與注解都作「泄」，其云：「泄柳之母死，相者由左。泄柳死，其徒由右相。由右相，泄之徒為之也。」〔註 217〕據此而言，可知世柳即泄柳。

孔穎達《禮記正義》云：「按《孟子》云：魯穆公時，公儀子為政，子柳、子思為臣，魯之削也滋甚。若是乎，賢者之無益於國也。彼子柳即此泄柳也。故云魯穆公時賢人。」〔註 218〕孔穎達所述，來自《孟子・告子下》第六章第三節：「魯繆公之時，公儀子為政，子柳、子思為臣，魯之削也滋甚。若是乎賢者之無益於國也。」孔穎達引用《孟子》證明「子柳」就是「泄柳」。

此外《公孫丑下》第十一章第三節云：「我明語子：昔者魯繆公無人乎子思之側，則不能安子思；泄柳、申詳無人乎繆公之側，則不能安其身。」《孟子・告子下》第六章第三節：「魯繆公之時，公儀子為政，子柳、子思為臣，魯之削也滋甚。若是乎賢者之無益於國也。」說明子柳與泄柳同是魯繆公之臣子。

參考《孟子》的《公孫丑下》與《告子下》兩節經文，與及《禮記》各家之注解，可見《檀弓上》的子柳，《雜記下》的泄柳，與《公孫丑下》的泄柳與及《告子下》的子柳是同一人。理雅各的理解是正確的。

〔註 213〕《禮記正義》，北京：中華書局影印〔清〕阮元刻《十三經注疏》本，第八卷，第一頁，總第三冊，第 2791 頁。

〔註 214〕〔清〕孫希旦：《禮記集解》，上冊，第 209 頁。

〔註 215〕《禮記正義》，北京：中華書局影印〔清〕阮元刻《十三經注疏》本，第四十三卷，第三頁，總第三冊，第 3397 頁。

〔註 216〕《禮記正義》，北京：中華書局影印〔清〕阮元刻《十三經注疏》本，第四十三卷，校勘記，第二頁，總第三冊，第 3405 頁。

〔註 217〕〔清〕孫希旦：《禮記集解》，下冊，第 1110 頁。

〔註 218〕《禮記正義》，北京：中華書局影印〔清〕阮元刻《十三經注疏》本，第四十三卷，第三頁，總第三冊，第 3397 頁。

（二）

理氏引《禮記・檀弓上》解釋《孟子》所講「有若似聖人」，作歷史人物考察。《滕文公上》第四章第十三節：「他日子夏、子張、子游以有若似聖人，欲以所事孔子事之，強曾子。」〔註 219〕

理雅各《孟子》英譯本注：「On Yu Zo's resemblance to Confucius, see the *Book of Rites*, Bk. II. Sect. I. iii. 4.」〔註 220〕理氏之意謂，關於有若很像聖人孔子，見《禮記・檀弓上》第三章第四節。

據《孟子》在此段經文所載，是說孔子死後一段日子，子夏、子張、子游認為有若有點像孔子，便想要用尊敬孔子之禮來尊敬有若，他們勉強曾子同意。〔註 221〕《孟子》這段經文講到有若像孔子，但「似聖人」之意，應作何解，理氏並未講明。茲引述《禮記・檀弓上》：

> 有子問於曾子曰：「問喪於夫子乎？」曰：「聞之矣：喪欲速貧，死欲速朽。」有子曰：「是非君子之言也。」曾子曰：「參也聞諸夫子也。」有子又曰：「是非君子之言也。」曾子曰：「參也與子游聞之。」有子曰：「然，然則夫子有為言之也。」曾子以斯言告於子游。子游曰：「甚哉，有子之言似夫子也。昔者夫子居於宋，見桓司馬自為石槨，三年而不成。夫子曰：若是其靡也，死不如速朽之愈也。死之欲速朽，為桓司馬言之也。南宮敬叔反，必載寶而朝。夫子曰：若是其貨也，喪不如速貧之愈也。喪之欲速貧，為敬叔言之也。」曾子以子游之言告於有子，有子曰：「然，吾固曰：非夫子之言也。」曾子曰：「子何以知之？」有子曰：「夫子制於中都，四寸之棺，五寸之槨，以斯知不欲速朽也。昔者夫子失魯司寇，將之荊，蓋先之以子夏，又申之以冉有，以斯知不欲速貧也。」〔註 222〕

《禮記・檀弓上》此段所講的「有子」，據鄭玄《禮記注》云：「有子，孔子弟子有若也。」〔註 223〕亦即《孟子》此段所講之「有若」。而「喪」者，鄭

〔註 219〕《孟子注疏》，北京：中華書局影印〔清〕阮元刻《十三經注疏》本，第五卷下，第四頁，總第五冊，第 5884 頁。

〔註 220〕James Legge, *The Works of Mencius*, p.254~255.

〔註 221〕楊伯峻：《孟子譯注》，上冊，第 129 頁。

〔註 222〕《禮記正義》，北京：中華書局影印〔清〕阮元刻《十三經注疏》本，第八卷，第六至七頁，總第三冊，第 2793～2794 頁。

〔註 223〕《禮記正義》，北京：中華書局影印〔清〕阮元刻《十三經注疏》本，第八卷，第六頁，總第三冊，第 2793 頁。

玄《禮記注》云:「喪,謂仕失位也。」〔註224〕姜義華《新譯禮記讀本》將《禮記·檀弓上》「甚哉,有子之言似夫子也。」語譯成「真了不起,有子這話真了解夫子啊。」〔註225〕把「似夫子」譯作「了解夫子」,是一種意譯法,從《禮記·檀弓》此段而言,把「似夫子」解作「了解夫子」比較恰當,因為整段對答都是針對孔子的言行而討論,有子並沒有任何言論。

至於《孟子·滕文公上》「有若似聖人」,趙岐《孟子注》:「有若之貌孔子」。〔註226〕認為是貌似孔子,焦循認為趙岐是據《史記》而有此言,〔註227〕司馬遷:《史記·仲尼弟子列傳》云:「孔子既沒,弟子思慕,有若狀似孔子,弟子相與共立為師。」〔註228〕

而朱熹《四書集註·孟子集註》則云:「有若似聖人,蓋其言行氣像有似之者,如《檀弓》所記,子游謂有若之言似夫子之類也,所以事夫子之禮也。」〔註229〕認為有若與孔子似者,非外貌,乃言行氣象相似,張居正亦主此說云:「以有若言行氣象有似孔子。」〔註230〕傅佩榮《孟子新解》亦謂:「有若的言行舉止很像孔子。」〔註231〕朱熹等人之說法,與《史記》並無衝突,蓋「狀似孔子」,不一定指外貌,可以指言行氣象之狀。然而,有若之言行氣像似孔子,其先決條件是有若了解孔子的言行,才可以言行氣象似孔子。

(三)

理氏引《禮記·檀弓中》解釋「公輸班」,作歷史人物考察。《離婁上》第一章第一節:「孟子曰:『離婁之明,公輸子之巧,不以規矩,不能成方員。師曠之聰,不以六律,不能正五音。堯舜之道,不以仁政,不能平治天下。』」〔註232〕

〔註224〕《禮記正義》,北京:中華書局影印〔清〕阮元刻《十三經注疏》本,第八卷,第六頁,總第三冊,第2793頁。

〔註225〕姜義華注譯:《新譯禮記讀本》,第112頁。

〔註226〕《孟子注疏》,北京:中華書局影印〔清〕阮元刻《十三經注疏》本,第五卷下,第五頁,總第五冊,第5885頁。

〔註227〕〔清〕焦循:《孟子正義》,北京:中華書局,上冊,第394頁。

〔註228〕〔漢〕司馬遷:《史記》,臺北:藝文印書館影印乾隆武英殿刻本,第六十七卷,第十九頁,總第二冊,第886頁。〔漢〕司馬遷:《史記》,香港:中華書局,第五冊,第2216頁。

〔註229〕〔宋〕朱熹:《四書集註·孟子集註注》,影印怡府藏版,第五卷,第十四頁。

〔註230〕〔明〕張居正:《四書集註闡微直解》,第十八卷,第三十二頁,總第546頁。

〔註231〕傅佩榮:《孟子新解》,上冊,第256頁。

〔註232〕《孟子注疏》,北京:中華書局影印〔清〕阮元刻《十三經注疏》本,第七卷上,第一至二頁,總第五冊,第5909頁。

理雅各《孟子》英譯本注：

> Kung-shû, named Pan（written 班 and 般）, was a celebrated mechanist of Lû, of the times of Confucius. He is fabled to have made birds of bamboo, that could continue flying for three days, and horses of wood, moved by springs, which could draw carriages. He is now the god of carpenters, and is worshipped by them; see the *Lî Chî*, Bk. II. Sect. II. Ii. 21. 〔註233〕

理氏意謂，公輸名班，亦作般，是魯國著名的工匠，與孔子同時。據傳說，他用竹做鳥兒，可以連續飛三天三夜；用木做馬，藉機器操作，可以拉車。他現在被工匠視作神靈般供奉。見《禮記．檀弓下》第二章第二十一節。

茲將理氏所指《禮記．檀弓下》之經文引述云：「季康子之母死，公輸若方小，斂，般請以機封，將從之。公肩假曰：『不可！夫魯有初，公室視豐碑，三家視桓楹。般，爾以人之母嘗巧，則豈不得以？其母以嘗巧者乎？則病者乎？噫！』弗果從。」〔註234〕

孔穎達《禮記正義》解公輸若與公輸般云：「季康子母死，公輸若為匠師之官，年方幼小，主掌窆事，欲下棺斂於壙中，其若之族人公輸般，性有技巧，請為以轉動機關，窆而下棺，時人服般之巧。」〔註235〕是故，按孔穎達之言，《檀弓下》所講之「般」，就是公輸般，但在《檀弓下》之經文，公輸般的設計卻受到人反對，因為魯國公室僭用天子的下棺入墓穴之禮，有既定的規矩與方式，公輸般的方法，不合先例。〔註236〕

孟子引用公輸般並不是講其人的生平與貢獻，而是以之作例子，說明國家行仁政，需要有規矩法度。張居正《四書集註闡微直解》云：

> 孟子見後世之為治者，每以私智自用，而不遵先王之法，故發此論。說道：「治天下之道，皆本之於心，而運之以法。法之所在，雖聖人有不能廢者。譬如制器，以離婁之明，公輸子之巧，使之造作，心思目力何所不精，然必取諸規以為圓，取諸矩以為方，而後

〔註233〕James Legge, *The Works of Mencius*, p.288.

〔註234〕《禮記正義》，北京：中華書局影印〔清〕阮元刻《十三經注疏》本，第十卷，第五至六頁，總第三冊，第2837頁。

〔註235〕《禮記正義》，北京：中華書局影印〔清〕阮元刻《十三經注疏》本，第十卷，第六頁，總第三冊，第2837頁。

〔註236〕姜義華注譯：《新譯禮記讀本》，第162頁。

> 可以成器；設使不用規矩，則明巧亦無所據，而方圓不可成矣。譬如審樂，以師曠之聰，使之察音，巨細清濁何所不辨？然必以六律之長短，定五音之高下而後可以成樂。設使不用六律，則至聰亦無所施，而五音不可審矣。古稱至聖莫如堯舜，如堯舜之治天下，以如天好生之仁運之，何治不成。然其精神心術，必寄之紀綱法度，立為養民之政以厚其生，立為教民之政以正其德，而後能使天下咸被其仁也。設使堯舜之治天下，而不以仁政，則雖有教養斯民之心，而綱維未備，規制未周，欲天下之民皆遂生複性而歸於平治，亦不能矣，況不及堯舜者乎？然則為治之不可無法，即器之不可無規矩，樂之不可無六律也。世之求治者，奈何欲廢乎？」〔註 237〕

傅佩榮《孟子新解》云：

> 「徒善不足以為政，徒法不能以自行」，法令與制度當然不可能自行運作，而是需要有人來推動。有善心不夠，還得有制度。某些國家制度很完備，但沒有善心的領袖，以致制度出現很多漏洞。所以，儒家主張善心與制度並重，正如人的善心不能沒有善行一樣，而善行必須採取合宜的方法。因此，必須同時強調善心、制度，以及善行。〔註 238〕
>
> 有些人認為儒家傾向於一廂情願的唯心論，尤其孟子更是如此。但是現在扣緊原文來看，卻不是這樣的。孟子立論的目的是：在個人，要修德行善，具體落實於造福百姓的工作中；在群體，則須推行適當的教育，使人人可以達成人生「止於至善」的目標；在國君，則自然是實施仁政，匡濟天下百姓。
>
> 以國君為例，需要的是仁德與先王的制度，再展現為真正的仁政。這樣的理論所設定的「善」觀念是：人與人之間適當關係的實現。若是忽略這個觀念，則不僅孟子思想不易理解，對整個儒家思想也都難免陷於困惑之中。〔註 239〕

孟子的目的並非討論離婁、公輸子及師曠等人的各種技巧，孟子引用這些人作比喻指行仁政與法制之關係，孟子在下文云「徒善不足以為政，徒法不能

〔註 237〕〔明〕張居正：《四書集註闡微直解》，第二十卷，第一至二頁，總第 568 頁。
〔註 238〕傅佩榮：《孟子新解》，上冊，第 311 頁。
〔註 239〕傅佩榮：《孟子新解》，上冊，第 312 頁。

以自行」〔註 240〕，趙岐認為法是指「法度」〔註 241〕推動仁政，要藉規矩法度輔助。可見孟子重視法度的作用。

三、引用《王制》考

理氏一共三次引用《王制》解釋《孟子》，茲述之如下：

（一）

理氏引用《禮記・王制》解釋《孟子》所載古代教育制度的「庠」、「校」、「序」之意。《滕文公上》第三章第十節：「設為庠序學校以教之。庠者養也，校者教也，序者射也。夏曰校，殷曰序，周曰庠，學則三代共之，皆所以明人倫也。」〔註 242〕

理雅各《孟子》英譯本注：

> After the due regulation of husbandry, and provision for the "certain livelihood" of the people, must come the business of education. The *hsio* mentioned were schools of a higher order in the capital of the kingdom and other chief cities of the various States. The others (校, *hsiâo* 4th tone) were schools in the villages and smaller towns. In the *Lî Chî*, III. Sect. V 10, we find the *hsiang* mentioned in connexion with the time of Shun; hsü in connexion with the Hsiâ dynasty; *hsio* in connexion with the Yin; and *Chiâo*（膠）in connexion with the Châu.〔註 243〕

理氏之意謂，在正常的農耕之後，穩定的生計有了供應，就要進入教育季節了。學（hsio）是王國首都或大城市的上層階級的學習場所，而校（hsiâo）則是設於村鎮的學習場所。在《禮記・王制》第五章第十節，舜時的學習場所稱庠（hsiang），夏代時稱序（hsü），殷代稱學（*hsio*），周代稱膠（*Chiâo*）。

茲引述《禮記・王制》篇之經文，其云：「有虞氏養國老於上庠，養庶老於下庠。夏后氏養國老於東序，養庶老於西序。殷人養國老於右學，養庶老於

〔註 240〕《孟子注疏》，北京：中華書局影印〔清〕阮元刻《十三經注疏》本，第七卷上，第一至二頁，總第五冊，第 5909 頁。

〔註 241〕《孟子注疏》，北京：中華書局影印〔清〕阮元刻《十三經注疏》本，第七卷上，第一至二頁，總第五冊，第 5909 頁。

〔註 242〕《孟子注疏》，北京：中華書局影印〔清〕阮元刻《十三經注疏》本，第五卷上，第八頁，總第五冊，第 5877 頁。

〔註 243〕James Legge, *The Works of Mencius*, p.242~243.

左學。周人養國老於東膠，養庶老於虞庠：虞庠在國之西郊。」〔註 244〕

鄭玄《禮記注》云：

> 皆學名也，異者，四代相變矣。或上西，或上東，或貴在國，或貴在郊。上庠，右學，大學也，在西郊。下庠，左學，小學也，在國中王宮之東。東序、東膠亦大學，在國中王宮之東。西序、虞庠亦小學也。西序在西郊，周立小學於西郊。膠之言糾也，庠之言養也，周之小學為有虞氏之庠制，是以名庠，云其立鄉學亦如之，膠或作絿〔註 245〕。〔註 246〕

可見庠、序、學、校、膠是不同級別的學校名稱，但古代的教育機構，除了教育功能外，還有養老的作用，孔穎達云：「養老必在學者，以學教孝悌之處，故於中養老。」〔註 247〕但這些長者，分「國老」與「庶老」，國老是退休的卿大夫，庶老則是退休的士，孔穎達《禮記正義》云：「熊氏云：『國老謂卿大夫致仕者，庶老謂士也。』皇氏云：『庶老兼庶人在官者，其致仕之老大夫以上，當養從國老之法。士養從庶老之法。』」〔註 248〕國老教大學，庶老則教小學。

《孟子》所講之「庠」、「校」、「序」與《禮記．王制》所載者有些分別，其所表達出來的思想亦各異，《禮記．王制》所載，著重者是養老之制度與教育的關係，而《孟子》所注重者是教育與國家發展及社會倫理道德的關係。茲先論《孟子》所載「庠」、「校」、「序」之意思，焦循《孟子正義》云：

> 王氏念孫《廣雅疏證》云：《孟子．滕文公篇》：「庠者，養也。校者，教也。序者，射也。」《廣雅》卷四云：「校，教也。」卷五

〔註 244〕《禮記正義》，北京：中華書局影印〔清〕阮元刻《十三經注疏》本，第十三卷，第二十頁，總第三冊，第 2914 頁。

〔註 245〕〔清〕阮元刻阮元刻十三經注疏本《禮記正義》，第十三卷，第二十頁，總第 2914 頁，是「膠或作練」；今參考〔唐〕陸德明《經典釋文．禮記音義之一》，第二十七頁，中冊，第 687 頁；〔清〕孫希旦：《禮記集解》，上冊，第 385 頁；〔清〕朱彬：《禮記訓纂》，北京：中華書局，1996 年，上冊，第 205 頁，都是「膠或作絿」，故從之。

〔註 246〕《禮記正義》，北京：中華書局影印〔清〕阮元刻《十三經注疏》本，第十三卷，第二十頁，總第三冊，第 2914 頁。

〔註 247〕《禮記正義》，北京：中華書局影印〔清〕阮元刻《十三經注疏》本，第十三卷，第二十一頁，總第三冊，第 2915 頁。

〔註 248〕《禮記正義》，北京：中華書局影印〔清〕阮元刻《十三經注疏》本，第十三卷，第二十一頁，總第三冊，第 2915 頁。

云：「序，射也。」皆本《孟子》。引之云：《說文》：「庠，禮官養老也。」《王制》：「有虞氏養國老於上庠」，鄭注云：「庠之言養也。」趙岐注《孟子》云：「養者，養耆老。射者，三耦四矢以達物導氣。」此皆緣辭生訓，非經文本意也。養國老於上庠，謂在庠中養老，非謂庠以養老名也。《州長職》云：「春秋以禮會民而射於州序。」謂在序中習射，非謂序以習射名也。《王制》：「耆老皆朝於庠，元日習射上功。」而庠之義獨取義於養老，何也？《文王世子》：「適東序養老。」而序之義獨取於習射，何也？庠序學校，皆為教學而設；養老習射，偶一行之，不得專命名之義。庠訓為養，序訓為射，皆是教導之名，初無別異也。《文王世子》：「立太傅少傅以養之，欲其知父子君臣之道也。」鄭注云：「養，猶教也。」言養者，積浸養成之。《保氏職》云：「掌養國子以道。」此庠訓養之說也。射、繹古字通。《爾雅》云：「繹，陳也。」《周語》云：「無射，所以宣布哲人之令德，示民軌儀也。」則射者陳列而宣示之，所謂「謹庠序之教，申之以孝弟之義」也。此序訓為射之說也。養，射，皆教也。教之為父子，教之為君臣，教之為長幼，故曰皆所以明人倫也。徹者，徹也。助者，藉也。庠者，養也。校者，教也。序者，射也。皆因本事以立訓，豈嘗別指一事以名之哉！〔註249〕

張居正《四書集註闡微直解》云：

要之名義雖有沿革，然原其立校之意，都是要講明人倫之理，以厚風俗而已。蓋父子有親，君臣有義，夫婦有別，長幼有序，朋友有信，這五件是人之大倫，天下古今所同具而共由者。惟教化不明於上，則民志不親，而爭端之亂起矣。所以三代盛王建學立師，將這五倫之理講解宣示，昭然大明於上，然後天下之民莫不率由於倫理之中，以恩相與，以分相維，而親睦之俗成於下矣。然則教化所系豈不大哉！《書經》上說：『百姓不親，五品不遜。可見彝倫之理，有關於百姓之親，而不可一日不明者。然立教之法，雖行於學校，而悖倫之本則始於朝廷。蓋未有皇極不建，而能數錫于庶民者。此又作君師所當知也。〔註250〕

〔註249〕〔清〕焦循：《孟子正義》，北京：中華書局，上冊，第344～349頁。
〔註250〕〔明〕張居正：《四書集註闡微直解》，第十八卷，第十四頁，總第537頁。

《孟子》注重教育，指出這是夏商周三代以來共通的制度，「學則三代共之」，教育的目的是教化人倫，「皆所以明人倫也」。孟子在這裏是提醒滕文公，應該讓百姓有良好的生活條件和教育，人生於世上，吃喝只是第一步，因為這是生存的基礎。吃喝飽足之後，人就要追求物質以上的東西，政府就要辦教育，使社會大眾懂得做人處事的道理，遵守五倫的規矩，使社會和諧。〔註 251〕

（二）

理氏引《禮記・王制》解釋《孟子》所講古代宗教制度與國家關係的「社稷」。《離婁上》第三章第三節云：「孟子曰：『三代之得天下也以仁，其失天下也以不仁。國之所以廢興存亡者亦然。天子不仁，不保四海；諸侯不仁，不保社稷；卿大夫不仁，不保宗廟；士庶人不仁，不保四體。今惡死亡而樂不仁，是由惡醉而強酒。』」〔註 252〕

理雅各《孟子》英譯本注：「社稷，——『the spirits of the land and the grain,』i. e. the spirits securing the stability and prosperity of a particular State, which it was the prerogative of the ruler to sacrifice to. Hence the expression is here used figuratively. See the *Lî Chî*, Bk.III. iii. 6.」〔註 253〕理氏意謂，社稷是土地與穀物的神靈，這神靈保護個別國家的穩定與繁榮，諸侯有特別祭祀此神靈。《孟子》此文是以之作比喻。見《禮記・王制》第三章第六節。

茲引述理氏所指《禮記・王制》之經文云：「天子、諸侯宗廟之祭：春曰礿，夏曰禘，秋曰嘗，冬曰烝。天子祭天地，諸侯祭社稷，大夫祭五祀。天子祭天下名山大川：五嶽視三公，四瀆視諸侯。諸侯祭名山大川之在其地者。天子諸侯祭因國之在其地而無主後者。」〔註 254〕

「社」、「稷」是兩個神靈。《說文》云：「社，地主也。从示土。《春秋傳》曰：『共工之子句龍為社神。』《周禮》：二十家為社，各樹其所宜木。」〔註 255〕段玉裁：《說文解字注》云：「《五經異義》：今《孝經說》曰：『社者，土地之

〔註 251〕傅佩榮：《孟子新解》，上冊，第 239 頁。

〔註 252〕《孟子注疏》，北京：中華書局影印〔清〕阮元刻《十三經注疏》本，第七卷上，第七至八頁，總第五冊，第 5912 頁。

〔註 253〕James Legge, *The Works of Mencius*, p.294.

〔註 254〕《禮記正義》，北京：中華書局影印〔清〕阮元刻《十三經注疏》本，第十二卷，第十六頁，總第三冊，第 2891 頁。

〔註 255〕〔漢〕許慎，〔清〕段玉裁注：《說文解字注》，第一篇上，第十五頁，總第 8 頁。

主，土地廣博，不可偏敬，封五土以為社。……《春秋》稱公社，今人謂社神，為社公。』」〔註256〕朱駿聲《說文通訓定聲》云：「按《禮記・郊特牲》疏：社是地祇之別。《周禮・大司徒》：設其社稷之壝而樹之田主，各以野之所宜木。疏：社者，五土總神，按句龍有平水土功，故配社祀之。《白虎通》：天子之社壇方五丈，諸侯半之。」〔註257〕據此可知，「社」是土地之神，現今多稱為社公。

「稷」者，原是五穀之一，《說文解字》云：「稷，齋也。五穀之長，从禾，畟聲。」〔註258〕後世將列山氏之子祭之曰稷，段玉裁《說文解字》注云：「古左氏說：列山氏之子日柱死，祀以為稷。稷是田正。周棄亦為稷，自商以來祀之。……《詩・信南山》云：『畇畇原隰。』下云：『黍稷彧彧』原隰生百穀，稷為之長，然則，稷者，原隰之神。……社者五土總神，稷者原隰之神。」〔註259〕朱駿聲《說文通訓定聲》云：

> 《大觀本草》唐本引《說文》：「稷，田正也。自商以來，周棄主之。」《左》昭廿九傳：「稷，田正也。」《虞書》讓於稷契。鄭注：棄也。《周語》：「昔我先世后稷。」注：「官也。」又《周禮・大司徒》：「設其社稷之壝。」注：「田正之神。」《獨斷》「稷神，蓋厲山氏之子柱也。」又《孝經援神契》：「稷者，原隰之神。」《風俗通・祀典》：「米之神，為稷。」〔註260〕

可見「稷」在古代有幾個意思，可解作穀物，可解作官職，也可解作穀物之神。《王制》「社稷」之稷，乃指穀物之神。

然而《孟子》「諸侯不仁，不保社稷」，其意思已經不是指土地神靈和穀物之神靈。謝冰瑩《新譯四書讀本》云：「不保社稷，即不保國家之意。社，土神。稷，穀神。土穀皆立國要素，故古之有國者必立社稷，國存則社稷存，國亡則社稷亦亡，故亦以社稷為國家之代稱。」〔註261〕

〔註256〕〔漢〕許慎，〔清〕段玉裁注：《說文解字注》，第一篇上，第十五頁，總第8頁。

〔註257〕〔清〕朱駿聲：《說文通訓定聲》，豫部第九，第四十一頁，總第409頁。

〔註258〕〔漢〕許慎，〔清〕段玉裁注：《說文解字注》，第七篇上，第四十至四十一頁，總第321～322頁。

〔註259〕〔漢〕許慎，〔清〕段玉裁注：《說文解字注》，第七篇上，第四十一頁，總第322頁。

〔註260〕〔清〕朱駿聲：《說文通訓定聲》，頤部第五，第一一九頁，總第217頁。

〔註261〕謝冰瑩：《新譯四書讀本》，第447頁。

理氏認為《孟子》的「社稷」是比喻性的用法，而他把「不保社稷」英譯作「he cannot preserve his rule」〔註 262〕意謂「不能保有他的統治」，此意也算與《孟子》相合。

而《孟子・離婁上》此章之意義，是人要立志行仁，由天子以至於庶人，都應該以行仁為人的本份，不行仁，無論是甚麼階層都會失敗，傅佩榮《孟子新解》論之云：

> 孟子這段話是「一言以蔽之」，極盡概括之能事。由此可知，他對人性的看法一清二楚，毫不含糊。行仁是合乎「人性向善」的要求，所以必定昌盛而榮耀；不行仁則是違反了人性，結局自然是恥辱與毀滅。
>
> 最後孟子的結論是：「今惡死亡而樂不仁，是猶惡醉而強酒。」這段話指出了行為與內心的矛盾。所以我們在做任何事時，都要先問自己的行為與願望是否構成矛盾。
>
> 個人想要掌握自己生命的趨勢，就需要立定志向，孔、孟教人，總是先談志向，志向有如焦點，讓你念茲在茲，朝一個方向前進，慢慢就會在自己身上體現所定的志向；如果沒有志向而只是留在原地打轉，很容易受到物質慾望的誘惑。所有墮落的人都是沒有志向的，久而久之就逐漸沉淪而不自覺。〔註 263〕

孟子推行其仁政思想，這種思想與其性善論思想頗有關係。行仁政為社會解決最基本的衣食問題，再以教化提升人之德性，促使社會趨向性善社會，國君便能在長治久安的情況下，保有國家。反之，不行仁政就國家不保。孟子指出其時代的君主想管有國家又不想行仁政，終歸走向敗亡之路。

（三）

理氏引《禮記・王制》解釋《孟子》所講「附庸」的意思。《萬章下》第二章第四節：「天子之制，地方千里，公侯皆方百里，伯七十里，子、男五十里，凡四等。不能五十里，不達於天子，附於諸侯，曰附庸。」〔註 264〕

理雅各《孟子》英譯本注：

〔註 262〕James Legge, *The Works of Mencius*, p.294.

〔註 263〕傅佩榮：《孟子新解》，上冊，第 318～319 頁。

〔註 264〕《孟子注疏》，北京：中華書局影印〔清〕阮元刻《十三經注疏》本，第十卷上，第四頁，總第五冊，第 5963 頁。

see in the *Lî Chî*, III. I, 2, where the text, however, is not at all perspicuous. 附, "attached": 庸 "meritoriousness." These States were too small to bear the expenses of appearing before the sovereign, and therefore, the names and surnames of their chiefs were sent into court by the great princes to whom they were attached, or perhaps they appeared in their train; —— see on *Analects*, XVI. i. I.〔註 265〕

理氏意謂，據《禮記》第三卷（《王制》）第一章第二節之經文，但其說法並不清晰。附即附屬於，庸即值得贊揚，這些小國不能負擔朝見天子的費用，所以這些小國的君王的名號就要歸於諸侯之下，或者是成為諸侯的隨從，參見《論語》第十六卷（《季氏》）第一章第一節。

茲引述理氏所指的《禮記‧王制》的經文如下：

王者之制祿爵，公侯伯子男，凡五等。諸侯之上大夫卿，下大夫，上士中士下士，凡五等。天子之田方千里，公侯田方百里，伯七十里，子男五十里。不能五十里者，不合於天子，附於諸侯曰附庸。天子之三公之田視公侯，天子之卿視伯，天子之大夫視子男，天子之元士視附庸。〔註 266〕

《孟子》所講是王者所定的俸祿爵位制度，天子之下分公、侯、伯、子、男，五等。諸侯之下又分上大夫或卿、下大夫、上士、中士、下士五等。天子的祿田面積一千里，公或侯的祿田面積一百里，伯的祿田面積各七十里，子、男的祿田面積五十里。祿田面積不到五十里者，是諸侯的附庸，不能朝會天子。〔註 267〕

鄭玄《禮記注》云：「不合謂不朝會也。小城曰附庸，附庸者，以國事附於大國，未能以其名通也。」〔註 268〕孔穎達《禮記正義》云：「小城曰附庸者：庸，城也，謂小國之城，不能自通，以其國事附於大國，故曰附庸。」〔註 269〕孫希旦《禮記集解》云：「庸與墉同，城也。附墉不成國，不能自通於天子，

〔註 265〕James Legge, *The Works of Mencius*, p.374.

〔註 266〕《禮記正義》，北京：中華書局影印〔清〕阮元刻《十三經注疏》本，第十一卷，第二至三頁，總第三冊，第 2861～2862 頁。

〔註 267〕姜義華：《新譯禮記讀本》，第 186 頁。

〔註 268〕《禮記正義》，北京：中華書局影印〔清〕阮元刻《十三經注疏》本，第十一卷，第三頁，總第三冊，第 2862 頁。

〔註 269〕《禮記正義》，北京：中華書局影印〔清〕阮元刻《十三經注疏》本，第十一卷，第三頁，總第三冊，第 2862 頁。

而附屬於諸侯。」〔註 270〕楊伯峻《孟子譯注》云：「衛湜《禮記集說》云：『王莽封諸侯，置附城。則漢人以城解庸也。』古文庸即墉，後人加土別之。」〔註 271〕趙岐《孟子注》云：「小者不能特達於天子，因大國以名通曰附庸也。」〔註 272〕朱熹《四書集註．孟子集註》云：「不能猶不足也，小國之地，不足五十里者，不能自達於天子，因大國以姓名通，謂之附庸，若春秋郳儀父之類是也。」〔註 273〕

據上言之，附庸之意思，應是指那些小國，土地只如或不如大國之一城，不能直接朝見天子，所以要依附於諸侯的名下。至於理氏所言，「這些小國不能負擔朝見天子的費用（These States were too small to bear the expenses of appearing before the sovereign）」，應該是理氏對朱熹「不能猶不足也」的理解而來。

四、引用《月令》考

理氏一共兩次引用《月令》解釋《孟子》，茲論之如下：

（一）

理氏引《禮記．月令》解釋「工師」。《梁惠王下》第九章第一節：「為巨室，則必使工師求大木。」〔註 274〕

理雅各《孟子》英譯本注：「The 工師 was a special officer having charge of all the artisans, &c.; —— sec the *Lî Chî* IV, Sect. I. iii. 13, and Sect. IV. i. 17.」〔註 275〕理氏謂，工師是一個專業的官職，管理所有技工，見《禮記．月令一》第三章第十三節，《月令四》第一章第十七節。

理氏所講兩段《禮記》之經文，都是《月令》篇，茲先引第一段，《禮記．月令》云：「是月也，命工師令百工審五庫之量，金、鐵、皮、革、筋，角、齒，羽、箭、幹，脂、膠、丹、漆，毋或不良。百工咸理，監工日號：毋悖于時，毋或作為淫巧以蕩上心。」〔註 276〕鄭玄《禮記注》云「工師，司空之屬

〔註 270〕〔清〕孫希旦：《禮記集解》，上冊，第 310 頁。
〔註 271〕楊伯峻：《孟子譯注》，上冊，第 236 頁。
〔註 272〕《孟子注疏》，北京：中華書局影印〔清〕阮元刻《十三經注疏》本，第十卷上，第四至五頁，總第五冊，第 5963～5964 頁。
〔註 273〕〔宋〕朱熹：《四書集註．孟子集註》，第五卷，第十九頁。
〔註 274〕《孟子注疏》，北京：中華書局影印〔清〕阮元刻《十三經注疏》本，第二卷下，第四頁，總第五冊，第 5828 頁。
〔註 275〕James Legge, *The Works of Mencius*, p.167.
〔註 276〕《禮記正義》，北京：中華書局影印〔清〕阮元刻《十三經注疏》本，第十五

官也。」〔註277〕理氏謂其統管所有技工，即此所講之「百工」。這章經文是講述季春三月工師主管百工應做之事，其意是說：

> 季春三月，天子命令工師指揮百工檢查各材料庫中儲藏物的情況，如一庫中的金、鐵，二庫中的皮、革、筋，三庫中的角、齒，四庫中的羽、箭、幹，五庫中的脂、膠、丹、漆等等，品質都不能不良好。各工匠從事製作時，監工每日要發布一次號令：「一定要按照時令製作，不可徒事形式美觀，不切實用，而引誘天子產生奢淫之心。」〔註278〕

理氏所講《禮記．月令》第二段經文，引之如下云：「是月也，命工師效功，陳祭器，按度程，毋或作為淫巧以蕩上心。必功致為上。物勒工名，以考其誠。功有不當，必行其罪，以窮其情。」〔註279〕鄭玄《禮記注》云：「工師，工官之長也。」〔註280〕比較上面與此段，鄭玄注「工師」，先講是司空之屬，然後謂其是工官之長，可知「工師」者，是司空署之屬官，乃管理百工之官長。而此章是講孟冬十月工師率百工造作器物時應注意的事項。考察大小樣式，不可徒事外形美觀而不切實用，以免引誘天子產生奢淫之心。〔註281〕

工師之職，亦見諸《荀子．王制》，其云：「論百工，審時事，尚完利，便備用，使雕琢文采，不敢專造於家者，工師之事也。」〔註282〕其意為評論百工之好壞，按照季節做合時之物件，分辨產品之精粗優劣，審察物品是否堅固好用，準備供隨時使用，監察雕刻文采之工不敢在家私自生產，就是工師的責任。〔註283〕《荀子》所載的工師之職責，與《禮記．月令》所載相若。

《孟子》在此章的目的不是解釋工師的意義，而是講君王尊重臣下的專業

卷，第十四頁，總第三冊，第2953頁。

〔註277〕《禮記正義》，北京：中華書局影印〔清〕阮元刻《十三經注疏》本，第十五卷，第十四頁，總第三冊，第2953頁。

〔註278〕姜義華：《新譯禮記讀本》，第239頁。

〔註279〕《禮記正義》，北京：中華書局影印〔清〕阮元刻《十三經注疏》本，第十七卷，第十二至十三頁，總第三冊，第2991～2992頁。

〔註280〕《禮記正義》，北京：中華書局影印〔清〕阮元刻《十三經注疏》本，第十七卷，第十三頁，總第三冊，第2992頁。

〔註281〕姜義華：《新譯禮記讀本》，第265頁。

〔註282〕〔先秦〕荀卿著，王先謙集解：《荀子集解》，臺北：藝文印書館影印本，第五卷，第十五頁，總第235～236頁。

〔註283〕〔先秦〕荀卿著，王先謙集解：《荀子集解》，臺北：藝文印書館影印本，第五卷，第十五頁，總第236頁。

知識，茲連其上下文列出《孟子》之言云：「孟子謂齊宣王曰：『為巨室，則必使工師求大木。工師得大木，則王喜，以為能勝其任也。匠人斲而小之，則王怒，以為不勝其任矣。』夫人幼而學之，壯而欲行之；王曰『姑舍女所學而從我』，則何如？」〔註 284〕孟子向齊宣王說，請工師建大屋，就要工師找大木，找到了就認為工師能勝任建大屋之責，但工師把大木砍小了，就認為工師不能勝任建大屋之責。專業之人，從小就學其專業，長大了就可運用出來，但王卻要求他放下專業，聽王的指示，這是不行的。〔註 285〕

張居正《四書集註闡微直解》論此節之思想云：

> 賢人為國家之楨幹，當其幼時，誦讀講明，都是聖賢的道理，帝王的事功，其壯年，遭時遇主，一一見之施行，以期不負其所學也。吾王不思大用以盡其材，卻乃教他說：「你且舍置汝之所學，而從我所好。」夫賢人所學者，乃修齊治平之具，而王之所好者，不過權謀功利之私而已。今要他舍所學以從王，則是賢人之學甚大，而王顧欲其小之也。夫不忍斫小一木之材，而乃欲貶損大賢之用，則何其任賢不如任木也哉。王誠比類而觀之，則知任賢圖治之要矣。〔註 286〕

傅佩榮《孟子新解》說：

> 事實上，愈是重大的任務，愈需要專業人才，何況是治理國家？但是君主未必承認自己沒有治國能力，甚至往往認為自己最懂得治國。孟子當時已經有了權能分治的觀念，有權者與有能者分工合作，各司其職，才可造就國家整體的福祉。〔註 287〕

孟子的目的，是勸齊宣王尊重賢才，而且要聽從賢才的建議，不要反過來事事都要賢才聽從君王的想法去做，君王應該謙虛尊賢，由專業人士協助管理國家。

（二）

理氏引用《禮記・月令》解釋《孟子》所講的「獺」。《離婁上》第九章第

〔註 284〕《孟子注疏》，北京：中華書局影印〔清〕阮元刻《十三經注疏》本，第二卷下，第四頁，總第五冊，第 5828 頁。

〔註 285〕楊伯峻：《孟子譯注》，上冊，第 43 頁。

〔註 286〕〔明〕張居正：《四書集註闡微直解》，第十五卷，第二十七頁，總第 482 頁。

〔註 287〕傅佩榮：《孟子新解》，上冊，第 94 頁。

三至四節：「故為淵敺魚者，獺也；為叢敺爵者，鸇也；為湯、武敺民者，桀與紂也。」〔註 288〕

理雅各《孟子》英譯本注：「The 獺 is the otter. For a curious particular about it, see the *Lî Chî*, IV.Sect. i. I. 8.」〔註 289〕理氏意謂，「獺」是水獺，牠的奇特之處，見《禮記．月令上》第一章第八節。

《禮記．月令》載云：「東風解凍，蟄蟲始振，魚上冰，獺祭魚，鴻鴈來。」〔註 290〕《月令》之意是，正月東風吹來，土地解凍，土地的蟲類開始活動，冰雪溶解，水獺開始捉魚，鴻鴈從南方飛回來。〔註 291〕「獺祭魚」者，鄭玄《禮記注》云「漢始亦以驚蟄為正月中，此時魚肥美，獺將食，先以祭也。」〔註 292〕孫希旦《禮記集解》云：「獺獱水禽，取鯉魚置水邊，四面陳之，世謂之『祭魚』。〔註 293〕由此言之，並不是水獺懂祭祀之禮，只是牠將捕捉到的魚排列起來，予人祭祀的感覺，故稱此魚作「獺祭魚」。

然而，《孟子》於此節所著重者並不是「獺祭魚」有甚麼特性，而是以之作比喻，魚往深水之處，是為逃避水獺的補食，猶如百姓逃往仁君之處，是由於不仁的君王所驅使，張居正《四書集註闡微直解》云：

> 孟子承上文說：「民之所欲在仁，其所畏在不仁，未有不趨其所欲而避其所畏者。譬如魚在水中，只怕為獺所食，都往那深水去處躲藏，以避獺之害，是魚之必趨於淵者，獺為之驅也。雀在林中，只怕為鸇所食，都揀那茂林去處棲止，以避鸇之害，是雀之必趨於叢者，鸇為之驅也。至于湯、武之仁，本是人心之所歸向，而桀、紂之為君，又暴虐無道，百姓不得安生，把夏、商之民都逼逐將去，使之歸於湯、武，就似魚之歸淵、雀之歸叢一般，是湯、武之所以得民者，桀、紂為之驅也。」《書經》上說：「撫我則後，虐我則

〔註 288〕《孟子注疏》，北京：中華書局影印〔清〕阮元刻《十三經注疏》本，第七卷下，第一頁，總第五冊，第 5918 頁。

〔註 289〕James Legge, *The Works of Mencius*, p.300.

〔註 290〕《禮記正義》，北京：中華書局影印〔清〕阮元刻《十三經注疏》本，第十四卷，第十四頁，總第三冊，第 2933 頁。

〔註 291〕《禮記正義》，北京：中華書局影印〔清〕阮元刻《十三經注疏》本，第十四卷，第十四頁，總第三冊，第 2933 頁。

〔註 292〕《禮記正義》，北京：中華書局影印〔清〕阮元刻《十三經注疏》本，第十四卷，第十四頁，總第三冊，第 2933 頁。

〔註 293〕〔清〕孫希旦：《禮記集解》，上冊，第 409 頁。

仇。」故湯、武行仁，則民皆戴之為君，若或招之而使來；桀紂不仁，則民疾之如仇，若或驅之而使去。仁、不仁之間，而民心向背，國家興亡皆系於此，可不慎哉。〔註 294〕

孟子引用「獺」與「鸇」作例子，比喻桀、紂兩個不仁之君，「魚」與「雀」比喻百姓。桀與紂之不仁，驅使百姓走向支持成湯與文王。藉此說明民心之向背，是繫於君主的仁與不仁。

五、引用《禮運》考

理氏引《禮記·禮運》解釋《孟子》所講「巢」與「營窟」。《滕文公下》第九章第三節：「當堯之時，水逆行，泛濫於中國。蛇龍居之，民無所定。下者為巢，上者為營窟。」〔註 295〕

理雅各《孟子》英譯本注：「The『nets』were huts on high-raised platforms. In the *Lî Chî*, VII. Sect I. par. 8, these are said to have been the summer habitations of the earliest men, and 營窟，the winter.」〔註 296〕理氏意謂，「巢」是在高地台上的小屋。在《禮記·禮運上》第八節，巢是古代人在夏天的居住，冬天則住營窟。

《禮記·禮運》云：「昔者先王，未有宮室，冬則居營窟，夏則居橧巢。」〔註 297〕鄭玄《禮記注》云「寒則累土，暑則聚薪柴，居其上。」〔註 298〕孔穎達《禮記正義》云：「冬則居營窟者，營累其土而為窟，地高則穴於地，地下則窟於地，上謂於地上累土而為窟。夏則居橧巢者，謂橧聚其薪以為巢。」〔註 299〕焦循《孟子正義》云：

> 《禮記·禮運》云：「昔者先王未有宮室，冬則居營窟，夏則居橧巢。」注云：「寒則累土，暑則聚薪柴居其上。」此上古之世，五

〔註 294〕〔明〕張居正：《四書集註闡微直解》，第二十卷，第二十四頁，第 579 頁。

〔註 295〕《孟子注疏》，北京：中華書局影印〔清〕阮元刻《十三經注疏》本，第六卷下，第三頁，總第五冊，第 5903 頁。

〔註 296〕James Legge, *The Works of Mencius*, p.279.

〔註 297〕《禮記正義》，北京：中華書局影印〔清〕阮元刻《十三經注疏》本，第二十一卷，第十一頁，總第三冊，第 3066 頁。

〔註 298〕《禮記正義》，北京：中華書局影印〔清〕阮元刻《十三經注疏》本，第二十一卷，第十一頁，總第三冊，第 3066 頁。

〔註 299〕《禮記正義》，北京：中華書局影印〔清〕阮元刻《十三經注疏》本，第二十一卷，第十一頁，總第三冊，第 3066 頁。

帝時已有臺榭宮室牖戶，不為巢窟。堯時洪水氾濫，民居蕩沒，故仍為巢為窟也。《爾雅．釋獸》云：「豕所寢，橧。」邵氏晉涵《正義》云：「《禮運》：夏則居橧巢。是上古穴居野處，橧亦為人所居。既有宮室，則橧為豕所寢矣。《方言》云：其檻及蓐曰橧。今牧豕者積草以居之，旁為之檻。」按此緣夏月暑熱，故架柴為闌檻，或依樹為之，故稱橧巢，不必在樹上。此以水溢之，故卑下已沈水中，故必巢於樹上，如鳥之巢。《呂氏春秋．孟冬紀》云：「營丘壟之小大高卑」，高誘注云：「營，度也。」高原水所未溢，而民無力為屋，故鑿而為窟。鄭氏以累土解營窟，則是於窟穴之上又增累以土。《淮南子．氾論訓》云：「古者民澤處復穴」，注云：「復穴，重窟也。一說穴毀隄防，崖岸之中，以為窟室。」重窟即鄭所云累土。穴毀隄防即趙所云鑿岸。按《說文．宮部》云：「營，市居也。」凡市闤軍壘，周帀相連皆曰營。此營窟當是相連為窟穴。營度即是為，不得云為為窟矣。〔註300〕

《孟子》這段話的目的，是回答其弟子公都子的問題，公都子問孟子云：「外人皆稱夫子好辯，敢問何也？」〔註301〕孟子就引帝堯時洪水橫流，得到禹治水，水患始得平息，比喻社會遭逢災害，必賴君臣鼎力救治，平息災害。孟子生時，正當處士橫議，世衰道微之際，他必須努力平息邪說，撥亂返正，「好辯」是不得已的做法。〔註302〕

六、引用《禮器》考

理氏引《禮記．禮器》指出《孟子》所載「丘陵」、「川澤」的出處。《離婁上》第一章第六節：「為高必因丘陵，為下必因川澤。」〔註303〕

理雅各《孟子》英譯本注：「因＝依，『to conform to,』i. e., here, to take advantage of. The saying is found in the *Lî Chî*, VIII. Ii. 10.」〔註304〕理氏意謂，因即依，是「使之符合」之意，在此則是「利用某人某事而達到目的」。此語

〔註300〕〔清〕焦循：《孟子正義》，北京：中華書局，上冊，第447頁。

〔註301〕《孟子注疏》，北京：中華書局影印〔清〕阮元刻《十三經注疏》本，第六卷下，第三頁，總第五冊，第5903頁。

〔註302〕〔明〕張居正：《四書集註闡微直解》，第十九卷，第二十三頁，總第561頁。

〔註303〕《孟子注疏》，北京：中華書局影印〔清〕阮元刻《十三經注疏》本，第七卷上，第二頁，總第五冊，第5909頁。

〔註304〕James Legge, *The Works of Mencius*, p.290.

見於《禮記‧禮器》第二章第十節。

茲引述《禮記‧禮器》相關經文云:「是故昔先王之制禮也,因其財物而致其義焉爾。故作大事,必順天時,為朝夕必放於日月,為高必因丘陵,為下必因川澤。是故天時雨澤,君子達亹亹焉。」〔註305〕

「大事」者,鄭玄《禮記注》云:「大事,祭祀也。」〔註306〕「為高必因丘陵,為下必因川澤。」者,鄭玄《禮記注》云:「謂冬至祭天於圜丘之上。謂夏至祭地於方澤之中。」〔註307〕孔穎達《禮記正義》云:「為高必因丘陵者,為高謂冬至祭皇天大帝,耀魄寶也。丘陵謂圜丘,天圜而高,故祭其天神於圜丘之上也,是為高必因丘陵也。為下必因川澤者,為下謂夏至祭崑崙之神也,川澤,方澤也。地方而下,故祭其神於方澤,是為下必因川澤也。」〔註308〕鄭玄與孔穎達都未解釋「因」字的意思。

鄭玄與孔穎達解釋《禮記》「為高必因丘陵,為下必因川澤。」都是以宗教祭祀之意言之,而觀乎《禮器》此兩句之上下文,也是講宗教祭祀之文,所以鄭玄與孔穎達所言是確實無訛。然而,若以《禮器》之意解《孟子》此語,則又扞格難通。

觀乎《孟子》注疏之著名學者,並沒有用宗教之意來解釋此兩句經文,趙岐《孟子注》云:「言因自然,則用力少,而成功多矣。」〔註309〕朱熹《四書集註‧孟子集註》:「丘陵本高,川澤本下,為高下者因之,則用力少而成功多矣。鄒氏曰:自章首至此,論以仁心仁聞,行先王之道。」〔註310〕趙、朱二氏之說,以自然之勢釋《孟子》這兩句,反而更清楚說明其意義。趙岐與朱熹都沒有解釋「因」字,但從兩者的注解,「因」有「順著其勢」之意。楊伯峻解「因」意謂「憑藉」。〔註311〕

〔註305〕《禮記正義》,北京:中華書局影印〔清〕阮元刻《十三經注疏》本,第二十四卷,第六頁,總第三冊,第3118頁。

〔註306〕《禮記正義》,北京:中華書局影印〔清〕阮元刻《十三經注疏》本,第二十四卷,第六頁,總第三冊,第3118頁。

〔註307〕《禮記正義》,北京:中華書局影印〔清〕阮元刻《十三經注疏》本,第二十四卷,第六頁,總第三冊,第3118頁。

〔註308〕《禮記正義》,北京:中華書局影印〔清〕阮元刻《十三經注疏》本,第二十四卷,第六頁,總第三冊,第3118頁。

〔註309〕《孟子注疏》,北京:中華書局影印〔清〕阮元刻《十三經注疏》本,第七卷上,第二頁,總第冊,第5909頁。

〔註310〕〔宋〕朱熹:《四書集註‧孟子集註》,影印怡府藏版,第七卷,第二頁。

〔註311〕楊伯峻:《孟子譯注》,上冊,第163頁。

把「因」解作「使之符合」、「順著其勢」、「憑藉」意義相差不遠，而且都可以說是引伸義。許慎《說文解字》云：「因，就也。」〔註 312〕又云「就，高也。」〔註 313〕段玉裁：《說文解字注》云：「《廣韻》曰：『就，成也。迎也。即也。』皆其引伸之義也。」〔註 314〕可見「因」的本意是「高」，但經史子等書，多數使用「因」的引伸或轉注義，朱駿聲《說文通訓定聲》云：「因……轉注：《廣雅・釋詁三》：『因，就也。親也。』《鄭語》：『其民沓貪而忽，不可因也。』注就也。《呂覽》：『盡數因智而明之。』注依也。」〔註 315〕

《孟子》引用這兩句經文，並無理會其原意，而是闡釋其政治主張。張居正《四書集註闡微直解》云：

> 孟子承上文說：「先王立法萬世無弊，後之為治者誠能因而用之，則不假耳目心思之力，而治功可成矣。所以說欲為高者，必因丘陵，以丘陵之勢本高，因而積累之則易成也。欲為下者，必因川澤，以川澤之勢本下，因而疏浚之則易深也。可見天下之事有所因而為之，則簡而有功，無所據而施之，則勞而寡效。今先王之道著為成法，就是丘陵川澤一般，乃不知所以因之，而欲以一人之聰明，圖目前之近效，則是舍丘陵以為高，舍川澤以為下，用力愈多，而功愈不能成矣，這便是不達事理的，豈可謂之智乎？」這一章書自首節至此，都反覆言為人君者，當以仁心、仁聞行先王之道的意思。能行先王之道，則不愆不忘，而仁覆天下，不行先王之道，則雖有仁心、仁聞，亦不足以為政矣。有志於堯舜之治者，其知所從事哉。〔註 316〕

《孟子》此兩句經文出自《禮器》應該無錯，但孟子引述的時候，是將其文字之意義用於其自身之理論，並未將《禮器》之原意帶入其議論之中。《孟子》引用經典的方式，經常都是如此。孟子之意是順著先王之法，也可說按照著先王之法度，仁道就易成。

〔註 312〕〔漢〕許慎著，〔清〕段玉裁注：《說文解字注》，第六篇下第十二頁，總第 278 頁。

〔註 313〕〔漢〕許慎著，〔清〕段玉裁注：《說文解字注》，第五篇下第二十八頁，總第 229 頁。

〔註 314〕〔漢〕許慎著，〔清〕段玉裁注：《說文解字注》，第五篇下第二十八頁，總第 229 頁。

〔註 315〕〔清〕朱駿聲：《說文通訓定聲》，坤部第十六，第二十八頁，總第 833 頁。

〔註 316〕〔明〕張居正：《四書集註闡微直解》，第二十卷，第五頁，總第 570 頁。

七、引用《玉藻》考

理氏一共引用了《玉藻》兩段經文，其中一段已在引用《曲禮》考第（三）節討論，在此祇討論理氏引用的第二段經文。

理氏引《禮記・玉藻》解釋《孟子》所載「大夫有賜於士」。《滕文公下》第七章第二節：「陽貨欲見孔子，而惡無禮。大夫有賜於士，不得受於其家，則往拜其門。陽貨矙孔子之亡也，而饋孔子蒸豚，孔子亦矙其亡也而往拜之。當是時，陽貨先，豈得不見？」〔註 317〕

理雅各《孟子》英譯本注：「大夫有賜云云，—— see the *Lî Chî*, XI. Sect. iii. 20.」〔註 318〕理氏意謂，大夫有賜於士云云，參見《禮記・玉藻下》第二十節。

理氏英譯《禮記・玉藻下》第二十節是：

> When a Great officer went (next day) to do obeisance for the ruller's gift, he retired after performing the ceremony. An officer, (doing the same), waited to receive the ruler's acknowledgment (of his visit), and then retired, bowing again as he did so; but (the ruler) did not respond to his obeisance. When a Great officer gave anything in person to an ordinary officer, the latter bowed on receiving it; and also went to his house to repeat the obeisance. He did not, however, wear the clothes (which might have been the gift), in going to make that obeisance. (In interchanges between) equals, if (the recipient) were in the house (when the gift arrived), he went and made his obseisance in the house (of the donor).〔註 319〕

《禮記・玉藻》中文原文云：

> 大夫拜賜而退，士待諾而退，又拜，弗荅拜。大夫親賜士，士拜受，又拜於其室。衣服，弗服以拜。敵者不在，拜於其室。〔註 320〕

〔註 317〕《孟子注疏》，北京：中華書局影印〔清〕阮元刻《十三經注疏》本，第六卷下，第一頁，總第五冊，第 5902 頁。

〔註 318〕James Legge, *The Works of Mencius*, p.277.

〔註 319〕James Legge, trans. *The Lî kî XI-XLVI*, in *The Sacred Books of the East*, Oxford: Clarendon Press, 1885, vol. XXVIII, pp.22~23.

〔註 320〕《禮記正義》，北京：中華書局影印〔清〕阮元刻《十三經注疏》本，第三十卷，第十八至十九頁，總第三冊，第 3214～3215 頁。

《禮記·玉藻》上述文字是記述古代賜送禮物的階級禮制，大夫受了國君賞賜，需要親自上門拜謝賞賜，拜謝完便可以離開。士得到國君賞賜，需要上門拜謝，要等候傳話小臣轉告國君的回諾，士對國君的回諾又要拜謝，士便可以離開，因為國君不需要重複答謝。大夫親自賞賜禮物給士，士要立即拜受，第二天要到大夫家中再次拜謝。〔註321〕

《孟子》此段經文之意，是回答其徒公孫丑的疑問：「不見諸侯何義？」古代之禮，士不能主動去謁見諸侯。孟子舉出陽貨耍花招使孔子主動去見陽貨作例子，說明士不見諸侯的原因，是因為禮的問題。焦循《孟子正義》解孟子此段經文云：

> 毛氏奇齡《四書賸言》云：「大夫有賜於士，不得受於其家，則往拜其門。此大夫禮也，乃引之以稱陽貨。向以此詢之座客，皆四顧駭愕。不知季氏家臣原稱大夫，季氏是司徒，下有大夫二人，一曰小宰，一曰小司徒，此大國命卿之臣之明稱也。故邑宰家臣，當時通稱大夫，如郈邑大夫、郕邑大夫、孔子父郰邑大夫，此邑大夫也。陳子車之妻與家大夫謀；季康子欲伐邾，問之諸大夫；季氏之臣申豊，杜氏注為『屬大夫』；公叔文子之臣，《論語》稱為『臣大夫』。此家大夫也。然則陽貨大夫矣。」全氏祖望《經史問答》云：「嘗考《小戴記·玉藻》有云：『大夫親賜於士，士拜受，又拜於其室。敵者不在，拜於其室。』則是大夫有賜，無問在與不在，皆當往拜。若不得受而往拜者，是乃敵體之降禮。陽虎〔註322〕若以大夫之禮來，尚何事瞯亡？正惟以敵者之故，不得不出此苦心曲意，而乃謂其所行者為大夫之故事，則不惟誣孔子，亦並冤陽貨也。或曰，然則孟子非歟？曰：《孟子》七篇，所引《尚書》、《論語》及諸禮，文互異者十之八九。古人援引文字，不必屑屑章句；而孟子為甚。孔子所行者是《玉藻》，非如《孟子》所云也。」周氏柄中《辦正》云：「既拜受，而又拜于其室者，禮謂之『再拜』。此《記》上言『酒肉之賜弗再拜』，《疏》云：『酒肉輕，但初賜至時則拜，至明日不重往拜也。』下言『大夫親賜士，士拜受，又拜於其室』孔《疏》云：

〔註321〕姜義華注譯：《新譯禮記讀本》，第426頁。

〔註322〕焦循：《孟子正義》此「陽虎。據《孟子》原文及《孟子正義》此段的上下文而言，應是「陽貨」。

『此非酒肉之賜，故再拜。』陽貨饋蒸豚，正所謂酒肉之賜弗再拜者，故必瞰亡而來，非以敵體之禮而然也。全氏讀《禮》不審，而反以《孟子》為寃誣，妄矣。」〔註 323〕

觀乎焦循之言，才明白孟子引用孔子為例之真正意義，陽貨想孔子見他，又恐怕人家批評他沒有禮貌，於是趁孔子不在家，送些酒肉到孔子家中，目的是想孔子按禮去答謝陽貨，這樣就變成孔子去見陽貨。〔註 324〕使人不明白之處，是孔子知道陽貨不在家時才去答謝陽貨的饋贈。孔子這樣做，是因為陽貨無禮在先，《禮記・玉藻》云：「酒肉之賜，弗再拜。」〔註 325〕所以，陽貨趁孔子不在家時，送蒸乳豬到孔子家中，陽貨的目的，是要孔子收到禮物之後，親自到其家答謝他。但陽貨不明禮儀，孔子不在家時，家中收到酒肉之賜，孔子是可以不到陽貨家中答拜。所以，孔子也在陽貨不在家時，去拜謝陽貨，是以其人之道，還治其人之身。故《孟子》說：「當是時，陽貨先，豈得不見？」意即陽貨若依禮召見孔子，孔子是不會不見陽貨的。

八、引用《明堂位》考

理氏引《禮記・明堂位》解釋《孟子》所講的「明堂」。《梁惠王下》第五章第一節：「齊宣王問曰：『人皆謂我毀明堂，毀諸？已乎？』孟子對曰：『夫明堂者，王者之堂也。王欲行王政，則勿毀之矣。』」〔註 326〕

理雅各《孟子》英譯本注：

> 明堂，—— not "the Ming or Brilliant Hall." It was the name given to the palaces occupied in different parts of the country by the sovereigns in their tours of inspection mentioned in the last chapter. See the *Book of Rites*, Bk. XII. The name Ming was given to them, because royal government &c., were "displayed" by means of them.〔註 327〕

理氏意謂，明堂不是光明或明亮的禮堂，而是一種宮殿的名稱，在上章

〔註 323〕〔清〕焦循：《孟子正義》，上冊，第 442 頁。

〔註 324〕史次耘：《四書今註今譯・孟子今註今譯》，臺北：商務印書館，1995 年，第 152 頁。

〔註 325〕《禮記正義》，北京：中華書局影印〔清〕阮元刻《十三經注疏》本，第三十卷，第十八頁，總第三冊，第 3214 頁。

〔註 326〕《孟子注疏》，北京：中華書局影印〔清〕阮元刻《十三經注疏》本，第二卷上，第十四頁，總第五冊，第 5821 頁。

〔註 327〕James Legge, *The Works of Mencius*, p.161.

曾說過，明堂座落於國家不同地方，是供君王及其巡察隊伍所用之處。可見於《禮記・明堂位》，稱作明堂的原因，是朝廷顯示其光明中正之意。

「明堂位」者，應該是因此篇之首句而來，《禮記・明堂位》首句云：「昔者周公朝諸侯于明堂之位。」〔註 328〕從這句就顯示出，明堂在周公時代已經是一完備之建築，是朝會諸侯之用，朝會時，諸侯按不同等次而排列在既定位置，《禮記・明堂位》又載：「明堂也者，明諸侯之尊卑也。」〔註 329〕明堂也是朝廷頒佈施政之處，《禮記・明堂位》又載：「六年，朝諸侯於明堂，制禮作樂，頒度量，而天下大服。」〔註 330〕不單周的首都建有明堂，魯國亦有明堂之建置，《禮記・明堂位》云：「大廟，天子明堂。」〔註 331〕孔穎達云：「言周公大廟制似天子明堂。」〔註 332〕《周禮・冬官・考工記》記載明堂之制云：「周人明堂，度九尺之筵，東西九筵，南北七筵，堂崇一筵。」〔註 333〕《禮記・明堂位》篇，乃反映了周代明堂之建置及作用，姜義華《新譯禮記讀本》云：

> 本篇始記諸侯朝周公時在明堂所立之位置，續述成王因周公攝政之故賜魯以天子之樂，鋪敘魯如何因此而設明堂並按照天子之禮使用各種禮器。其中有一部分大體是顛倒《大戴禮記・明堂解》而成。鄭玄說：本篇以「明堂位」名篇，係「以其記諸侯朝周公於明堂之時所陳列之位也。在國之陽。」其制：「東西九筵，南北七筵，堂崇一筵，五室凡室二筵」，其說只概括了本篇內容的第一部分。本篇名「明堂位」，當是取篇首第一句「昔者周公朝諸侯于明堂之位」中「明堂位」三字。〔註 334〕

〔註 328〕《禮記正義》，北京：中華書局影印〔清〕阮元刻《十三經注疏》本，第三十一卷，第二頁，總第三冊，第 3223 頁。

〔註 329〕《禮記正義》，北京：中華書局影印〔清〕阮元刻《十三經注疏》本，第三十一卷，第四頁，總第三冊，第 3224 頁。

〔註 330〕《禮記正義》，北京：中華書局影印〔清〕阮元刻《十三經注疏》本，第三十一卷，第四頁，總第三冊，第 3224 頁。

〔註 331〕《禮記正義》，北京：中華書局影印〔清〕阮元刻《十三經注疏》本，第三十一卷，第十頁，總第三冊，第 3227 頁。

〔註 332〕《禮記正義》，北京：中華書局影印〔清〕阮元刻《十三經注疏》本，第三十一卷，第十二頁，總第三冊，第 3228 頁。

〔註 333〕《周禮注疏》，北京：中華書局影印〔清〕阮元刻《十三經注疏》本，第四十一卷，第二十七頁，總第二冊，第 2007 頁。

〔註 334〕姜義華注譯：《新譯禮記讀本》，臺北：三民書局，初版，1997 年，第 431 頁。

古代之明堂，歷經不同之演變，在不同朝代，其形制都有不同，《新譯禮記讀本》云：

> 明堂，《淮南子》說神農烈山氏時已建有明堂。漢武帝時曾有人獻黃帝時的明堂圖。但至少在周代明堂就已經很完備了。《孝經·聖治》以明堂為宗祀文王之廟：「宗祠文王于明堂，以配上帝。」《逸周書·大匡》則強調：「明堂所以明道。」《周禮·考工記·匠人》注稱：「明堂者，明政教之堂。」《大戴禮記·盛德》則稱：「明堂者，所以明諸侯之尊卑。」對於明堂的功能解釋不一，朱駿聲《說文通訓定聲》總括之則說：「堂之高明者曰明堂，宗廟、國學及祀文王、朝諸侯之處皆有之，則皆得稱之。」概略言之，明堂為古代天子宣明政教的地方，朝會、祭祀、慶賞、選士、養老、教學等大典，都在這裡舉行。宮室漸備後，又在近郊東南建置。其形制，禮家說法不一，或以為有壇無屋，或以為有屋無四壁，或以為有屋亦有四壁，或以為不同朝代明堂形制有別。〔註 335〕

而《孟子》在此所載，乃齊宣王問孟子之言，可以說明，孟子時代齊國有明堂之設，可能是準備周天子東巡狩朝見諸侯所用。〔註 336〕

然而，《孟子》此篇並不是解釋明堂之建置或其制度，孟子是藉齊宣王之問題發揮行王道之政治精神，張居正《四書集註闡微直解》云：

> 明堂，是天子所居，以朝見諸侯之所。昔周天子建明堂于泰山下，在今山東泰安州地方。周室既衰，地為齊有。時人以天子既不復巡狩，而齊為侯國，非所宜居，理當拆毀。故齊宣王問孟子說：「人皆謂我毀明堂，果當毀乎？抑且止而不毀乎？」孟子對說：「明堂乃王者所居以出政令之所，是則王者之堂，而非諸侯之堂也。王若有心要行王政，便可王天下；可王天下，便可以居此堂，亦不必毀矣。」此孟子欵動齊王，使行王道也。〔註 337〕

孟子藉齊國擁有「明堂」一事，勸齊宣王行仁政。齊國的明堂是周公所建，根據禮制而言，孟子時代的齊國，不應該擁有明堂，有人提議齊宣王拆毀明堂。孟子回答齊宣王的重點不是拆與不拆，而是趁此機會，勸齊宣王行仁

〔註 335〕姜義華注譯：《新譯禮記讀本》，第 431 頁。

〔註 336〕楊伯峻：《孟子譯注》，上冊，第 38 頁。

〔註 337〕〔明〕張居正：《四書集註闡微直解》，第十五卷，第十七頁，總第 477 頁。

政，仁者會得天下，天下既得，便順理成章配享明堂。

九、引用《雜記》考

理氏一共兩次引用《雜記》解釋《孟子》，玆論之如下：

（一）

理氏引用《禮記．雜記》解釋《孟子》所載「廬」的意思，作周代諸候喪禮文化考查。《滕文公上》第二章第五節：「五月居廬，未有命戒。百官族人，可謂曰知。及至葬，四方來觀之。顏色之戚，哭泣之哀，弔者大悅。」〔註 338〕

理雅各《孟子》英譯本注：「The 廬 was a shed, built of boards and straw, outside the centre door of the palace, against the surrounding wall, which the mourning prince tenanted till the interment; see the *Lî Chî*, XVIII. Sect.I. i. 7.」〔註 339〕理氏意謂，廬是一個「棚」，用木板與禾稈建造，位於王宮的中門之外，靠著城牆，守喪的王孫暫住此廬，直至王者遺體下葬。參看《禮記》第十八卷上（《雜記上》）第一章第七節。

玆先引述《禮記．雜記上》之經文云：「大夫次於公館以終喪，士練而歸。士次於公館，大夫居廬，士居堊室。」〔註 340〕

《孟子．滕文公上》與《禮記．雜記上》所說之廬，並非一般之廬。廬是古代很普遍的建築物，《說文通訓定聲》云：「《廣雅．釋室》：『廬，舍也。』《詩．信南山》：『中田有廬。』《漢書．食貨志》：『餘二十晦以為廬舍。』注：田中屋也。《左．襄三十》傳：『廬井有伍。』《荀子．正名》：『居室廬。』庾注：草屋也。」〔註 341〕可見廬可指一般在田中的廬舍，可供人居住。

而《孟子》與《禮記》在此所講的「廬」，並非一般居室，而是喪事之時所暫居之「倚廬」，孔穎達《禮記正義》云：「斬衰之喪，居倚廬。」〔註 342〕《儀禮》的記載更為詳細，《儀禮．喪服》云：「喪服，斬衰……傳曰：居倚

〔註 338〕《孟子注疏》，北京：中華書局影印〔清〕阮元刻《十三經注疏》本，第五卷上，第四頁，總第五冊，第 5875 頁。

〔註 339〕James Legge, *The Works of Mencius*, p.238.

〔註 340〕《禮記正義》，北京：中華書局影印〔清〕阮元刻《十三經注疏》本，第四十卷，第七頁，總第三冊，第 3360 頁。

〔註 341〕〔清〕朱駿聲：《說文通訓定聲》，豫部第九，第十六頁，總第 396 頁。

〔註 342〕《禮記正義》，北京：中華書局影印〔清〕阮元刻《十三經注疏》本，第四十卷，第七頁，總第三冊，第 3360 頁。

廬，寢苫枕塊，器晝夜無時，歠粥，朝一溢米，夕一溢米。寢不說絰帶。既虞，翦屏柱楣，寢有席，食疏食，水飲，朝一哭，夕一哭。」〔註343〕《儀禮·既夕禮》：「既殯，主人說髦。三日絞垂。冠六升，外縪，纓條屬厭。衰三升。屨外納。杖下本，竹桐一也。居倚廬，寢苫枕塊，不說絰帶，哭晝夜無時，非喪事不言。」〔註344〕鄭玄《禮記注》云：「倚木為廬，在中門外東方，北戶。」〔註345〕《新譯禮記讀本》云：「廬，倚廬。在中門外東壁，倚木為之。」〔註346〕據上所引述之言，「廬」即「倚廬」是諸侯、士、大夫等人去世後，其子孫為其守「斬衰之喪」的地方。

古代之葬期有定制，自天子至士大夫，遺體入棺的日子與下葬入土為安的日子，長短不同。《禮記·王制》云：「天子七日而殯，七月而葬。諸侯五日而殯，五月而葬。大夫士庶人三日而殯，三月而葬。」〔註347〕殯是遺體入棺之意，《說文》云：「死在棺中，將遷葬，柩殯遇之。」〔註348〕去世後至遺體入棺的時間，天子是七日，諸侯是五日，士大夫與庶人是三日。至於去世後至遺體下葬的時間，天子是七個月，諸侯是五個月，士大夫與庶人是三個月，原因是遷就送殯的人士。焦循《孟子正義》云：「隱公元年，《左傳》云：『天子七月而葬，同軌畢至。諸侯五月，同盟至。大夫三月，同位至。士踰月，外姻至。』」〔註349〕楊伯峻《孟子譯注》云：「諸侯五月乃葬，未葬前，孝子必居凶廬。……甚至在守孝的時期內都居於此。」〔註350〕

《孟子·滕文公上》這段經文，是因為滕定公去世，其太子差他的大臣然友去向孟子討教如何處理滕定公的喪禮，孟子對然友的答覆是由太子自行決定，於是太子乃按禮制而行。按禮制，諸侯去世後，需要五個月才可以下葬，

〔註343〕《儀禮注疏》，北京：中華書局影印〔清〕阮元刻《十三經注疏》本，第二十八卷，第五至六頁，總第二冊，第2374頁。

〔註344〕《儀禮注疏》，北京：中華書局影印〔清〕阮元刻《十三經注疏》本，第四十一卷，第三至四頁，總第二冊，第2516頁。

〔註345〕《儀禮注疏》，北京：中華書局影印〔清〕阮元刻《十三經注疏》本，第四十一卷，第四頁，總第二冊，第2516頁。

〔註346〕姜義華：《新譯禮記讀本》，第555頁。

〔註347〕《禮記正義》，北京：中華書局影印〔清〕阮元刻《十三經注疏》本，第十二卷，第十頁，總第三冊，第2888頁。

〔註348〕〔漢〕許慎著，〔清〕段玉裁注：《說文解字注》，第四篇下第十一頁，總第163頁。

〔註349〕〔清〕焦循：《孟子正義》，北京：中華書局，上冊，第331頁。

〔註350〕楊伯峻：《孟子譯注》，上冊，第117頁。

因為要等其他諸侯都來參加葬禮，所以滕定公的太子就在倚廬住了五個月，沒有頒佈任何命令，官吏和族人都認為他知禮。葬禮的時侯，四方諸侯來觀禮，太子的悲傷現於面容，弔喪者都滿意太子的處理方法。

（二）

理氏引《禮記‧雜記》解釋《孟子》所載「釁鐘」，作周代祭禮文化考察。《梁惠王上》第七章第四節：

> 曰：「臣聞之胡齕曰：『王坐於堂上，有牽牛而過堂下者。王見之曰：牛何之？』對曰：『將以釁鍾。』王曰：『舍之！吾不忍其觳觫，若無罪而就死地。』對曰：『然則廢釁鐘與？』曰：『何可廢也？以羊易之。』不識有諸？」〔註 351〕

理雅各《孟子》英譯本注：

> Chû Hsî explains 釁鐘 from the meaning of 釁 as "a crack," "a crevice" saying: —— "After the casting of a bell they killed an animal, took its blood, and smeared over the crevices." But the first meaning of 釁 is —— "a sacrifice by blood" and anciently "almost all things," connected with their religious worship, were among the Chinese purified with blood: —— their temples, and the vessels in them. See the *Lî Chî*, Bk. XXII. The reference here is to the religious rite. The only thing is that, in using an ox to consecrate his bell, the prince of Ch'I was usurping a royal privilege.〔註 352〕

理氏意謂，朱熹採用釁字的其中一個意思，認為釁是裂縫，鑄造了新鐘後，要殺動物取血，將血塗抹在新鐘的裂縫。但釁字最初的意思是「用血祭祀」，而且，在中國古代，所有與宗教祭祀有關的器物，都會用血潔淨，包括廟宇，廟中的器皿。可見諸《禮記‧祭統》。這裏所講的是宗教禮儀，是用公牛獻身予鐘，齊宣王是僭越了周王室的權利。

然而，理氏所譯《禮記》第二十二卷「Bk. XXII」是「Kî Thung or A Sunmary Account of Sacrifices」，即是《祭統》。但據阮元刻《十三經注疏‧禮記‧祭統》，並無任何以祭牲之血潔淨廟宇及其內之祭器之說。

〔註 351〕《孟子注疏》，北京：中華書局影印〔清〕阮元刻《十三經注疏》本，第一卷下，第二至三頁，總第五冊，第 5807～5808 頁。

〔註 352〕James Legge, *The Works of Mencius*, p.139.

有關使用祭牲之血潔淨廟宇及其祭器之說，見諸《禮記・雜記下》，其文云：

> 成廟則釁之。其禮：祝、宗人、宰夫、雍人，皆爵弁純衣。雍人拭羊，宗人視之，宰夫北面于碑南，東上。雍人舉羊，升屋自中，中屋南面，刲羊，血流於前，乃降。門、夾室皆用雞。先門而後夾室。其衈皆于屋下。割雞，門當門，夾室中室。有司皆鄉室而立，門則有司當門北面。既事，宗人告事畢，乃皆退。反命于君曰：「釁某廟事畢。」反命于寢，君南鄉于門內朝服。既反命，乃退。路寢成則考之而不釁。釁屋者，交神明之道也。凡宗廟之器。其名者成則釁之以豭豚。〔註353〕

「釁」者，《說文解字》云：「釁，血祭也。」〔註354〕段玉裁《說文解字注》云「《周禮・大祝》注云：『隋釁，謂薦血也。凡血祭若釁。』《孟子・梁惠王》趙注曰：『新鑄鐘，殺牲以血塗其釁郤，因以祭之曰釁。』《漢書・高帝紀》：『釁鼓。』應劭曰：『釁，祭也。殺牲以血塗鼓釁。呼為釁，呼同罅。』按凡言釁廟、釁鐘、釁鼓、釁寶鎮寶器、釁龜策、釁宗廟名器皆同，以血塗之，因薦而祭之也。」〔註355〕楊伯峻《孟子譯注》云：「釁，王夫之《孟子稗疏》云：『釁，祭名，血祭也。凡落成之祭曰釁。』這是古代的一種禮節儀式，當國家的一件新的重要器物以至宗廟開始使用的時候，便要宰殺一件活物來祭它。」〔註356〕《禮記・雜記下》：「成廟則釁之。」是釁宗廟之祭禮也，然《雜記》所載，主要是以羊為祭，以羊血釁宗廟器皿，但亦有用豭豚或雞。並無提及用牛為釁祭，此與《梁惠王》所載有異。

《孟子》的原意，並不是討論《禮記》的思想，只不過是藉齊宣王用「羊」代替「牛」進行釁鐘的禮儀，指出齊宣王只要用這種愛護動物的態度去愛護百姓，就可以發展仁政。孟子的最大目的，是因地制宜闡發他的仁政愛民的政治思想。

〔註353〕《禮記正義》，北京：中華書局影印〔清〕阮元刻《十三經注疏》本，第四十三卷，第十三頁，總第三冊，第3402頁。

〔註354〕〔漢〕許慎，〔清〕段玉裁注：《說文解字注》，第三篇上，第四十頁，第106頁。

〔註355〕〔漢〕許慎，〔清〕段玉裁注：《說文解字注》，第三篇上，第四十頁，第106頁。

〔註356〕楊伯峻：《孟子譯注》，上冊，第23頁。

十、引用《喪大記》考

理氏引用《禮記‧喪大記》解釋《孟子》所講的棺槨的大小，考察古代喪葬文化。《公孫丑下》第七章第二節：「古者棺槨無度，中古棺七寸、槨稱之，自天子達於庶人。非直為觀美也，然後盡於人心。」〔註 357〕

理雅各《孟子》英譯本注：「*Mencius's* account of the equal dimensions of the outer and inner coffin does not agree with what we find in the *Lî Chî*, XIX. Ii, 31.」〔註 358〕理氏意謂，孟子計算的棺槨的尺寸，與《禮記‧喪大記》第二章第 31 節所載不同。

茲引述《禮記‧喪大記》關於棺槨大小的記載：「君大棺八寸，屬六寸，椑四寸；上大夫大棺八寸，屬六寸；下大夫大棺六寸，屬四寸，士棺六寸。」〔註 359〕

《孟子》所載與《喪大記》所載之棺槨之厚薄，尺寸不同的原因，焦循《孟子正義》的解釋頗為清楚，其云：

> 正義曰：《周易‧繫辭》云：「古之葬者，厚衣之以薪，葬之中野，不封不樹，喪期無數。後世聖人易之以棺槨，蓋取諸大過。」《禮記‧檀弓》云：「有虞氏瓦棺」注云：「始不用薪也。」又云「夏后氏堲周，殷人棺槨，周人牆置翣」，注云：「有虞氏上陶。火熟曰堲，燒土冶以周於棺也。或謂之土周，由是也。槨，大也。以木為之，言槨大於棺也。殷人上梓。牆，柳衣也。」然則棺始於唐虞，而槨始於殷人。殷雖備棺槨，尚無尺寸之度，是古者指殷以前。而周乃有尺寸，是中古指周公制禮以來也。孔氏廣森《經學巵言》云：「中古尚指周公以前，周公制禮，則自天子至於庶人皆有等，故《喪大記》曰：『君大棺八寸，屬六寸。下大夫大棺六寸，屬四寸。士棺六寸。』夫子制於中都，亦為四寸之棺，五寸之槨，是庶人不得棺槨同七寸矣。《易‧繫辭》『後世聖人易之以棺槨』，大抵通言黃帝、堯、舜。」〔註 360〕

〔註 357〕《孟子注疏》，北京：中華書局影印〔清〕阮元刻《十三經注疏》本，第四卷下，第一頁，總第五冊，第 5866 頁。

〔註 358〕James Legge, *The Works of Mencius*, p.221.

〔註 359〕《禮記正義》，北京：中華書局影印〔清〕阮元刻《十三經注疏》本，第四十五卷，第十六頁，總第三冊，第 3433 頁。

〔註 360〕〔清〕焦循：《孟子正義》，北京：中華書局，上冊，第 281 頁。

照此言之，《孟子》所謂古者，是殷以前之時代，中古乃殷之時，自周公以來，禮制已漸備。《孟子》所載與《禮記・喪大記》所載者，時代不同，棺椁尺寸不同，亦頗為合理。

十一、引用《祭義》考

理氏一共兩次引用《祭義》解釋《孟子》，茲論之如下：

（一）

理氏引用《禮記》的《祭義》與《月令》剖析《孟子》的言論，現一併討論。《滕文公下》第三章第三節：

> 曰：「士之失位也，猶諸侯之失國家也。《禮》曰：諸侯耕助，以供粢盛。夫人蠶繅，以為衣服。犧牲不成，粢盛不潔，衣服不備，不敢以祭。惟士無田，則亦不祭。」牲殺器皿衣服不備，不敢以祭，則不敢以宴，亦不足弔乎？〔註 361〕

理雅各《孟子》英譯本注：「In his quotations from the *Lî Chî*, *Mencius* combines and adapts to his purpose, with more, however, than his usual freedom, different passages. See Bk. XXI. Sect. ii. Pars. 5~7, and Bk. IV. Sect. I. iii.12, Sect. II. i. 19.」〔註 362〕理氏意謂，孟子引用《禮記》是按其目的，採用了不同的篇章，而且作出了修訂和組合，可參考《禮記・祭義下》第五至七章、《月令一》第三章第十二節、《月令二》第一章第十九節。

茲據理雅各的《禮記》英譯本引述他的英譯，然後再引用《禮記》中文原文作出對比，再而討論理氏之引述是否符合《孟子》所講的意思。

理氏英譯《禮記・祭義下（第二十一卷下）》第五章：

> Thus it was that anciently the son of Heaven had his field of a thousand acres, in which her himself held the plough, wearing the square-topped cap with red ties. The feudal princes also had their field of a hundred acres, in which they did the same, wearing the same cap with green ties. They did this in the service of Heaven, Earth, the Spirits of the land and grain, and their ancient fathers to supply the new wine, cream,

〔註 361〕《孟子注疏》，北京：中華書局影印〔清〕阮元刻《十三經注疏》本，第六卷上，第五至六頁，總第五冊，第 5895 頁。

〔註 362〕James Legge, *The Works of Mencius*, p.266~267.

and vessels of grain. In this way did they procure these things; —— it was a great expressions of their reverence.〔註 363〕

《禮記・祭義》原文：

是故昔者天子為藉千畝，冕而朱紘，躬秉耒。諸侯為藉百畝，冕而青紘，躬秉耒，以事天地、山川、社稷、先古，以為醴酪齊盛，於是乎取之，敬之至也。〔註 364〕

理氏英譯《禮記・祭義下（第二十一卷下）》第六章：

Anciently, the son of Heaven and the feudal lords had their officers who attended to their animals; and at the proper seasons, after vigil and fasting, they washed their heads, bathed, and visited them in person, taking from them for victims those which were spotless and perfect; —— it was a great expression of their reverence.

The ruler ordered the oxen to be brought before him, and inspected them; he chose them by their hair, divined whether it would be fortunate to use them, and if the response were favourable, he had them cared for. In his skin cap, and the white skirt gathered up at the waist, on the first day and at the middle of the month, he inspected them. Thus did he do his utmost; —— it was the height of filial piety.〔註 365〕

《禮記・祭義》原文：

古者天子、諸侯必有養獸之官，及歲時，齊戒沐浴而躬朝之。犧牷祭牲，必於是取之，敬之至也。君召牛，納而視之，擇其毛而卜之，吉，然後養之。君皮弁素積，朔月，月半，君巡牲，所以致力，孝之至也。〔註 366〕

理氏英譯《禮記・祭義下（第二十一卷下）》第七章：

Anciently, the son of Heaven and the feudal lords had their own mulberry trees and silkworms' house; the latter built near a river, ten

〔註 363〕James Legge, trans. *The Lî kî XI-XLVI*, p.222.

〔註 364〕《禮記正義》，北京：中華書局影印〔清〕阮元刻《十三經注疏》本，第四十八卷，第一頁，總第三冊，第 3467 頁。

〔註 365〕James Legge, trans. *The Lî kî XI-XLVI*, p.222~223.

〔註 366〕《禮記正義》，北京：中華書局影印〔清〕阮元刻《十三經注疏》本，第四十八卷，第一頁，總第三冊，第 3467 頁。

cubits in height, the surrounding walls being topped with thorns, and the gates closed on the outside. In the early morning of a very bright day, the ruler, in his skin cap and the white skirt, divined for the most auspicious of the honourable ladies in the three palaces of his wife, who were then employed to take the silkworms into the house. They washed the seeds in the stream, gathered the leaves from the mulberry trees, and dried them in the wind to feed the worms.

When the (silkworm) year was ended, the honourable ladies had finished their work with the insects, and carried the cocoons to show them to the ruler. They then presented them to his wife, who said, "Will not these supply the materials for the ruler's Robes?" She forthwith received them, wearing her head-dress and the robe with pheasants on it, and afterwards caused a sheep and a pig to be killed and cooked to treat (the ladies). This probably was the ancient custom at the presentation of the cocoons.

Afterwards, on a good day, the wife rinsed some of them thrice in a vessel, beginning to unwind them, and then distributed them to the auspicious and honourable ladies of her three palaces to (complete) the unwinding. They then dyed the thread red and green, azure and yellow, to make the variously-coloured figures on robes. When the robes were finished, the ruler wore them in sacrificing to the former kings and dukes; —— all displayed the greatest reverence.〔註 367〕

《禮記．祭義》原文：

古者天子、諸侯必有公桑、蠶室，近川而為之。築宮仞有三尺，棘牆而外閉之。及大昕之朝，君皮弁素積，卜三宮之夫人世婦之吉者，使入蠶于蠶室，奉種浴于川；桑于公桑，風戾以食之。歲既單矣，世婦卒蠶，奉繭以示于君，遂獻繭于夫人。夫人曰：「此所以為君服與？」遂副褘而受之，因少牢以禮之。古之獻繭者，其率用此與！及良日，夫人繅，三盆手，遂布于三宮夫人世婦之吉者使繅；遂朱綠之，玄黃之，以為黼黻文章。服既成，君服以祀先王先公，

〔註 367〕James Legge, trans. *The Lî kî XI-XLVI*, p.223~224.

敬之至也。〔註 368〕

理氏英譯《禮記・月令上（第四卷上）》第三章第十二節

In this month orders are given to the foresters throughout the country not to allow the cutting down of the mulberry trees and silk-worm oaks. About these the cooing doves clap theirwings, and the crested birds light on them. The trays and baskets with the stands (for the worms and cocoons) are got ready. The queen, after vigil and fasting, goes in person to the eastern fields to work on the mulberry trees. She orders the wives and younger women (of the palace) not to wear their ornamental dresses, and to suspend their woman's-work, thus stimulating them to attend to their business with the worms. When this has been completed, she apportions the cocoons, weighs out (afterwards) the silk, on which they go to work, to supply the robes for the solstitial and other great religious services, and for use in the ancestral temple. Not one is allowed to be idle. 〔註 369〕

《禮記・月令》原文：

是月也，命野虞毋伐桑柘。鳴鳩拂其羽，戴勝降于桑。具曲植籧筐。后妃齊戒，親東鄉躬桑。禁婦女毋觀，省婦使以勸蠶事。蠶事既登，分繭稱絲效功，以共郊廟之服，無有敢惰。〔註 370〕

理氏英譯《禮記・月令下（第四卷下）》第一章第十九節

When the work with the silk-worms is over, the queen presents her cocoons; and the tithe-tax of cocoons generally is collected, according to the number of mulberry trees, for noble and mean, for old and young there is one law. The object is with such cocoons to provide materials for the robes to be used at the sacrifices in the suburbs and in the ancestral temple. 〔註 371〕

〔註 368〕《禮記正義》，北京：中華書局影印〔清〕阮元刻《十三經注疏》本，第四十八卷，第二頁，總第三冊，第 3468 頁。

〔註 369〕James Legge, trans. *The Lî kî I-X*, in *The Sacred Books of the East*, Oxford: Clarendon Press, 1885, vol. XXVII.p.265.

〔註 370〕《禮記正義》，北京：中華書局影印〔清〕阮元刻《十三經注疏》本，第十五卷，第十三頁，總第三冊，第 2953 頁。

〔註 371〕James Legge, trans. *The Lî kî I-X*, p.271.

> 《禮記·月令》原文：「蠶事畢，后妃獻繭。乃收繭稅，以桑為均，貴賤長幼如一，以給郊廟之服。」〔註 372〕

觀乎理氏之引述，對《孟子》此章之解釋並不完備，引用了《禮記》五段經文，只是解釋了「夫人蠶繅，以為衣服。犧牲不成，粢盛不潔，衣服不備，不敢以祭。」今再考之《禮記》，《滕文公下》第三章的「諸侯耕助，以供粢盛。」乃出自《禮記·祭統》之文，其云：

> 凡天之所生，地之所長，苟可薦者，莫不咸在，示盡物也。外則盡物，內則盡志，此祭之心也。是故，天子親耕於南郊，以共齊盛；王后蠶於北郊，以共純服。諸侯耕於東郊，亦以共齊盛；夫人蠶於北郊，以共冕服。天子諸侯非莫耕也，王后夫人非莫蠶也，身致其誠信，誠信之謂盡，盡之謂敬，敬盡然後可以事神明，此祭之道也。〔註 373〕

而《滕文公下》第三章「惟士無田，則亦不祭。」則出自《禮記·曲禮下》之經文云：「無田祿者不設祭器。」〔註 374〕

孟子引用《禮記》作比喻，回答周霄的問題。周霄認為，古代的人三個月沒有君王被他事奉，他的朋友就要去安慰他，周霄認為這樣是太急，而孟子就引用《禮記》幾段經文回答周霄，孟子認為士人失去官位，就像諸侯失去國家。諸侯失去國家，就沒有足夠的祭祀用品來祭祀祖先與神明，因為諸侯親自耕藉田，諸侯的夫人親自養蠶繅絲，拿來做祭祀穿的禮服。假如祭祀用的牛、羊、豕不夠肥壯，盛在祭器裡的米穀不夠清潔，應該穿的禮服不夠完備，就不敢祭祀。士人失去了祿位，就沒有了祭祀神明用的田地，也就不能舉行祭祀。〔註 375〕張居正《四書集註闡微直解》云：「故三月無君，即廢一時之餉，而有虧於奉先之孝矣。這等樣情事不堪，亦不足弔乎？是知三月而弔者，非弔其不仕，乃弔其失祭也。」〔註 376〕張居正著重以不能祭祀解釋「三月無君」的影響。史次耘《孟子今註今譯》云：「儒家常以仕為職業，士之學，目的多

〔註 372〕《禮記正義》，北京：中華書局影印〔清〕阮元刻《十三經注疏》本，第十五卷，第二十一頁，總第三冊，第 2957 頁。

〔註 373〕《禮記正義》，北京：中華書局影印〔清〕阮元刻《十三經注疏》本，第四十九卷，第三至四頁，總第三冊，第 3479 頁。

〔註 374〕《禮記正義》，北京：中華書局影印〔清〕阮元刻《十三經注疏》本，第四卷，第十一頁，總第三冊，第 2714 頁。

〔註 375〕謝冰瑩：《新譯四書讀本》，第 424 頁。

〔註 376〕〔明〕張居正：《四書集註闡微直解》，第十九卷，第八頁，總第 554 頁。

在仕，故《論語》有『學而優則仕』語。此以仕比之農耕，即顯然以仕為衣食矣。」〔註377〕史次耘則著重士的生活問題。理雅各結合兩個講法，其《孟子》英譯本注：「The argument is that it was not the mere loss of office which was a proper subject for grief and condolence, but the consequences of it, especially in not being able to continue his proper sacrifices as here set forth.」〔註378〕理氏之意是，《孟子》此段的主題，不單止是失去官位而需要別的人安慰，其影響是沒有能力按照傳統繼續正常的獻祭。

《孟子》在此所講的「士之失位」有兩重意義，一是現實意義的生活問題，士之失位，不能做官，失去生活的支柱。第二是宗教上的祭祀意義，士失去官位就如諸侯失去國家，失去土地，沒有物產供祭祀之用。士失位既失去生活支柱，也因而沒有足夠的祭物獻祭。根據《孟子》所用的比喻而言，孟子是比較重視傳統獻祭的意義。

（二）

理氏引《禮記・祭義》解曾子之孝的意義。《離婁上》第十九章第四節：「事親若曾子者，可也。」〔註379〕

理雅各《孟子》英譯本注：

> See the *Lî Chî*, XXI, ii 10, where he says: —— "What the superior man calls filial piety, is to anticipate the wishes, and carry out the mind of his parents, always leading them on in what is right and true. I am only one who nourishes his parents. How can I be deemed filial?"〔註380〕

理氏意謂，見《禮記・祭義》第二章第十節，其謂：「君子之所謂孝順，就是預測到父母的祈望並且使父母的祈望得以實現，使他們知道甚麼是正確。我是唯一養我父母的人，怎能視我是孝呢！

茲先引述理氏《禮記・祭義》第二章第十節之英文翻譯：

> (His disciple), Kung-ming Î, said, "Can you, master, be considered (an example of a) filial son?" Zăng-ʒze replied, "What words are these? What words are these? What the superior man calls filial piety requires

〔註377〕史次耘：《四書今註今譯・孟子今註今譯》，第150頁。

〔註378〕James Legge, *The Works of Mencius*, p.267.

〔註379〕《孟子注疏》，北京：中華書局影印〔清〕阮元刻《十三經注疏》本，第七卷下，第八頁，總第五冊，第5921頁。

〔註380〕James Legge, *The Works of Mencius*, p.310.

the anticipation of our parents" wishes, the carrying out of their aims and their instruction in the path (of duty). I am simply one who supports his parents; —— how can I be considered filial?〔註 381〕

理氏《孟子》英譯本注所講的《禮記》篇章，是曾子（Zăng-ʒze）回答公明儀的話，茲引述《禮記．祭義》原文比對之，其云：「公明儀問於曾子曰：『夫子可以為孝乎？』曾子曰：『是何言與！是何言與！君子之所為孝者：先意承志，諭父母於道。參，直養者也，安能為孝乎？』」〔註 382〕理氏《孟子》英譯本注所講的就是《祭義》這節經文，「君子之所為孝者：先意承志，諭父母於道。參，直養者也，安能為孝乎？」孔穎達《禮記正義》云：

> 先意承志，諭父母於道者。先意，謂父母將欲發意，孝子則預前逆知父母之意而為之，是先意也。承志，謂父母已有志，己當承奉而行之。諭父母於道者，或在父母意前，或在父母意後，皆曉諭父母，將歸於正道也。〔註 383〕

孫希旦《禮記集解》云：「諭猶曉也。善承父母之意，能諭之於道，蓋非大舜之得親順親不足以當此。」〔註 384〕姜義華：《新譯禮記讀本》云：「先意承志：在父母表示意見之前，已了解他們的心志先做起來。」〔註 385〕

綜合上列幾個學者的解釋，曾子所講的君子之孝，有兩方面，第一是先意承志，先意就是在父母有任何表示之前，就已經知道父母需要，而且作出符合父母心意的事。父母有甚麼志向，子女亦應按父母的意向而達成之，這是從下而上式的使君子作出孝父母的行為。第二是「諭之以道」，論者常有疑問，若父母之意不合禮，不合法，又如之何呢？曾子對此則用「諭之以道」來對應之。然而，為人子女者，總不能用言語教訓父母，曉父母以大義，是故舜帝成為一好榜樣，舜之父母加諸其身者，乃非禮、非義、非法之事，但舜未有予以訓斥，反之身體力行，以其行事於正道的方式，曉諭父母以正道。曾子所言之孝，能夠流傳千古者，實有其意義所在。

〔註 381〕James Legge, trans. *The Lî kî XI-XLVI*, p.226.

〔註 382〕《禮記正義》，北京：中華書局影印〔清〕阮元刻《十三經注疏》本，第四十八卷，第四至五頁，總第三冊，第 3468～3469 頁。

〔註 383〕《禮記正義》，北京：中華書局影印〔清〕阮元刻《十三經注疏》本，第四十八卷，第六頁，總第三冊，第 3469 頁。

〔註 384〕〔清〕孫希旦：《禮記集解》，下冊，第 1226 頁。

〔註 385〕姜義華：《新譯禮記讀本》，第 660 頁。

而《孟子》此章經文，是說事奉父母，即孝順父母與守個人名節品質，他舉了曾子作例子，說明曾子之孝能養父母之志，茲引述《離婁上》此章全文如下：

孟子曰：「事孰為大？事親為大。守孰為大？守身為大。不失其身而能事其親者，吾聞之矣；失其身而能事其親者，吾未之聞也。孰不為事？事親，事之本也。孰不為守？守身，守之本也。曾子養曾皙，必有酒肉；將徹，必請所與；問有餘，必曰『有』。曾皙死，曾元養曾子，必有酒肉；將徹，不請所與；問有餘，曰『亡矣』，將以復進也，此所謂養口體者也。若曾子，則可謂養志也。事親若曾子者，可也。」〔註 386〕

按照《離婁上》此段經文所言，曾子不單是孝順父母，也注重保護自己的德行，孝親與守身都是作人的根本。曾子孝順父親，不是口體之養，而是順從親意之養。〔註 387〕

張居正《四書集註闡微直解》講曾子養曾皙一段云：

孟子承上文說道：「言人能守其身以事親者，無如曾子。其奉養曾皙，竭力用勞，每次進食必有酒肉；及食畢將撤，又必請問于父，將此餘者與誰？或父問此物尚有餘否，必以『有』為對，蓋恐親意更欲與人，而先體其情，曲為承順如此。及曾皙既沒，曾元春養曾子，每次進食亦有酒肉，惟至食畢將撤，卻不問父所與。或父問有餘，又以『無』為對，蓋恐其物不繼，將留以復進於親也。此但求甘旨之常充，可以供親所嗜，能養其口體而已。若曾子者，於一撤食之間，親未有言，即先其意而求之；親一有問即順其情而應之，真可謂能養父母之志，而不忍傷之者矣。夫養口體者非不竭力而備物，然不能順親之心，未足稱也。惟至於養志，則其精神意念常與親志流通，使其親歡欣悦適，無不遂之意，故事親者必如曾子之養志，方可以稱孝也。」自古稱孝子者，莫過於曾子，然求其事親之方，不在用力用勞，而在於養親之志。可見為人子者必能體父母之心，方可稱孝，不但飲食取與之間而已也。有家國者，能因此而推

〔註 386〕《孟子注疏》，北京：中華書局影印〔清〕阮元刻《十三經注疏》本，第七卷下，第八頁，總第五冊，第 5921 頁。
〔註 387〕楊伯峻：《孟子譯注》，上冊，第 179～180 頁。

之，則所以養親之志者，必有道矣。〔註 388〕

《禮記・祭義》之經文，乃曾子的事親理論，而《孟子》所講者，乃曾子事親之行為，兩文互看，可知道曾子有孝道之理想，亦有事親之行為，非徒託空言之理論。《論語・為政》載子夏問孝，孔子曰「色難」。〔註 389〕《孝經》云：「身體髮膚，受之父母，不敢毀傷，孝之始也。立身行道，揚名於後世，以顯父母，孝之終也。夫孝始於事親，中於事君，終於立身。」〔註 390〕由此可知，孟子與孔子、《禮記・祭義》、《孝經》所講的孝道，整體意義是一致的，儒家提倡的孝道並不祇是供給父母飲食，更重要是個人有品格節操，使父母得到別人尊重。個人亦要從心底尊敬父母，藉孝順行為表現出來。

十二、引用《坊記》考

理氏引用《禮記・坊記》兩段經文解釋《孟子》「以禮食」和「親迎」的意思。《告子下》第一章第三節：「以禮食則饑而死，不以禮食則得食，必以禮乎？親迎則不得妻，不親迎則得妻，必親迎乎？」〔註 391〕

理雅各《孟子》英譯本注：「以禮食，—— see the *Lî Chî*, XXVII. 26, et al. 親迎（4th tone），—— see the *Lî Chî*, XXVII.38.」〔註 392〕理氏意謂，「以禮食」見《禮記・坊記》第二十六節，「親迎」見《禮記・坊記》第三十八節。

茲先引述理氏所指的第一段《禮記・坊記》之經文：

> 子云：「敬則用祭器。故君子不以菲廢禮，不以美沒禮。故食禮：主人親饋，則客祭；主人不親饋，則客不祭。故君子苟無禮，雖美不食焉。《易》曰：東鄰殺牛，不如西鄰之禴祭，寔受其福。《詩》云：既醉以酒，既飽以德。以此示民，民猶爭利而忘義。」〔註 393〕

「故君子不以菲廢禮，不以美沒禮。」這句經文，鄭玄《禮記注》云：

〔註 388〕〔明〕張居正：《四書集註闡微直解》，第二十卷，第四十至四十一頁，總第 587～588 頁。

〔註 389〕《論語注疏》，北京：中華書局影印〔清〕阮元刻《十三經注疏》本，第二卷，第三頁，總第五冊，第 5347 頁。

〔註 390〕《孝經注疏》，北京：中華書局影印〔清〕阮元刻《十三經注疏》本，第一卷，第三頁，總第五冊，第 5526 頁。

〔註 391〕《孟子注疏》，北京：中華書局影印〔清〕阮元刻《十三經注疏》本，第十二卷上，第一頁，總第五冊，第 5995 頁。

〔註 392〕James Legge, *The Works of Mencius*, p.422.

〔註 393〕《禮記正義》，北京：中華書局影印〔清〕阮元刻《十三經注疏》本，第五十一卷，第十八頁，總第三冊，第 3516 頁。

「言不可以其薄不及禮，而不行禮。亦不可以其美過禮而去禮。禮主敬，廢滅之是不敬。」〔註 394〕孔穎達《禮記正義》云：「故君子不以菲廢禮者，菲薄也。言君子不以貧窶菲薄廢禮不行。不以美沒禮，沒，過也。不可以財物豐多，華美其事，沒過於禮也。」〔註 395〕《坊記》這段經文，是講招待賓客，需要以禮相待，貧窮者與財主同樣都要以禮待客，不是家中日常飲食之禮。這種宴客之禮，是孔子的意見，用籩、豆等祭器盛放食物，不論食物的貴賤，都應該遵守這種禮儀。這種宴禮，主人親自送菜餚給客人享用，賓客要祭饌回敬主人。君子若受到主人無禮貌的待慢，即使放在面前的是美味佳餚也不享用。〔註 396〕

理氏所指第二段《禮記・坊記》之文云：「子云：『昏禮，壻親迎，見於舅姑，舅姑承子以授壻，恐事之違也。以此坊民，婦猶有不至者。』」〔註 397〕孔穎達《禮記正義》云：「見於舅姑，舅姑承子以授婿者，謂親迎之時，婿見於舅姑，舅姑謂婦之父母也。婦之父母，承奉女子以付授於婿，則昏禮父戒女曰：毋違宮事是也。恐事之違者，謂恐此女人於昏事乖違，故親以女授婿也。」〔註 398〕親迎者，古代婚姻，新郎要親自到女方家中迎接新娘，由諸侯到老百姓都是這樣。〔註 399〕

古人飲食與娶妻都有既定的禮節，《孟子》此段經文，是說有一個任國人向孟子的學生屋廬子問難，是挑戰禮制的說話。任國人的意思是如果按禮節找吃的，就會餓死，不按禮節去找吃的就會有得食，那一定要按禮節行事嗎。如果遵守親迎禮就娶不到妻子，反而不守親迎禮，就娶到妻子，那一定要行親迎禮嗎？〔註 400〕孟子教屋廬子的回答是「往應之曰：『紾兄之臂而奪之食，則得食，不紾，則不得食，則將紾之乎？踰東家墻而摟其處子，則得妻，不摟，則

〔註 394〕《禮記正義》，北京：中華書局影印〔清〕阮元刻《十三經注疏》本，第五十一卷，第十八頁，總第三冊，第 3516 頁。

〔註 395〕《禮記正義》，北京：中華書局影印〔清〕阮元刻《十三經注疏》本，第五十一卷，第十八頁，總第三冊，第 3516 頁。

〔註 396〕姜義華：《新譯禮記讀本》，第 727 頁。

〔註 397〕《禮記正義》，北京：中華書局影印〔清〕阮元刻《十三經注疏》本，第五十一卷，第二十七頁，總第三冊，第 3521 頁。

〔註 398〕《禮記正義》，北京：中華書局影印〔清〕阮元刻《十三經注疏》本，第五十一卷，第二十七頁，總第 3521 頁。

〔註 399〕楊伯峻：《孟子譯注》，下冊，第 275 頁。

〔註 400〕楊伯峻：《孟子譯注》，下冊，第 275 頁。

不得妻，則將摟之乎？』」〔註401〕張居正《四書集註闡微直解》解釋孟子之回答云：

> 孟子又承上文說：「禮與食色，從其偏重者較之，則輕重易差；從其兼重者較之，則定分自見。汝何不往應任人說：子以饑死為滅性，食固重矣，然敬兄亦禮之重也，設使當饑餓之際，紾縛兄之臂膊為廢倫，色固重矣，然以正相從，尤禮之重也。設使當鰥曠之時，逾東家牆而牽摟其處女，則得妻，不摟則不得妻，則將蔑棄禮法，敢於逾牆而摟之乎？吾知紾兄之臂，則忍於悖逆，不但不以禮食矣。摟人處子，則敢於強暴，不但不親迎矣。此則寧可饑餓而死，必不可紾兄以戕恩。寧可不得妻而廢倫，必不可摟人處子以亂法。禮之重於食色，顯然較著矣。以此而應任人，任人尚何說之可解哉。大抵先王制禮，本以防範人情，維持世教，有之則治，無之則亂者也。而猖狂自恣之徒，樂放佚而憚拘檢，至有乞墦不羞，鑽穴不恥，則禮坊之壞極矣。時君世主不能以教化提防之，而反為流連之樂，荒亡之行，縱敗度，欲敗禮，思以匡世勵俗，不亦難乎。」此孟子於任人之辯，而力折其妄，為世教慮至深遠也。〔註402〕

孟子的辯才在此再次顯示出來。任國人批評社會的禮制不合人性需要，認為飲食與女色比禮更重要。所以他舉出禮制上的飲食之禮和親迎之禮與孟子的學生屋廬子辯論。孟子對屋廬子的回答，是解釋禮制的意義，禮制的目的是維持社會和諧的大原則，防止人做違法的事，包括傷害他人身體與破壞社會安寧，「紾兄之臂，而奪之食」者，《說文》云：「紾，轉也。」〔註403〕趙岐《孟子注》云：「紾，戾也。」〔註404〕《說文》云：「戾，曲也。」〔註405〕其意是扭斷哥哥的手臂搶其食物，〔註406〕是傷人而得食的罪行。「踰東家墻而摟其處

〔註401〕《孟子注疏》，北京：中華書局影印〔清〕阮元刻《十三經注疏》本，第十二卷上，第一頁，總第五冊，第5995頁。

〔註402〕〔明〕張居正：《四書集註闡微直解》，第二十五卷，第三至四頁，總第679頁。

〔註403〕〔漢〕許慎著，〔清〕段玉裁注：《說文解字注》，第十三篇上，第八頁，總第647頁。

〔註404〕《孟子注疏》，北京：中華書局影印〔清〕阮元刻《十三經注疏》本，第十二卷上，第二頁，總第五冊，第5995頁。

〔註405〕〔漢〕許慎著，〔清〕段玉裁注：《說文解字注》，第十三篇上，第八頁，總第475頁。

〔註406〕楊伯峻：《孟子譯注》，下冊，第279頁。

子」，《說文》云：「踰，越也。」〔註 407〕謝冰瑩《四書讀本》云：「摟其處子：摟，掠也。處子，處女也。」〔註 408〕越墻而搶掠人家的處女是違法亂紀的罪行，〔註 409〕這些行為是刑法所不容，孟子教屋廬子用這個方法駁斥任國人，清楚解釋禮制的核心意義。

十三、引用《中庸》考

理雅各《中庸》英文譯本的名稱有 *The Doctrine of the Mean*，又稱 *Chung Yung*。

因為理氏的《中庸》是根據朱熹《四書》的系統，所以本書在引述《中庸》的經文時，會同時註明兩個出處。第一個出處是本書所根據的，由阮元刻《十三經注疏·禮記》，嘉慶二十年江西南昌府學開雕本；第二個出處是朱熹《四書集註·中庸章句》，怡府藏版。而本書所講的章數則根據朱熹《四書集註·中庸章句》的分章次序。而節數是用理氏所分之節數。理氏《孟子》譯注共引用《中庸》十八次。

（一）

理氏引用《中庸》解釋《孟子》使用「仲尼」的原因，屬訓詁解釋。《梁惠王上》第四章第六節：「仲尼曰：『始作俑者，其無後乎！』為其象人而用之也。如之何其使斯民飢而死也？」〔註 410〕

理雅各《孟子》英譯本注謂：「The designation of Confucius by『Chung-ni』is to be observed. See *Doctrine of the Mean*, ii. I.」〔註 411〕理氏意謂，孔夫子的別字仲尼需要留意，見《中庸》第二章第一節。

茲引用《中庸》第二章：「仲尼曰：『君子中庸，小人反中庸。君子之中庸也，君子而時中；小人之中庸也，小人而無忌憚也。』」〔註 412〕《中庸》在

〔註 407〕〔漢〕許慎著，〔清〕段玉裁注：《說文解字注》，第二篇下，第二十五頁，總第 81 頁。

〔註 408〕謝冰瑩：《新譯四書讀本》，第 559 頁。

〔註 409〕謝冰瑩：《新譯四書讀本》，第 560 頁。

〔註 410〕《孟子注疏》，北京：中華書局影印〔清〕阮元刻《十三經注疏》本，第一卷上，第十一頁，總第五冊，第 5800 頁。

〔註 411〕James Legge, *The Works of Mencius*, p.134.

〔註 412〕《禮記正義》，北京：中華書局影印〔清〕阮元刻《十三經注疏》本，第五十二卷，第三頁，總第三冊，第 3528 頁。〔宋〕朱熹：《四書集註·中庸章句》，影印怡府藏版，第三頁。

此雖然有「仲尼曰」一語，但使用「仲尼」之稱號時，並沒有需要留意的地方，要明白理氏之意，需要看《中庸》此段的理氏注解結合起來看才明白他的意思。

理雅各《中庸》英譯本注謂：

> Why Confucius should here be quoted by his designation, or marriage name, is a moot-point. It is said by some that disciples might in this way refer to their teacher, and a grandson to his grandfather, but such a rule is constituted probable on the strength of this instance, and that in chap. Xxx. Others say that it is the honorary designation of the sage, and = the 尼父, which duke Âi used in reference to Confucius, in eulogizing him after his death. See the *Lî Chî*, II. Sect. I iii 44.〔註 413〕

理氏之意是說，「仲尼」是孔子的字或結婚所改的名字，在這裏引用這別字，有些懸而未決的問題出現。有些學者說，有些學生用這方式稱其老師，與及孫兒也用這方式指其祖父。但這個規矩是用來強調這個例子，就像《中庸》第三十章。也有一些學者說，這是對聖人的尊稱，等於稱之為「尼父」，是魯哀公在孔子死後用來稱讚孔子的尊稱。見《禮記》第二卷《檀弓上》，第三部份。

理氏對「仲尼」此一別字的使用有些值得討論的地方。《史記・孔子世家》云：「禱於尼丘得孔子，魯襄公二十二年而生孔子。生而首上圩頂，故名曰丘云。字仲尼，姓孔氏。」〔註 414〕按太史公之意，孔子是由他的母親顏氏在尼丘祈禱，因而有孕，母親為他取名「丘。」孔子的名是由他的父母為他取的。而他字「仲尼」，不是他結婚時取的，按照孔子對禮儀的重視，他肯定在冠禮的時候取「字」的，《儀禮・士冠禮三》載云：「冠而字之，敬其名也。」〔註 415〕行冠禮而取「字」，是成人之道，《禮記・冠義》云：「已冠而字之，成人之道也。」〔註 416〕行了冠禮，表示已是經成人，友朋間都用「字」稱呼，表示尊

〔註 413〕James Legge, *The Doctrine of the Mean*, in James, trans. *The Chinese Classics* vol. I. Re-printed 1893 version by Tai Wan: SMC Publishing Inc., 2011, p.386.

〔註 414〕〔漢〕司馬遷：《史記》，臺北：藝文印書館影印乾隆武英殿刻本，第四十七卷，第二頁，總第二冊，第 760 頁。

〔註 415〕《儀禮注疏》，北京：中華書局影印〔清〕阮元刻《十三經注疏》本，第三卷，第十二頁，總第二冊，第 2068 頁。

〔註 416〕《禮記正義》，北京：中華書局影印〔清〕阮元刻《十三經注疏》本，第六十一卷，第二頁，總第三冊，第 3646 頁。

重，鄭玄《禮記注》云：「字所以相尊也。」〔註417〕然而，所謂尊重，不是對平輩之尊重，而是對父母的尊重，因為名是由父母所定的，而「字」是由賓客在冠禮的時候給他的，只有君、父才可以叫他的名，目的是對「名」有所尊敬。鄭玄《儀禮注》云：「名者質，所受於父母。冠，成人益文，教敬之也。今文無之。」〔註418〕賈公彥：《儀禮疏》云：

> 案《內則》云：「子生三月父名之」不言母，今云受於父母者，夫婦一體，受父即是受於母，故兼言也。云：冠，成人益文者，對名是受於父母為質，字者受於賓為文，故君父之前稱名，至於他人稱字也，是敬定名也。〔註419〕

由此言之，只有父母與君王才可以直呼其「名」，至於其他人都可以稱其「字」，這是慣常的用法。

《論語》裏面，孔子弟子對老師尊重，都稱孔子為子，劉寶楠《論語正義》云：「言尊卑皆得稱子，故此，孔子門人稱師亦曰子也。」〔註420〕但「仲尼」也出現了六次，全都在《子張第十九》，四次都是別人對孔子的稱呼，而兩次都是子貢駁斥他人時所用。孔門弟子都尊稱孔子為「子」，《中庸》稱孔子「仲尼」，與孔門傳統有所不同，勞思光謂「與通例不同，可能這段另有來源，但已不可考。」〔註421〕

但是，若以中國古代文化傳統而言，從稱其字表示敬其名這原則而論，孟子稱呼孔子作仲尼並非大不敬。但是一般而言，孟子都用「孔子」來尊稱孔夫子，《孟子》裏面「孔子」此稱呼，一共出現了八十一次，而仲尼則只出現了六次。而在《中庸》裏面，仲尼只出現兩次。理氏著重學生尊重老師的意義，卻疏忽了文化傳統的意義。孟子稱孔子作「仲尼」，是合乎傳統的。

〔註417〕《禮記正義》，北京：中華書局影印〔清〕阮元刻《十三經注疏》本，第六十一卷，第二頁，總第三冊，第3646頁。

〔註418〕《儀禮注疏》，北京：中華書局影印〔清〕阮元刻《十三經注疏》本，第三卷，第十二頁，總第三冊，第3068頁。

〔註419〕《儀禮注疏》，北京：中華書局影印〔清〕阮元刻《十三經注疏》本，第三卷，第十二頁，總第二冊，第3068頁。

〔註420〕〔清〕劉寶楠：《論語正義》，上海：上海書店《諸子集成》本，1986年，第一冊，第2頁。

〔註421〕勞思光著，黃慧英編：《大學中庸譯註新編》，香港：中文大學出版社，2000年，第47頁。

（二）

理氏引《中庸》解釋《孟子》所載「太王」是何許人，屬歷史人物的解釋。《梁惠王下》第五章第五節：

> 王曰：「寡人有疾，寡人好色。」對曰：「昔者太王好色，愛厥妃。《詩》云：『古公亶父，來朝走馬，率西水滸，至于岐下；爰及姜女，聿來胥宇。』當是時也，內無怨女，外無曠夫。王如好色，與百姓同之，於王何有？」〔註 422〕

理雅各《孟子》英譯本注謂：「The king T'âi (see the *Doctrine of the Mean*, chap, xviii) was the ninth in descent from Kung Liû, by name Tan-fû (in 3rd tone).」〔註 423〕理氏意思是，太王（大王）〔註 424〕是公劉第九世孫，稱亶父，其事見《中庸》第十八章。

茲引述《中庸》第十八章云：

> 子曰：「無憂者其唯文王乎！以王季為父，以武王為子，父作之，子述之。武王纘大王、王季、文王之緒，壹戎衣而有天下，身不失天下之顯名；尊為天子，富有四海之內。宗廟饗之，子孫保之。武王末受命，周公成文、武之德，追王大王、王季，上祀先公以天子之禮。斯禮也，達乎諸侯、大夫，及士、庶人。父為大夫，子為士，葬以大夫，祭以士。父為士，子為大夫，葬以士，祭以大夫。期之喪，達乎大夫；三年之喪，達乎天子；父母之喪，無貴賤，一也。」〔註 425〕

雖然《中庸》第十八章有說大王，但大王是何許人則未講過。而理氏《中庸》英譯本注云：「大王，—— this was the duke T'an-fû（亶父），the father of Chî-lî, a prince of the great eminence, and who, in the decline of the Yin dynasty, drew to his family the thoughts of the people.」〔註 426〕理氏意謂，大王是古公亶

〔註 422〕《孟子注疏》，北京：中華書局影印〔清〕阮元刻《十三經注疏》本，第二卷上，第十四頁，總第五冊，第 5821 頁。

〔註 423〕James Legge, *The Works of Mencius*, p.163.

〔註 424〕理氏《孟子注解》中文原文是「大王」，見 James Legge, *The Works of Mencius*, p.163。

〔註 425〕《禮記正義》，北京：中華書局影印〔清〕阮元刻《十三經注疏》本，第五十二卷，第十四頁，總第三冊，第 3533 頁。朱熹：《四書集註．中庸章句》，影印怡府藏版，第十二至十三頁。

〔註 426〕James Legge, *The Doctrine of the Mean*, p.400.

父，季歷之父，是著名的君王，當殷商衰落之際，使他的家族懂得聽取百姓的想法。

理氏謂亶父是公劉第九世孫，見於朱熹《四書集註．孟子集註》：「大王，公劉九世孫。」〔註427〕而理氏謂亶父使其家族懂得聽民心，也是跟隨《四書集註．孟子集註》：「而能推己之心以及民也」〔註428〕一語而來。至於亶父是季歷之父，見諸司馬遷：《史記．周本紀》：「古公有長子曰太伯、次子曰虞仲太姜、生少子季歷。」〔註429〕

關於《梁惠王下》第五章第五節古公亶父及此節的解釋，趙岐《孟子注》云：

> 《詩．大雅．綿》之篇也，亶父，大王名也。號稱古公，來朝走馬，遠避狄難，去惡疾也。率循也，滸，水涯也。循西方水滸，來至岐山下也。姜女大王妃也，於是與姜女俱來相土居也。言太王亦好色，非但與姜女俱行而已，普使一國男女無有怨曠，王如則之，與百姓同欲，皆使無過時之思，則於王之政何有不可乎。〔註430〕

朱熹《四書集註．孟子集註》云：

> 大王，公劉九世孫。《詩．大雅．綿》之篇也。古公，大王之本號，後乃追尊為大王也。亶甫，大王名也。來朝走馬，避狄人之難也。率，循也。水，涯也。岐下，岐山之下也。姜女，大王之妃也。胥，相也。宇，居也。曠，空也。無怨曠者，是大王好色，而能推己之心以及民也。〔註431〕

這是孟子回答齊宣王的話，齊宣王自認有好色的毛病，孟子卻提議齊宣王跟太王一樣愛護妃子，又促使社會百姓一同愛護妻子，只要與民「同好」，便可以實行王道。〔註432〕

孟子回答齊宣王的話，保持他一貫的辯論風格，齊宣王覺得自己好色，孟子就順勢說太王也好色，但太王的好色，是愛其夫人，而且又使百姓也各自愛

〔註427〕〔宋〕朱熹：《四書集註．孟子集註》，影印怡府藏版，第二卷，第二十四頁。
〔註428〕〔宋〕朱熹：《四書集註．孟子集註》，影印怡府藏版，第二卷，第二十四頁。
〔註429〕〔漢〕司馬遷：《史記》，臺北：藝文印書館影印武正英殿刻本，第四卷，第三頁，總第二冊，第70頁。
〔註430〕《孟子注疏》，北京：中華書局影印〔清〕阮元刻《十三經注疏》本，第二卷上，第十五頁，總第五冊，第5822頁。
〔註431〕〔宋〕朱熹：《四書集註．孟子集註》，影印怡府藏版，第二卷，第二十四頁。
〔註432〕楊伯峻：《孟子譯注》，上冊，第38頁。

護他們的妻子。這是健康的好色，可以推己及人。孟子藉「好色」勸齊宣王，也藉此說明了儒家注重社會的家庭婚姻的「齊家」思想，《中庸》也說「君子之道，造端乎夫婦。及其至也，察乎天地。」〔註433〕君王促使社會的家庭和諧美滿，是仁政之一。

理氏引用《中庸》第十八章解釋《梁惠王下》的「太王」，意義不大，因《中庸》只說「追王大王」，對「大王」沒有任何描述。如果不將理氏的《中庸》注解一同參看，是不知道「大王」是何許人。

（三）

理氏引用《中庸》與《孟子》比較，是作政治思想的比較。《孟子・梁惠王下》第七章第三節云：「王曰：『吾何以識其不才而舍之？』曰：『國君進賢如不得已，將使卑踰尊，疏踰戚，可不慎與？』」〔註434〕

理雅各《孟子》英譯本注謂：「如不得已，—— literally,『as a thing in which he cannot stop.』Compare the *Chung Yung*, xx. 13.」〔註435〕理氏意謂，「如不得已」，字面來說，就是有些事不能停頓。比較《中庸》第二十章第13節。

理氏在此使用了音譯名詞 *Chung Yung*，茲引《中庸》第二十章第十三節云：「脩身則道立，尊賢則不惑，親親則諸父昆弟不怨，敬大臣則不眩，體群臣則士之報禮重，子庶民則百姓勸，來百工則財用足，柔遠人則四方歸之，懷諸侯則天下畏之。」〔註436〕

《孟子・梁惠王下》第五章與《中庸》第二十章的經文，都是講國君任用賢人的思想。《中庸》第二十章第十三節，的意思「是具體解釋『修身』的事」〔註437〕，勞思光：《大學中庸譯註新編》云：

> 「懷」：護養。懷諸侯，即是護養諸侯。「尊賢則不惑」：為君者能夠「尊賢」，即能明白價值是非，所以即能不為小人所惑。「眩」：

〔註433〕《禮記正義》，北京：中華書局影印〔清〕阮元刻《十三經注疏》本，第五十二卷，第七頁，總第三冊，第3530頁。朱熹：《四書集註・中庸章句》，影印怡府藏版，第八頁。

〔註434〕《孟子注疏》，北京：中華書局影印〔清〕阮元刻《十三經注疏》本，第二卷下，第二頁，總第五冊，第5827頁。

〔註435〕James Legge, *The Works of Mencius*, p.165~166.

〔註436〕《禮記正義》，北京：中華書局影印〔清〕阮元刻《十三經注疏》本，第五十二卷，第二十頁，總第三冊，第3536頁。〔宋〕朱熹：《四書集註・中庸章句》，影印怡府藏版，第十七頁。

〔註437〕勞思光著，黃慧英編：《大學中庸譯註新編》，第75頁。

> 迷亂；能敬大臣則事有所託，自己不致迷亂。「體羣臣則士之報禮重」：能體恤小臣，則一般受恩的人都會由於感激君上的恩惠，而圖厚報。「士」本是指有任官資格的人講；這裏用來兼指「大臣」以外的諸臣。「報禮」即「報君上之禮遇」。「子庶民則百姓勸」：能以待子弟之心待天下百姓，則天下百姓亦會自己勉力向善。勸，本是「勉勵」之意；這裏用作不及物動詞，即「勉力為善」的意思。「來百工則財用足」：能勸勉百工則百工努力從事生產，所以國家的財用就可以豐裕了。「柔遠人則四方歸之」：歸，即歸向之意，轉為擁戴之意。能與遠人安和相處則四方民族自然會擁戴他。「懷諸侯則天下畏之」：能夠護養諸侯，天下各國自然會對他有敬畏之意。〔註 438〕

這是孔子向魯哀公解釋人君應該有的人生修養，包括修養自身、尊重賢人、親愛親人、禮敬大臣、體恤群臣、愛民如子、招徠各種工匠、撫恤遠方部族、威服各國諸侯。這樣，天下的人就都會敬畏。〔註 439〕

《梁惠王下》第五章第三節，是齊宣王與孟子的對答。必須由第一節開始看，才會明白孟子的意思，《梁惠王下》第五章第一節是孟子見了齊宣王對齊宣王說：「所謂故國者，非謂有喬木之謂也，有世臣之謂也。王無親臣矣，昔者所進，今日不知其亡也。」〔註 440〕一個國家得以長久，不是要高大的樹木，而是要有累代功勳的老臣，但齊宣王沒有這些老臣，過去任用的臣子都被罷免了。〔註 441〕傅佩榮《孟子新解》云：

> 孟子特別強調的是「有世臣之謂也」，一個國家歷史悠久，一定有一些大臣是世代從政的。如此一來，國家的政策與作風就有連續性。孟子認為國君沒有理由隨便更換官員。要不然，以前任用的人都被開除了，都被放逐了，還有誰可以信任呢？〔註 442〕

齊宣王於是問孟子：「吾何以識其不才而舍之？」趙岐《孟子注》云：「王言我當何以先知其不才而舍之不用也。」〔註 443〕朱熹《四書集註・孟子集

〔註 438〕勞思光著，黃慧英編：《大學中庸譯註新編》，第 75 頁。

〔註 439〕姜義華：《新譯禮記讀本》，第 751～752 頁。

〔註 440〕《孟子注疏》，北京：中華書局影印〔清〕阮元刻《十三經注疏》本，第二卷下，第一至二頁，總第五冊，第 5827 頁。

〔註 441〕楊伯峻：《孟子譯注》，上冊，第 41 頁。

〔註 442〕傅佩榮：《孟子新解》，上冊，第 87～88 頁。

〔註 443〕《孟子注疏》，北京：中華書局影印〔清〕阮元刻《十三經注疏》本，第二卷下，第二頁，總第五冊，第 5827 頁。

註》：「王意以為此亡去者，皆不才之人，我初不知而誤用之，故今不以其去為意耳。因問何以先識其不才而舍之邪。」〔註 444〕可見齊宣王想知道，用甚麼方法才可以不會錯用無才的人。而孟子的回答是：「國君進賢如不得已，將使卑踰尊，疏踰戚，可不慎與？」孟子的回答不是直接回了當的回答，反而是答稱怎樣才可以任用有才的人，趙岐《孟子注》謂：「言國君欲進用人，當留意考擇。如使忽然，不精心意而詳審之，如不得已而取備官，則將使尊卑疏戚相踰，豈可不慎歟。」〔註 445〕朱熹《四書集註・孟子集註》云：「如不得已，言謹之至也。蓋尊尊親親，禮之常也，然或尊者親者未必賢，則必進疏遠之賢而用之，是使卑者踰尊，疏者踰戚，非禮之常，故不可不謹也。」〔註 446〕

孟子在此顯示了他對君主任用臣下的思維，君王用人，開始時就要小心選擇。張居正《四書集註闡微直解》云：

> 孟子對說：「人君用人，與其悔之于後，莫若謹之於始。是以國君進賢，當那將用未用之際，其難其慎，審之又審，恰似勢之所迫，不得不用他一般，其謹如此。所以然者，蓋以尊尊親親，乃國家體統之常，設使今日所尊者未必賢，日後必別求那卑而賢者用之。是使卑者得以逾越尊者，失尊卑之序矣。今日所親者未必賢，日後必別求那疏而賢者用之。是使疏者得以逾越親者，失親疏之等矣。一舉措之間，而所關於國體者甚大，是安可以不慎乎？始進能慎，則所進皆賢，而不才者不得以幸進，自可以無後日之悔矣。王何以不知人為患哉。」〔註 447〕

孟子是勸齊宣王不要以其人的好惡任用臣子，這樣會使臣下尷尬，譬如一個人被君王所愛而提拔至高位，有些以前的長官就變成自己部下，這就是尊卑不分，官員之間難免有衝突。〔註 448〕國家行政也因而施行困難。

理氏用《中庸》第二十章解《孟子・梁惠王下》第五章，不能說是完全錯誤，但並不貼切。因為《中庸》所講是修身的理想，是理論上的學習，並不是針對君王用人施政方面。而《孟子》所講者，是君王任用人才的原則，是針對

〔註 444〕〔宋〕朱熹：《四書集註・孟子集註》，影印怡府藏版，第二十五頁。

〔註 445〕《孟子注疏》，北京：中華書局影印〔清〕阮元刻《十三經注疏》本，第二卷下，第一至二頁，總第五冊，第 5827 頁。

〔註 446〕〔宋〕朱熹：《四書集註・孟子集註》，影印怡府藏版，第二十六頁。

〔註 447〕〔明〕張居正：《四書集註闡微直解》，第十五卷，第二十三頁，總第 408 頁。

〔註 448〕傅佩榮：《孟子新解》，第 88 頁。

性的，是實際而處境化的。

（四）

理氏引《中庸》比較《孟子》所載的孔子，作歷史人物比較。《孟子‧公孫丑上》第二章第二十六至二十八節：

> 曰：「宰我、子貢、有若，智足以知聖人，汙不至阿其所好。宰我曰：『以予觀於夫子，賢於堯舜遠矣。』子貢曰：『見其禮而知其政，聞其樂而知其德。由百世之後，等百世之王，莫之能違也。自生民以來，未有夫子也。』有若曰：『豈惟民哉！麒麟之於走獸，鳳凰之於飛鳥，泰山之於丘垤，河海之於行潦，類也。聖人之於民，亦類也。出於其類，拔乎其萃。自生民以來，未有盛於孔子也！』」〔註 449〕

理雅各《孟子》英譯本注謂：「With this and the two next paragraphs, compare the eulogium of Confucius, in the *Chung Yung*, chaps. 30~32, and *Analects*, XIX. Xxiii-xxv.」〔註 450〕理氏意謂，這節與其後兩節（26～28 節），可與《中庸》30～32 章，《論語》第十九卷 23～25 章贊揚孔子的經文相比較。

《孟子‧公孫丑上》所載，孔子的學生對孔子讚揚備至，認為孔子是人類中最偉大的，過於堯舜，其道又是君王要遵守的，孔子是最出類拔萃的聖人。

理雅各引用《中庸》的三段經文，對孔子更加推崇，茲引述之並加以相關的注解：

《中庸》第三十章：「仲尼祖述堯、舜，憲章文、武；上律天時，下襲水土。辟如天地之無不持載，無不覆幬，辟如四時之錯行，如日月之代明。萬物並育而不相害，道並行而不相悖，小德川流，大德敦化，此天地之所以為大也。」〔註 451〕鄭玄《禮記注》云：「此以《春秋》之義說孔子之德。……聖人制作其德，配天地。」〔註 452〕

朱熹《四書集註‧中庸章句》解第三十章云：

〔註 449〕《孟子注疏》，北京：中華書局影印〔清〕阮元刻《十三經注疏》本，第三卷上，第十一至十二頁，總第五冊，第 5842 頁。

〔註 450〕James Legge, *The Works of Mencius*, p.195.

〔註 451〕《禮記正義》，北京：中華書局影印〔清〕阮元刻《十三經注疏》本，第五十三卷，第十二頁，總第三冊，第 3547 頁。朱熹：《四書集註‧中庸章句》，影印怡府藏版，第二十七至二十八頁。

〔註 452〕《禮記正義》，北京：中華書局影印〔清〕阮元刻《十三經注疏》本，第五十三卷，第十二至十三頁，總第三冊，第 3547～3548 頁。

「祖述者」，遠宗其道。「憲章者」，近守其法。「律天時者」，法其自然之運。「襲水土者」，因其一定之理。皆兼內外該本末而言也。……「錯」，猶迭也。此言聖人之德。「悖」，猶背也。天覆地載，萬物並育於其間而不相害；四時日月，錯行代明而不相悖。所以不害不悖者，小德之川流；所以並育並行者，大德之敦化。「小德」者，全體之分；「大德」者，萬殊之本。「川流」者，如川之流，脈絡分明而往不息也。「敦化」者，敦厚其化，根本盛大而出無窮也。此言天地之道，以見上文取辟之意也。右第三十章，言天道也。〔註453〕

勞思光《大學中庸譯註新編》解此章云：

「祖述」：即是「承繼」之意。「憲」：通「顯」。「章」：即「彰」。「憲章」即「使……彰顯」之意。「律」：取法。「天時」：指天道。「襲」：因。「水土」：指「地道」而言。此句是說：「下因水土之宜」，亦即是「下取法於地道。」「辟」：即「譬」。「幬」：亦是覆蓋之意。無不覆幬，即「無不庇護。」「四時之錯行」：即是說四季之依次運行，「錯」指交替有序說。「代明」：即交替著放光明之意。「萬物」二句：這是說天地之道大，所以萬物同生天地間而互不相礙；聖人之道大，所以眾理同行而不互相違背。〔註454〕

《中庸》第卅一章：

唯天下至聖為能聰明睿知，足以有臨也；寬裕溫柔，足以有容也；發強剛毅，足以有執也；齊莊中正，足以有敬也；文理密察，足以有別也。溥博淵泉，而時出之。溥博如天，淵泉如淵。見而民莫不敬，言而民莫不信，行而民莫不說。是以聲名洋溢乎中國，施及蠻貊；舟車所至，人力所通，天之所覆，地之所載，日月所照，霜露所隊；凡有血氣者，莫不尊親，故曰配天。〔註455〕

鄭玄《禮記注》云：「言德不如此，不可以君天下，蓋傷孔子有其德而無其命。」〔註456〕朱熹《四書集註・中庸章句》解第三十一章云：

〔註453〕〔宋〕朱熹：《四書集註・中庸章句》，影印怡府藏版，第二十七至二十八頁。

〔註454〕勞思光著，黃慧英編：《大學中庸譯註新編》，第96頁。

〔註455〕《禮記正義》，北京：中華書局影印〔清〕阮元刻《十三經注疏》本，第五十三卷，第十三頁，總第三冊，第3548頁。〔宋〕朱熹：《四書集註・中庸章句》，影印怡府藏版，第二十八頁。

〔註456〕《禮記正義》，北京：中華書局影印〔清〕阮元刻《十三經注疏》本，第五十三卷，第十三頁，總第三冊，第3548頁。

「聰明睿知」，生知之質。「臨」，謂居上而臨下也。其下四者，乃仁、義、禮、知之德。「文」，文章也。「理」，條理也。密，詳細也。察，明辯也。「溥博」，周徧而廣闊也。「淵泉」，靜深而有本也。「出」，發見也。言五者之德，充積於中，而以時發見於外也。言其充積極其盛，而發見當其可也。舟車所至以下，蓋極言之。配天，言其德之所及，廣大如天也。右第三十一章。承上章而言，小德之川流，亦天道也。〔註 457〕

勞思光《大學中庸譯註新編》解此章云：

「溥」：廣的意思。「溥博」即廣大。「淵泉」：即指深遠說。「而時出之」：即是說聖人廣大深遠，但隨時發揮其影響力；即指教化而言。「出」即表現出來。「淵泉如淵」：即是說其深如淵。「見而民莫不敬，言而民莫不信，行而民莫不說。」這三句是具體描寫聖人之影響力；聖人出現，人們便恭敬起來；聖人有言，人們便無不信持；聖人有所作為，人們便無不悅服。「洋溢」：充滿。「施」：讀去聲，影響之意。「蠻貊」：指邊荒之地。這句是說，聖人教化能遠及於邊荒地方。「隊」：即墜。「霜露所隊」即是說，有霜露墜降的地方。「凡有血氣者」：凡是人類。「莫不尊親」：尊是尊敬，親是親近；即是說，人無不尊敬聖人又親近聖人。「配天」：這是總結上文之意。「配天」指聖人之德與天可以相配。也就是前文「與天地參」之意。〔註 458〕

《中庸》卅二章：「唯天下至誠，為能經綸天下之大經，立天下之大本，知天地之化育。夫焉有所倚？肫肫其仁！淵淵其淵！浩浩其天！苟不固聰明聖知達天德者，其孰能知之？」〔註 459〕鄭玄《禮記注》云：「至誠，性至誠，謂孔子也。」〔註 460〕

朱熹《四書集註．中庸章句》解第卅二章云：

「經」、「綸」，皆治絲之事。「經者」，理其緒而分之；「綸」者，比其類而合之也。「經」，常也。「大經」、者，五品之人倫。「大本」

〔註 457〕〔宋〕朱熹：《四書集註．中庸章句》，影印怡府藏版，第二十八頁。

〔註 458〕勞思光著，黃慧英編：《大學中庸譯註新編》，第 97～98 頁。

〔註 459〕《禮記正義》，北京：中華書局影印〔清〕阮元刻《十三經注疏》本，第五十三卷，第十三頁，總第三冊，第 3548 頁。〔宋〕朱熹：《四書集註．中庸章句》，影印怡府藏版，第二十九頁。

〔註 460〕《禮記正義》，北京：中華書局影印〔清〕阮元刻《十三經注疏》本，第五十三卷，第十三頁，總第三冊，第 3548 頁。

者，所性之全體也。惟聖人之德極誠無妄，故於人倫各盡其當然之實，而皆可以為天下後世法，所謂經綸之也。其於所性之全體，無一毫人欲之偽以雜之，而天下之道千變萬化皆由此出，所謂立之也。其於天地之化育，則亦其極誠無妄者有默契焉，非但聞見之知而已。此皆至誠無妄，自然之功用，夫豈有所倚著於物而後能哉？「肫肫」，懇至貌，以經綸而言也。「淵淵」，靜深貌，以立本而言也。「浩浩」，廣大貌，以知化而言也。其淵、其天，則非特如之而已。固，猶實也。鄭氏曰：「唯聖人能知聖人也。」右第三十二章。承上章而言，大德之敦化，亦天道也。前章言至聖之德，此章言至誠之道。然至誠之道，非至聖不能知。至聖之德，非至誠不能為。則亦非二物矣。此篇言聖人天道之極至，至此而無以加矣。〔註461〕

勞思光《大學中庸譯註新編》解此章云：

「經綸」：治理的意思。「大經」：即大原則；即指上文所論之「九經」而言。「立天下之大本」：這是說聖人自己成德，即為天下之根本。「大本」即「最後的根本」。顯然這就是說修身成德為天下之本。「知天地之化育」：這是說聖人之智，洞見宇宙萬物之理；所以知天地之化育。「夫焉有所倚」：朱子《章句》：「夫豈有所倚著於物，而後能哉！」這樣講，「倚」即「依」的意思，聖人之德性自覺，不依於任何外在條件，故說「夫焉有所倚。」鄭註，倚為「偏頗」之意，亦通。「肫肫」：誠厚懇切之意。「淵淵」：「深」的意思。最後一個「淵」字，是說「像淵水一樣」。「淵淵其淵」，即「深得像淵水一樣」。與下文「浩浩其天」同一語法。「浩浩」：廣大的意思。「浩浩其天」，即是「廣大得像天一樣。」「固」：實實在在地。〔註462〕

朱熹與勞思光的解釋，在個別字句之處有些不同，但整體而言，兩者相差不遠，但勞思光使用較為現代化的語言表達，並加以其個人的理解與判斷，亦可表達出《中庸》三十至三十二章的意思。

綜觀上列《中庸》三段經文，都是贊美孔子的言論，第一段用了不少自然的現象來比喻孔子，孔子在人世間的影響，就如天道對宇宙的影響。第二段讚揚孔子的智慧與人格，孔子的偉大可與天相配。第三段是說孔子完全了解天

〔註461〕〔宋〕朱熹：《四書集註．中庸章句》，影印怡府藏版，第二十九頁。
〔註462〕勞思光著，黃慧英編：《大學中庸譯註新編》，第98～99頁。

心，是至聖的人才可以做到這地步。總而言之，孔子的德行、文章、思想、品行、人格、智慧都是至聖至高的。他的言行與教訓，只要有人的地方，就可以傳播到，不受時間限制，一代又一代傳下去。

比較《孟子》與《中庸》兩者對孔子的贊揚，可以見到《孟子》較為簡單，而且比較人性化，孔子是一個出乎其類，拔乎其萃的人。而《中庸》就以孔子配天，是形而上學的思維，方東美《生生之德》云：「儒家形上學具有兩大特色：第一、肯定天道之創造力，充塞宇宙，流衍變化，萬物由之而出。……第二、強調人性之內在價值，翕含闢弘，發揚光大，妙與宇宙秩序，合德無間。」〔註 463〕孔子的道德終極展現，超越了社會倫理，進而向上致天人合一。〔註 464〕《中庸》所講的孔子，甚具有形而上學的意義。

（五）

理氏引《中庸》與《孟子》比較，可謂思想對比研究。《孟子．公孫丑上》第四章第二節：「如惡之，莫如貴德而尊士。賢者在位，能者在職；國家閒暇，及是時明其政刑，雖大國，必畏之矣。」〔註 465〕

理雅各《孟子》英譯本注謂：

> 莫如 covers as far as to 政刑 and 賢者在位 and the next clause are to be taken as in apposition simply with the one preceding. See the *Doctrine of the Mean*, chap. Xx. The 賢者在位 here corresponds to the 尊賢 there, and the 能者在職 may embrace both the 敬大臣 and the 體羣臣.〔註 466〕

理氏意謂，莫如包含到了政刑及賢者在位與及下一句，是針對著上一節經文的解說。參考《中庸》第二十章，《公孫丑上》的賢者在位與《中庸》尊賢是一致的；而能者在職是與《中庸》敬大臣與體群臣也是一致。

在《中庸》第二十章，尊賢是一個很重要的主題，而最接近《孟子》此節者是：

〔註 463〕方東美：《生生之德》，臺北：黎明文化事業股份有限公司，1980 年，第 288～289 頁。

〔註 464〕杜維明著，段德智譯：《〈中庸〉論儒學的宗教性》，北京：三聯書店，2013 年，第 81 頁。

〔註 465〕《孟子注疏》，北京：中華書局影印〔清〕阮元刻《十三經注疏》本，第三卷下，第二頁，總第五冊，第 5849 頁。

〔註 466〕James Legge, *The Works of Mencius*, p.197~198.

> 凡為天下國家有九經，曰：脩身也，尊賢也，親親也，敬大臣也，體羣臣也，子庶民也，來百工也，柔遠人也，懷諸侯也。脩身則道立，尊賢則不惑，親親則諸父昆弟不怨，敬大臣則不眩，體群臣則士之報禮重，子庶民則百姓勸，來百工則財用足，柔遠人則四方歸之，懷諸侯則天下畏之。〔註 467〕

理氏的《中庸》英譯本是第二十章第 12～13 節。

鄭玄《禮記注》云：「體，猶接納也。子，猶愛也。遠人蕃國之諸侯也。不惑，謀者良也。不眩，所任明也。」〔註 468〕孔穎達認為由凡為至懷諸侯也是講九經的目次，而脩身則道立至則天下畏之是說九經的功用，其《禮記正義》云：

> 凡為天下國家有九經者，此夫子為哀公說治天下國家之道有九種常行之事。論九經之次目也。「體羣臣也」者，體謂接納，言接納羣臣與之同體也。「子庶民也」者，謂子愛庶民也。「來百工也」者，謂招來百工也。「脩身則道立」者，謂脩正其身，此一經覆說行九經，則致其功用也。「脩身則道立」者，謂脩正其身，不為邪惡，則道德興立也。「尊賢則不惑」者，以賢人輔弼，故臨事不惑，所謀者善也。「敬大臣則不眩」者，眩亦惑也，以恭敬大臣，任使分明，故於事不惑。前文不惑，謀國家大事，此云不眩，謂謀國家眾事，但所謀之事大小有殊，所以異其文也。「體群臣則士之報禮重」者，羣臣雖賤而君厚，接納之則臣感君恩，故為君死於患難，是「報禮重」也。「庶民則百姓勸」，子愛也，言愛民如子，則百姓勸勉以事上也。「來百工則財用足」，百工興財用也，君若賞賚招來之，則百工皆自至，故國家財用豐足。「柔遠人則四方歸之」，遠謂蕃國之諸侯，四方則蕃國也。懷諸侯則天下畏之，懷安撫也，君若安撫懷之，則諸侯服從，兵強土廣，故天下畏之。〔註 469〕

朱熹《四書集註．中庸章句》有相似的講法，其云：

〔註 467〕《禮記正義》，北京：中華書局影印〔清〕阮元刻《十三經注疏》本，第五十二卷，第二十頁，總第三冊，第 3536 頁。〔宋〕朱熹：《四書集註．中庸章句》，影印怡府藏版，第十七頁。

〔註 468〕《禮記正義》，北京：中華書局影印〔清〕阮元刻《十三經注疏》本，第五十二卷，第二十頁，總第三冊，第 3536 頁。

〔註 469〕《禮記正義》，北京：中華書局影印〔清〕阮元刻《十三經注疏》本，第五十二卷，第二十一頁，總第三冊，第 3537 頁。

經，常也。體，謂設以身處其地而察其心也。子，如父母之愛其子也。柔遠人，所謂無忘賓旅者也。此列九經之目也。呂氏曰：「天下國家之本在身，故脩身為九經之本。然必親師友，然後脩身之道進，故尊賢次之。道之所進，莫先其家，故親親次之。由家以及朝廷，故敬大臣、體羣臣次之。由朝廷以及其國，故子庶民、來百工次之。由其國以及天下，故柔遠人、懷諸侯次之。此九經之序也。」視羣臣猶吾四體，視百姓猶吾子，此視臣、視民之別也。

此言九經之效也。道立，謂道成於己而可為民表，所謂「皇建其有極」是也。不惑，謂不疑於理。不眩，謂不迷於事。敬大臣，則信任專，而小臣不得以間之，故臨事而不眩也。來百工，則通功易事，農末相資，故財用足。柔遠人，則天下之旅皆悅而願出於其塗，故四方歸。懷諸侯，則德之所施者博，而威之所制者廣矣，故曰「天下畏之」。〔註 470〕

孔穎達與朱熹的解說，各有詳略，也各有長短，可相對照而相補充。勞思光《大學中庸譯註新編》解此章云：

「經」：常理之意；又是織布時所織的主線，所以也有綱領之意。「九經」即是九條不變的大綱領。「修身也」：這是以自己修德為第一綱領；可看出《中庸》思想與《大學》的關係。「親親也」：與上文「親親為大」之義相通。「敬大臣也」：從這一項起轉入君主之事。大臣指卿相講。「敬大臣」為君主應守之原則。「體」：體念之意。「羣臣」：指小臣而言。「子庶民也」：即愛庶民如子弟之意。「來」：有兩義：一為勸勉之意；另一義與招相同，如《論語》中「則修文德以來之」，「來」即「招之使來。」這裏「來百工」的「來」，應作「勸勉、解」。「百工」：指從事生產的官吏。「柔」：安。「遠人」：遠方之人，指外國或異族而言。「柔遠人」即是與外國異族之人安和相處。「懷」：護養。懷諸侯，即是護養諸侯。」〔註 471〕

勞思光又云：「『親親為大』：上一『親』為動詞，指親近。下一『親』字指親人。」〔註 472〕勞思光解「懷諸侯」作護養諸侯，鄭玄解之作「安撫諸

〔註 470〕〔宋〕朱熹：《四書集註．中庸章句》，影印怡府藏版，第十七頁。
〔註 471〕勞思光著，黃慧英編：《大學中庸譯註新編》，第 74～75 頁。
〔註 472〕勞思光著，黃慧英編：《大學中庸譯註新編》，第 69 頁。

侯」，意義稍有不同，然而安撫與護養都應該是天子對諸侯國應有的策略。《中庸》此章，由君子個人修身講到柔遠人、懷諸侯，其表達的方式，講求層次，由內到外的發展出去。可見儒家的人生修養都著重個人與社會的互動關係。

《中庸》這段經文，是可以與《孟子・公孫丑上》第四章此段經文相互發明，但兩者最大的分別，《中庸》是理論上的教導，而孟子周遊列國，與諸侯論政，不是理論層面可以說服諸侯的，孟子是著重解決實際的問題但又不失儒家的傳統。《孟子》此段經文之意，集中在人才選用與人才提拔的思想，而與《中庸》最大不同，是《孟子》強調在國家閒暇，盛世太平的時候，推行文化教育，也強調刑法脩明的重要性，趙岐《孟子注》云：

> 諸侯如惡辱之來，則當貴德以治身，尊士以敬人，使賢者居位，官得其人，能者居職，人任其事也。及無鄰國之虞，以是閒暇之時，明修其政教，審其刑罰，雖天下大國必來畏服。〔註 473〕

朱熹《四書集註・孟子集註》云：

> 此因其惡辱之情，而進之以強人之事也。貴德，猶尚德也。士，則指其人而言之。賢，有德者，使之在位，則足以正君而善俗。能，有才者，使之在職，則足以修政而立事。國家閒暇，可以有為之時也。〔註 474〕

張居正《四書集註闡微直解》云：

> 故人君惟不惡辱則已，如誠惡辱，則莫如去不仁而為仁，不自挾其貴也，而貴重道德，不自恃其尊也，而尊禮賢士。士之賢而有德的，則使之布列有位，以正君而善俗；士之能而有才的，則使之分任眾職，以修政而立事，斯則有治人而可與圖治道矣。如幸而國家閒暇，無敵國外患之憂，可以從容有為，次第整理，則趁這時節，務與賢能之臣，修明其政事，而使大綱小紀秩然不亂；修明其刑法，而使五刑五用，咸適其宜。似這等用人行政，孳孳汲汲，惟務修德以自強，則可謂仁矣。由是人心悅而邦本安寧，國勢張而天下無敵，雖強大之國，亦翕然畏服而聽命之不暇矣。何榮如之？吾所謂仁則

〔註 473〕《孟子注疏》，北京：中華書局影印〔清〕阮元刻《十三經注疏》本，第三卷下，第二頁，總第五冊，第 5849 頁。

〔註 474〕〔宋〕朱熹：《四書集註・孟子集註》，第二卷，第十二頁。

榮者如此。〔註 475〕

孟子在這裏所講的尊重賢人，是叫君王懂得禮賢下士，尊重人才，用人得當，脩明政教，明正典刑，都是貫徹他的仁政主張。《中庸》所強調的，是由個人脩養開始而至治理國家。孟子所強調的，是如何任用人才，君王與臣子與以及平民百姓，都是社會一份子，可見孟子的實用意義較強。

（六）

理氏引《中庸》解釋《孟子》天時、地利、人和的戰爭理論，是思想上的比較。《孟子・公孫丑下》第一章第一節：「孟子曰：『天時不如地利，地利不如人和。』」〔註 476〕

理雅各《孟子》英譯本注謂：「In the 天，地，人，we have the doctrine of the 三才，or『Three Power,』which is brought out so distinctly in the fourth part of the *Chung Yung*, and to show this in a translation requires it to be diffuse.」〔註 477〕理氏意謂，關於天、地、人，我們有三才主義，是從《中庸》第四部份顯示來的，如果要將這些翻譯出來，會很分散。

從理氏這段文字來看，有幾個問題需要討論。首先是「三才」的出處。「三才」之說不是出於《中庸》，而他所說的《中庸》第四部份，不知是何所指。如果將之理解作第四章，《中庸》第四章與天地人三才是毫無關係。而《中庸》的經文之中，與天地人三才比較有關係的是第二十二章，其云：「唯天下至誠，為能盡其性；能盡其性，則能盡人之性；能盡人之性，則能盡物之性；能盡物之性，則可以贊天地之化育；可以贊天地之化育，則可以與天地參矣。」〔註 478〕人只要盡其人性，便可以盡物之性，便可以贊天地的化育。人的地位得以提升至與天地同等。〔註 479〕

《中庸》這段經文，只能說有三才的觀念，而無三才教義（doctrine），三才之說，實際是出自《周易・繫辭下》，其云：「易之為書也，廣大悉備。有天

〔註 475〕〔明〕張居正：《四書集註闡微直解》，第十六卷，第二十九頁，第 504 頁。

〔註 476〕《孟子注疏》，北京：中華書局影印〔清〕阮元刻《十三經注疏》本，第四卷上，第一頁，總第五冊，第 5858 頁。

〔註 477〕James Legge, *The Works of Mencius*, p.208.

〔註 478〕《禮記正義》，北京：中華書局影印〔清〕阮元刻《十三經注疏》本，第五十三卷，第三頁，總第三冊，第 3543 頁。〔宋〕朱熹：《四書集註・中庸章句》，影印怡府藏版，第二十一頁。

〔註 479〕姜義華：《新譯禮記讀本》，第 754 頁。

道焉，有人道焉，有地道焉，兼三才而兩之。」〔註 480〕觀於《易經．說卦》亦有三才之說，其云：「昔者聖人之作《易》也，將以順性命之理。是以立天之道曰陰與陽，立地之道曰柔與剛；立人之道曰仁與義。兼三才而兩之，故《易》六畫而成卦；分陰分陽，迭用柔剛，故《易》六位而成章。」〔註 481〕

第二是用「三才」解釋《孟子》天時、地利、人和的戰爭理論，是風馬牛不相及之事。《易經》所講三才，有形而上的思想，即使《中庸》第二十二章，形而上學的思想也頗重。而《孟子》所講的天時、地利、人和是形而下的戰爭理論。茲引述《孟子．公孫丑下》第一章全文下：

> 孟子曰：「天時不如地利，地利不如人和。三里之城，七里之郭，環而攻之而不勝；夫環而攻之，必有得天時者矣，然而不勝者，是天時不如地利也。城非不高也，池非不深也，兵革非不堅利也，米粟非不多也，委而去之，是地利不如人和也。故曰：域民不以封疆之界，固國不以山谿之險，威天下不以兵革之利。得道者多助，失道者寡助。寡助之至，親戚畔之；多助之至，天下順之。以天下之所順，攻親戚之所畔，故君子有不戰，戰必勝矣。」〔註 482〕

只要天時、地利、人和三個因素配合得宜，就算是細小的城池，也不容易被敵人攻破，這明顯是講戰爭的理論。天時、地利、人和三個因素之中，以人和最重要，君王打仗必須要人和的因素成熟，才可以打仗，所以人和是決定性的原因，君王不應打無把握的仗。孟子沒有停留在討論戰爭的層面，更進一步，由打仗必不可少的「人和」帶出「得道者多助，失道者寡助」的仁政思想，《孟子》這節經文的「道」，是指仁政王道之道，只要君王行仁政而得此「道」，便會受到人民的愛護與擁戴。這樣，便可以不戰而勝，即使真的要發動戰爭，也有必勝把握。〔註 483〕

（七）

理氏先後二次引用《中庸》之「不肖」解《孟子》的「不肖」，是訓詁的

〔註 480〕《周易正義》，北京：中華書局影印〔清〕阮元刻《十三經注疏》本，第八卷，第二十二頁，總第一冊，第 188 頁。

〔註 481〕《周易正義》，北京：中華書局影印〔清〕阮元刻《十三經注疏》本，第九卷，第三頁，總第一冊，第 196 頁。

〔註 482〕《孟子注疏》，北京：中華書局影印〔清〕阮元刻《十三經注疏》本，第四卷上，第一頁，總第五冊，第 5858 頁。

〔註 483〕楊伯峻：《孟子譯注》，第 86～87 頁。

解說。

1.

《公孫丑下》第七章第一節：「孟子自齊葬於魯。反於齊，止於嬴。充虞請曰：『前日不知虞之不肖，使虞敦匠事；嚴，虞不敢請。今願竊有請也：木若以美然。』」〔註 484〕

理雅各《孟子》英譯本注謂：「不肖，—— see *Chung Yung*, chap. Iv.」〔註 485〕理氏之意是，不肖，參考《中庸》第四章。

茲引述《中庸》第四章云：「子曰：『道之不行也，我知之矣：知者過之，愚者不及也。道之不明也，我知之矣：賢者過之，不肖者不及也。人莫不飲食也，鮮能知味也。』」〔註 486〕

理氏認為《中庸》的「不肖」的意思，與《孟子・公孫丑》第七章所講的「不肖」同義。先列出其《中庸》英譯本注解：「肖，——『as』『like.』不肖 following 賢，indicated character, not equal to them.」〔註 487〕理氏意謂，肖意即像、似，不肖跟著不賢之後，表示這人與他們不同。

《說文》云：「肖，骨肉相似也。从肉，小聲。不似其先，故曰不肖也。」〔註 488〕段玉裁認為「不似其先」是用來解釋經傳之言，其云「釋經傳之賢、不肖，此肖義之引伸也。」〔註 489〕《廣雅・釋詁》云：「彙、穜、方、朋、肖、似、醜，類也。」〔註 490〕理氏解「不肖」與其相合。《中庸》強調孔子傳下來的言行教訓與思想，所謂「不肖」即不似孔門之徒，也可說是不類於孔門之人。朱熹認為「不肖」者，不懂實行孔門教訓，又不去求理解者，朱熹《四書集註・中庸章句》云：

〔註 484〕《孟子注疏》，北京：中華書局影印〔清〕阮元刻《十三經注疏》本，第四卷下，第一頁，總第五冊，第 5866 頁。

〔註 485〕James Legge, *The Works of Mencius*, p.221.

〔註 486〕《禮記正義》，北京：中華書局影印〔清〕阮元刻《十三經注疏》本，第五十二卷，第三頁，總第三冊，第 3528 頁。〔宋〕朱熹：《四書集註・中庸章句》，影印怡府藏版，第四頁。

〔註 487〕James Legge, *The Doctrine of the Mean*, p.387.

〔註 488〕〔漢〕許慎著，〔清〕段玉裁注：《說文解字注》，第四篇下第二十六頁，總第 170 頁。

〔註 489〕〔漢〕許慎著，〔清〕段玉裁注：《說文解字注》，第四篇下第二十七頁，總第 171 頁。

〔註 490〕〔魏〕張揖著，〔清〕王念孫疏證：《廣雅疏證》，上海：上海古籍出版社，1983 年，上冊第三卷上，第十六頁。

> 道者，天理之當然，中而已矣。知、愚、賢、不肖之過不及，則生稟之異，而失其中也。知者知之過，既以道為不足行。愚者不及智，又不知所以行。此道之所以常不行也。賢者行之過，既以道為不足知。不肖者不及行又不求所以知，此道之所以常不明也。〔註491〕

姜義華《新譯禮記讀本》說：「不肖，不賢。」〔註492〕乃將「肖」與「賢」相對而解，用《說文》「不似其先」解《中庸》的「不肖」較為合理。而《廣雅》解「肖」即「類」，不肖就是不類，亦與《說文》之意相近。朱熹與姜義華的解釋都可說是引伸之義。總而言之，「不肖」即是不類於孔門的人，也可以說是對孔子的教訓無知的人，當然不能是賢者了。但知與愚相對而言，賢與肖又相對而言，所以《中庸》之不肖者，是含有德行意義的，所以，不肖者是著重指那些道德上不像孔子的門人。

至於《孟子・公孫丑下》第七章之「不肖」之意，需要整段經文來看「孟子自齊葬於魯。反於齊，止於嬴。充虞請曰：『前日不知虞之不肖，使虞敦匠事；嚴，虞不敢請。今願竊有請也：木若以美然。』」〔註493〕楊伯峻《孟子譯注》云：

> 自齊葬於魯——趙岐《注》云：「孟子仕於齊，喪母，歸葬於魯。」充虞——趙岐注云：「孟子弟子」。不知虞之不肖——此客氣語，故譯文亦以今日常用語達之。敦匠事——孔廣森《經學卮言》云：「敦治也。」匠指木工。嚴——焦循《正義》云：「嚴為急；急者，謂不暇也。以——太也。」〔註494〕

楊伯峻語譯「不知虞之不肖」作「承您看得起我」。〔註495〕從楊伯峻之語譯來看，這是自謙的說法，但自謙的話也有其意義所在，傅佩榮《孟子新解》解釋「前日不知虞之不肖」此句云：「不知虞之不肖，是非常禮貌地自謙說：『您不知道我不是一個有能力的人。』」〔註496〕用現代的語言來講，就是：「您不知道我沒有才幹。」〔註497〕

〔註491〕〔宋〕朱熹：《四書集註・中庸章句》，影印怡府藏版，第四頁。
〔註492〕姜義華：《新譯禮記讀本》，第739頁。
〔註493〕《孟子注疏》，北京：中華書局影印〔清〕阮元刻《十三經注疏》本，第四卷下，第一頁，總第五冊，第5866頁。
〔註494〕楊伯峻：《孟子譯注》，上冊，第98～99頁。
〔註495〕楊伯峻：《孟子譯注》，上冊，第98頁。
〔註496〕傅佩榮：《孟子新解》，上冊，第200頁。
〔註497〕傅佩榮：《孟子新解》，上冊，第200頁。

傅佩榮的語譯與解釋與《孟子》此段的上文下理意義相當吻合，所以《孟子》此段的「不肖」解作「不才」較為貼切。如果解作不像或不似，意義反而不明確。所以，理氏引用《中庸》的「不肖」解釋《公孫丑下》第七章的「不肖」，並不恰當。

2.

《孟子・離婁下》第七章：「孟子曰：『中也養不中，才也養不才，故人樂有賢父兄也。如中也棄不中，才也棄不才，則賢不肖之相去，其間不能以寸。』」〔註 498〕

理雅各《孟子》英譯本注謂：「不肖，—— see the *Doctrine of the Mean*, iv.」〔註 499〕理氏意謂，參考《中庸》第四章。

單以「不肖」一詞而論，簡言之就是不像孔門的人，而不肖者則與賢者相對，注重道德意義的不肖，亦即是說所謂不肖者，就是道德言行不似孔門之人。

至於《孟子・離婁下》第七章的「不肖」之意思，也需要顧及其上下文的意義。《孟子》在《孟子・離婁下》第七章「賢」與「不肖」是相對而論，趙岐《孟子注》云：

> 中者，履中和之氣所生，謂之賢才者，是謂人之有俊才者，有此賢者，當以養育教誨，不能進之以善，故樂父兄之賢以養己也。如使賢者棄愚，不養其所以當養，則賢亦近愚矣。如此賢不肖相覺何能分寸，明不可以不相訓導也。〔註 500〕

孫奭《孟子正義》云：

> 此章言父兄之賢，而子弟既頑，教而不改，乃歸自然也。……故人所以樂得其賢父兄而教養也。如君子有賢父兄之道，而不推己之性德以教養人之不中，不推己之才性而教養人之不才，是棄去其不中不才之人也，如此則賢不肖惡能相去以寸哉，是不足以相賢矣。〔註 501〕

〔註 498〕《孟子注疏》，北京：中華書局影印〔清〕阮元刻《十三經注疏》本，第八卷上，第六頁，總第五冊，第 5929 頁。

〔註 499〕James Legge, *The Works of Mencius*, p.321.

〔註 500〕《孟子注疏》，北京：中華書局影印〔清〕阮元刻《十三經注疏》本，第八卷上，第六頁，總第五冊，第 5929 頁。

〔註 501〕《孟子注疏》，北京：中華書局影印〔清〕阮元刻《十三經注疏》本，第八卷上，第六頁，總第五冊，第 5929 頁。

朱熹《四書集註·孟子集註》云：

> 無過不及之謂中，足以有為之謂才。養謂涵育薰陶，俟其自化也。賢謂中而才者也，樂有賢父兄者，樂其能成己也。為父兄者，若以子弟之不賢，遂遽絕之而不能教，則吾亦過中而不才矣，其相去之間，能幾何哉。〔註 502〕

趙岐與朱熹對賢者的解釋，雖然有不同之處，趙岐認為賢者是履中和之氣而生者，朱熹則認為賢者是無過與不及，但兩者都表示了，賢者不單單是人的知識，而是有智慧與德行的人，行事為人處於中和之道，所以，賢者是包含了德性之意義。所以不肖者，亦不單是指其知識的不肖，亦指其人之德行品格之不肖，而《孟子》之意，是父兄對後輩的教導，父兄是賢者，就要負起教導後輩的責任，不應以弟子不賢就撒手不管，這樣就會賢與不肖相去甚遠。所以，《孟子》這裏的「不肖」者是指德行與人品都不肖的人，廣義來說，《中庸》與《離婁下》第七章所講的「不肖」，意義是有相通之處，《中庸》的「不肖」指不像孔子的德行，《離婁下》的「不肖」是指人的一般德行。但狹義而言，兩者所講的「不肖」有基本上的差異。理雅各對兩者的理解都不夠深度，沒有理解其中的差異。

（八）

理氏引《中庸》之「道」解《孟子》「夫道一而已」之道。是訓詁學之研讀。《滕文公》上第一章第三節：「孟子曰：『世子疑吾言乎？夫道一而已矣。』」〔註 503〕

理雅各《孟子》英譯本注謂：

> 道一而已——道 seems here to be used as in the *Chung Yung*, i. I, - "an accordance with this nature is called the Path," but viewed here more in the consummation of high sageship and distinction to which it leads, which may be reached by treading it, and which can be reached in no other way.〔註 504〕

理氏意謂，道一而已之道，就像《中庸》第一章第一節的「率性之謂道」

〔註 502〕〔宋〕朱熹：《四書集註·孟子集註》，影印怡府藏版，第四卷，第二十頁。

〔註 503〕《孟子注疏》，北京：中華書局影印〔清〕阮元刻《十三經注疏》本，第五卷上，第一頁，總第五冊，第 5874 頁。

〔註 504〕James Legge, *The Works of Mencius*, p.234~235.

的道。但《中庸》這裏更有完美的聖人之道，藉道而走向更高理想，靠實踐而至於道，無其他方法可至於道。

茲引《中庸》第一章第一節：「天命之謂性，率性之謂道，修道之謂教。」〔註 505〕朱熹《四書集註・中庸章句》云：

> 命，猶令也。性即理也。天以陰陽五行化生萬物，氣以成形，而理亦賦焉，猶命令也。於是人物之生，因各得其所賦之理，以為健順五常之德，所謂性也。率，循也。道，猶路也。人物各循其性之自然，則其日用事物之間，莫不各有當行之路，是則所謂道也。修，品節之也。性道雖同，而氣稟或異，故不能無過不及之差，聖人因人物之所當行者而品節之，以為法於天下，則謂之教，若禮、樂、刑、政之屬是也。蓋人知己之有性，而不知其出於天。知事之有道，而不知其由於性。知聖人之有教，而不知其因吾之所固有者裁之也。故子思於此首發明之，而董子所謂道之大原出於天，亦此意也。
>
> 道者，日用事物當行之理，皆性之德而具於心，無物不有，無時不然，所以不可須臾離也。若其可離，則豈率性之謂哉。是以君子之心常存敬畏，雖不見聞，亦不敢忽，所以存天理之本然，而不使離於須臾之頃也。〔註 506〕

從朱熹之解釋，《中庸》之道，是一形而上之道，不可見，不可聞，但又存在於人世間萬事萬物之中，更重要者是存於人心之內，人只要各循其性之自然，就會有當行之道，是故，道雖是形而上之道，但又是可實踐實行之道。

但《孟子・滕文公上》之「道」，是甚麼道，需要把其上文一併來看，才可以知道《孟子》之意。《孟子・滕文公上》云：「滕文公為世子，將之楚，過宋而見孟子。孟子道性善，言必稱堯舜。世子自楚反，復見孟子。孟子曰：『世子疑吾言乎？夫道一而已矣。』」〔註 507〕《孟子》此段經文，有兩個「道」，第一個「道」，趙岐與朱熹都解作「說話」，趙岐《孟子注》云：

〔註 505〕《禮記正義》，北京：中華書局影印〔清〕阮元刻《十三經注疏》本，第五十二卷，第一頁，總第三冊，第 3527 頁。〔宋〕朱熹：《四書集註・中庸章句》，影印怡府藏版，第一頁。

〔註 506〕〔宋〕朱熹：《四書集註・中庸章句》，影印怡府藏版，第一至二頁。

〔註 507〕《孟子注疏》，北京：中華書局影印〔清〕阮元刻《十三經注疏》本，第五卷上，第一頁，總第五冊，第 5874 頁。

> 文公為世子，使於楚，而過宋。孟子時在宋，與相見也。滕侯，周文王之後也，古紀世本，錄諸侯之世，滕國有考公麋與文公之父定公相直，其子云公弘與文公相直，似後世避諱，改考公為定公，以元公行文德，故謂之文公也。孟子與世子言，人生皆有善性，但當充而用之耳。又言堯舜之治天下，不失仁義之道，故勉世子。〔註 508〕

朱熹《四書集註．孟子集註》云：

> 世子，太子也。道，言也。性者，人之所稟受於天以生之理也，渾然至善，未嘗有惡，人與堯舜初無小異，但眾汩於私欲而失之，堯舜則無私欲之蔽，而充其性矣。故孟子與世子言，每道性善，而必稱堯舜以實之，欲其知仁義不假外求，聖人可學而至，而不懈於用力也。門人不能悉記其辭，而其大旨如此。程子曰：性即理也，天下之理，原其所自，未有不善，喜怒哀樂未發，何嘗不善，發而中節，即無往而不善，發不中節，然後為不善，故凡言善惡，皆先善而後惡，言吉凶皆先吉而後凶，言是非皆先是而後非。〔註 509〕

朱熹在此解說孟子論性善之說頗為詳細，但是「道性善」之「道」，並沒有混淆於形而上之「善道」，而且「道性善」之「道」解作言說，將《孟子》此段的意思解得相當通順。

至於第二個「道」，即是「道一而已」之道，趙岐《孟子注》云：「世子疑吾言有不盡乎，天下之道一而已。惟有行善耳，復何疑邪。」〔註 510〕趙岐解此「道」字，就是善道，是含有形而上之道的意味。而朱熹《四書集註．孟子集註》云：「時人不知性之本善，而以賢為不可企及，故世子於孟子之言不能無疑，而復來求見。蓋恐別有卑近易行之說也，孟子知之，故但告之如此，以明古今聖愚，本同一性，前已盡，無復有他說也。」〔註 511〕朱熹沒有明確解釋「道一而已」之道，但已暗示此道就是性善之道。

《孟子．公孫丑上》第一章整段經文而言，「道一而已」之道是與其上文「孟子道性善，言必稱堯舜」之言是相對照的。如此說來，《孟子》所講「道

〔註 508〕《孟子注疏》，北京：中華書局影印〔清〕阮元刻《十三經注疏》本，第五卷上，第一頁，總第五冊，第 5874 頁。

〔註 509〕〔宋〕朱熹：《四書集註．孟子集註》，影印怡府藏版，第三卷，第一頁。

〔註 510〕《孟子注疏》，北京：中華書局影印〔清〕阮元刻《十三經注疏》本，第五卷上，第一頁，總第五冊，第 5874 頁。

〔註 511〕〔宋〕朱熹：《四書集註．孟子集註》，影印怡府藏版，第三卷，第一頁。

一而已」之道，應該就是性善之道，然而性善之道是有些可以遵循之處，就是彷效堯舜，最低限度，孟子都認為堯舜是其中一個性善的榜樣。傅佩榮《孟子新解》云：「孟子談論人性善良的道理，句句都要提到堯舜。」〔註512〕但是在當時的人來說，堯舜高高在上之地位，對滕文公而言，學堯舜之言是太難了，所以孟子對滕文公解釋，天下之「道」都是一樣，現代人與堯舜所行之道都是一樣，正如他在下文所言「顏淵曰：『舜，何人也？予，何人也？有為者亦若是。』」〔註513〕說明了孟子所強調的，是所有人都可以實踐著同一的性善之道。堯舜之言可學，亦可行。如此而言，《孟子》所講的「道一而已」是一兼有形上與形下而言之道。形而上者，由堯舜以至於庶人，不分歷史空間與時代之差異，都是此一「道」；形而下者，此一道必須藉彷效與實踐而使善性彰顯出來，堯舜如是，今世之人亦如是。

《孟子》「道一而已」之道，與《中庸》「率性之謂道」有不同亦有相同之處。《中庸》之道，是一廣義性之道，存在於人的生命、行為、以至天地物之中。而《孟子》之道，是狹義性的「性善之道」，比較注重人性化之道，注重實踐之道。而其相同之處，《中庸》之道與《孟子》之道，都是可以使人發揮性善之道。

（九）

理氏引《中庸》之道解釋《孟子》之道。《離婁上》第十一章：「孟子曰：『道在邇而求諸遠；事在易而求諸難。人人親其親、長其長，而天下平。』」〔註514〕

理雅各《孟子》英譯本注謂：「道，—— as in the *Chung Yung*, i. I.」〔註515〕理氏意謂，「道」即是《中庸》第一章第一節的「道」。

《中庸》第一章第一節：「天命之謂性，率性之謂道，修道之謂教。」〔註516〕《中庸》之道的解說，參上文第8點。

〔註512〕傅佩榮：《孟子新解》，上冊，第223頁。

〔註513〕《孟子注疏》，北京：中華書局影印〔清〕阮元刻《十三經注疏》本，第五卷上，第二頁，總第五冊，第5874頁。

〔註514〕《孟子注疏》，北京：中華書局影印〔清〕阮元刻《十三經注疏》本，第七卷下，第二頁，總第五冊，第5918頁。

〔註515〕James Legge, *The Works of Mencius*, p.302.

〔註516〕《禮記正義》，北京：中華書局影印〔清〕阮元刻《十三經注疏》本，第五十二卷，第一頁，總第三冊，第3527頁。〔宋〕朱熹：《四書集註·中庸章句》，影印怡府藏版，第一頁。

而《孟子・離婁上》所講之「道」，茲參看不同之註解，以了解其意義。趙岐《孟子注》云：「道在近而患人求之遠也。事在易而患人求之難也。謂不親其親以事其長，故其事遠而難也。」〔註517〕朱熹《四書集註・孟子集註》：「親長在人為甚邇。親之長之在人為甚易，而道初不外是也。舍此而他求，則遠且難而反失之。但人人各有親其親，各長其長，則天下自平矣。」〔註518〕趙、朱二人都是以人事之道的方向解釋此章的《孟子》之道，是使天下太平之道，並不像《中庸》具有濃厚的形而上之道。

如果《孟子》此章只是「道在近而患人求之遠也」一句，將之看作《中庸》之道也可以說得通。但《離婁上》此章的「道」，需要參照其下文才可以理解，趙、朱二人以人事之道解釋《離婁》此「道」，正合乎《孟子》之意，「道在邇」與「事在易」的意義是可以互相發明，孟子所講者乃是人事之道以至天下太平之道。天下太平之道，不須遠求，只需要從親愛自己的父母、尊敬自己的長輩開始。〔註519〕是實踐性意義，而非只談心性理想的意義，焦循《孟子正義》謂：

> 自首章言平治天下必因先王之道，行先王之法，反復申明，歸之於居仁由義。何為仁，親親是也。何為義，敬長是也。道，即平天下之道也。事，即平天下之事也。指之以在邇在易，要之以其親其長。親其親，則不致於無父，長其長，則不致於無君。堯舜之道，孝弟而已。其為人也孝弟，犯上作亂未之有也。舍此而高談心性，辨別理欲，所謂求諸遠，求諸難也。〔註520〕

這是與孟子一貫提倡的仁政思想相吻合的政治思想，行仁是始於親親與敬長，是近在身邊的事，能親親敬長，仁道已在其中，仁道也就是治道的核心，故此，仁道就是使天下太平之道。此道與《中庸》之道相差頗遠，理氏用《中庸》之道解釋孟子之道，經常不理會《孟子》的上下文，不能針對性的剖析《孟子》在不同經文所講的「道」的含意，只能表面化的理解《孟子》，不能深入肌理地研究《孟子》的思想。

〔註517〕《孟子注疏》，北京：中華書局影印〔清〕阮元刻《十三經注疏》本，第七卷下，第二至三頁，總第五冊，第5918～5919頁。

〔註518〕〔宋〕朱熹：《四書集註・孟子集註》，影印怡府藏版，第四卷，第九頁。

〔註519〕楊伯峻：《孟子譯注》，上冊，第172頁。

〔註520〕〔清〕焦循：《孟子正義》，北京：中華書局，上冊，第508頁。

（十）

理氏引用《中庸》解釋《離婁上》第十二章的「誠」對政治與人際關係的影響。《孟子・離婁上》第十二章云：

> 孟子曰：「居下位而不獲於上，民不可得而治也。獲於上有道，不信於友，弗獲於上矣。信於友有道，事親弗悅，弗信於友矣。悅親有道，反身不誠，不悅於親矣。誠身有道，不明乎善，不誠其身矣。是故誠者，天之道也。思誠者，人之道也。至誠而不動者，未之有也。不誠，未有能動者也。」〔註 521〕

理雅各《孟子》英譯本注謂：

> The great work of men should be to strive to attain perfect sincerity. See the *Chung Yung*, xx. Pars. 17, 18, which are here substantially quoted. As the twentieth chapter of the *Chung Yung*, however, is found also in the "Family Sayings," *Mencius* may have had that, or the fragmentary memorabilia of Confucius, from which it is compiled, before him, and not the *Chung Yung*.〔註 522〕

理氏之意是，人的偉大工作就是努力達到至誠，參考《中庸》第二十章第17～18節，這是《孟子》這裏大量引用的，就如《中庸》第二十章，同樣可以在《家語》（*Family Sayings*）中找到，《孟子》可能有這些資料，也可能是孔子言行的片斷紀錄，《孟子》藉這些已有的資料輯錄而成此章，也許不是出自《中庸》。

理氏所講，涉及《中庸》與《孔子家語》的成書年代，這個問題雖然沒有一致公認的定論，但大多數都認為《禮記・中庸》是成書於秦漢之間，姜義華：《新譯禮記讀本・中庸》解題云：

> 朱熹《中庸章句》引《史記・孔子世家》已說子思作《中庸》。本篇為孔門子思一派的著作當無疑義。因文中有「今天下車同軌，書同文，行同倫」之文，學者或以為該篇成書於秦統一以後。亦有學者將《中庸》各章細分，以為首章是《樂經》片段；以下「仲尼曰」、「子曰」各章，當是《中庸》原文；「自誠明」以下各章當取自

〔註 521〕《孟子注疏》，北京：中華書局影印〔清〕阮元刻《十三經注疏》本，第七卷下，第三頁，總第五冊，第 5919 頁。

〔註 522〕James Legge, *The Works of Mencius*, p.302~303.

《漢書．藝文志》所著錄的《中庸說》，較為可信。〔註523〕

而《孔子家語》一書的成書年代，學者大多認為此書是魏人王肅所編纂，但亦有學者主張這本書是先秦時代作品。二書的成書年代，不是本書研究的範圍。朱熹《四書集註．孟子集註》則認為此段是孟子從子思得來的，其云：「此章述《中庸》孔子之言，見思誠為修身之本，而明善又為思誠之本，乃子思所聞於曾子，而孟子所受乎子思者，與《大學》相表裏，學者宜潛心焉。」〔註524〕

現在只能論說《中庸》第二十章第十七至十八節與《孟子．離婁》上第十二章思想上的關連。先引述《中庸》第二十章第十七至十八節云：

> 在下位不獲乎上，民不可得而治矣；獲乎上有道：不信乎朋友，不獲乎上矣；信乎朋友有道：不順乎親，不信乎朋友矣；順乎親有道：反諸身不誠，不順乎親矣；誠身有道：不明乎善，不誠乎身矣。誠者，天之道也；誠之者，人之道也。誠者不勉而中，不思而得，從容中道，聖人也！誠之者，擇善而固執之者也。〔註525〕

勞思光《大學中庸譯注新編》云：「『不獲乎上』：即不得於上位者。」〔註526〕又云：

> 「不信乎朋友，不獲乎上矣。」：這是說，人必在同列中為人所信，方能得在上位者的信任。「不順乎親，不信乎朋友矣。」即是說：人若不能使父母安樂，則不能為朋友所信。「順」是「安樂」之意。「反諸身不誠」：即是說自己對自己不真誠；如此，亦不能誠意侍親。「不明乎善，不誠乎身矣。」：自己要能對自己真誠（即「毋自欺」），必須先有價值上的覺悟（即「明乎善」）。所以說：「不明善，不誠乎身矣。」〔註527〕

《中庸》之意，是講一連串的人際關係與「誠」的關係。職位低下的官員需要得上級的官員乃至國君的支持，才可有效治理百姓。獲得在上位者支持的條件，就是要得到朋友信任。要得到朋友的信任的條件，是孝順雙親。孝順雙

〔註523〕姜義華：《新譯禮記讀本》，第737頁。
〔註524〕〔宋〕朱熹：《四書集註．孟子集註》，影印怡府藏版，第四卷，第十一頁。
〔註525〕《禮記正義》，北京：中華書局影印〔清〕阮元刻《十三經注疏》本，第五十三卷，第一頁，總第三冊，第3542頁。〔宋〕朱熹：《四書集註．中庸章句》，影印怡府藏版，第十八至十九頁。
〔註526〕勞思光著，黃慧英編：《大學中庸譯註新編》，第69頁。
〔註527〕勞思光著，黃慧英編：《大學中庸譯註新編》，第78頁。

親的條件，是要反觀自己是不是誠心誠意。自己誠心誠意的條件，是明白什麼是善。誠是天地的本性，求誠就是人的本性。」〔註 528〕

《孟子·離婁上》第十二章此段經文，也是注重人際關係與「誠」的關係，在下位的人要治理好百姓，先要得上級的信任。得到上級的信任的方法是先要得到朋友的信任，得到朋友相信的方法是先使到父母高興，使父母高興的方法是自己誠心誠意，使自己誠心誠意的方法是要明白什麼是善。誠是自然的規律，追求誠是做人的規律〔註 529〕《孟子》也是強調得上司的信任，獲朋友的支持，孝順雙親，都是人道，這些人道都是與個人求誠有關，趙岐《孟子注》：「授人誠善之性者，天也。思行其誠，以奉天者，人也。」〔註 530〕這些做人的規則，是可以藉追求，也即是藉學習而達到的。這是《中庸》與《孟子》相同之處。

若單單是比較這兩段文字，《中庸》的「在下位不獲乎上……誠者，天之道也；誠之者，人之道也。」與《孟子·離婁上》第十二章的「居下位而不獲於上……是故誠者，天之道也。思誠者，人之道也。」意義相差不遠，可能兩者都是同一個資料來源。《中庸》此段經文是說，誠是天道，人需要盡力學此天道之誠，孔穎達《禮記正義》云：「言人能勉力學此至誠，是人道也。不學則不得，故云人道。」〔註 531〕得上司的信任，獲朋友的支持，孝順雙親，都是人道，這些人道都是與個人求誠有關，求誠就是追求至善，而此「誠」是天道，是至善的，人應該追求誠，學此至誠。

但是兩者的最後一段經文相差頗遠，《中庸》：「誠者不勉而中，不思而得，從容中道，聖人也！誠之者，擇善而固執之者也。」此段是解說，只有聖人才可以不需從學習而與天道至誠相通，其他人就必須透過學習，勉力而行才可以去到誠之境界，朱熹《四書集註·中庸章句》云：

> 聖人之德，渾然天理，真實無妄，不待思勉而從容中道，則亦天之道也。未至於聖，則不能無人欲之私，而其為德不能皆實。故未能不思而得，則必擇善，然後可以明善；未能不勉而中，則必固執，然

〔註 528〕姜義華：《新譯禮記讀本》，第 753 頁。

〔註 529〕楊伯峻：《孟子譯注》，上冊，第 173～174 頁。

〔註 530〕《孟子注疏》，北京：中華書局影印〔清〕阮元刻《十三經注疏》本，第七卷上，第三頁，總第五冊，第 5910 頁。

〔註 531〕《禮記正義》，北京：中華書局影印〔清〕阮元刻《十三經注疏》本，第五十三卷，第一至二頁，總第三冊，第 3542 頁。

後可以誠身，此則所謂人之道也。不思而得，生知也。不勉而中，安行也。擇善，學知以下之事。固執，利行以下之事也。〔註 532〕

勞思光《大學中庸譯註新編》謂：

「誠者，不勉而中，不思而得」：這是就「圓滿」的主體境界來說「誠」；在如此主體境界中，在在如理，所以不用勉力以求，亦總是合理；不用去思考探索，理分自合。「誠之者，擇善而固執之者也」：這是就功夫未至圓滿之境的段落說。在求如理的歷程中，人祇能作價值判斷而極力堅持；「固執」即「堅持」之意。〔註 533〕

朱熹對《中庸》此段經文分析，把人分作聖人與平凡人，只有聖人可以不學而合乎天道之誠。勞思光則以個人修養境界來解說《中庸》此章，未達至聖境的時候，是要堅持修養功夫，達到了聖境，則可不需思索而合乎中道。兩者都有道理，但按《論語》所載：「子曰：『性相近也，習相遠也。』子曰：『唯上知與下愚不移。』」〔註 534〕朱熹之說較符合儒家整體思想。但用勞氏之說解《中庸》的修身功夫亦通。

《禮記・中庸》在此段並沒有指出其追求天道之誠的目的，而朱熹將此段置於第二十章：「哀公問政」〔註 535〕之下。所以這段《中庸》經文的目的是講追求天道至誠與從事政治，管理國家或地方的關係，但其意義仍是注重於修身。

至於《孟子・離婁上》第十二章此段經文之最末尾幾句「至誠而不動者，未之有也。不誠，未有能動者也。」這是《孟子》與《中庸》的最大分別，《中庸》認為聖人可以不勉而中道，但《孟子》的一貫思想是人皆可以為堯舜，〔註 536〕在孟子的心目中堯舜禹湯都是聖人〔註 537〕，孟子的一貫思想就是人皆可以為聖人。蔡仁厚《孔孟荀哲學》云：「一是通過人禽之辨，指點『仁義』是人之所以為人的根本。二是說明善心善性乃天生本具，是人皆有之的。三是

〔註 532〕〔宋〕朱熹：《四書集註・中庸章句》，影印怡府藏版，第十九頁。

〔註 533〕勞思光著，黃慧英編：《大學中庸譯註新編》，第 79 頁。

〔註 534〕《論語注疏》，北京：中華書局影印〔清〕阮元刻《十三經注疏》本，第十七卷，第二頁，總第五冊，第 5484 頁。

〔註 535〕〔宋〕朱熹：《四書集註・中庸章句》，影印怡府藏版，第十五頁。

〔註 536〕《孟子注疏》，北京：中華書局影印〔清〕阮元刻《十三經注疏》本，第十二卷上，第三頁，總第五冊，第 5996 頁。

〔註 537〕《孟子注疏》，北京：中華書局影印〔清〕阮元刻《十三經注疏》本，第九卷下，第六頁，總第五冊，第 5956 頁。

說明人心有同然，故人皆可以為聖賢。」〔註538〕所以聖人不是天生的。《孟子·盡心下》第二十三章云：「仁之於父子也，義之於君臣也，禮之於賓主也，知之於賢者也，聖人之於天道也；命也，有性焉，君子不謂命也。」〔註539〕做聖人是人的才性可以達到的，不是命運的安排而不能得的。〔註540〕《孟子》的聖人之道，就是藉學習、行為、修養就可以達到聖人的境界。這是《孟子》與《中庸》的最大不同。

其次，孟子此段顯然也是有政治動機，但是卻注重在行事的層面上。目的是「動」，趙岐認為《孟子》此段是講至誠則可以動物，《孟子注》云：「至誠則動金石。」〔註541〕焦循《孟子正義》云：

> 《呂氏春秋·精通篇》：「鍾子期夜聞擊磬者而悲，歎嗟曰：悲夫悲夫！心非臂也，臂非椎非石也，悲存乎心，而木石應之。故君子誠乎此而諭乎彼，感乎己而發乎人。」又《具備篇》云：「誠有誠乃合於情，精有精乃通於天，木石之性，皆可動也。又況於有血氣者乎！故凡說與治之務莫若誠。」〔註542〕

動金石者，應該都是比喻之意，《孟子》的至誠，目的就是感動人，「極端誠心而不能使別人感動的，是天下不曾有過的事，不誠心沒有能感動別人的。」〔註543〕在此段的政治思想而言，為政者的最高目的就是可以感動人心，人心能感動，就自然會支持君王施政。《中庸》與《孟子》同樣強調「誠」對君主施政以及人倫關係的影響，理氏引用《中庸》這段文字解釋《孟子》可算適當。

（十一）

理氏引《中庸》解釋《孟子·離婁下》第十章：「孟子曰：『仲尼不為已甚者。』」〔註544〕

〔註538〕蔡仁厚：《孔孟荀哲學》，臺北：學生書局，1985年，第195頁。

〔註539〕《孟子注疏》，北京：中華書局影印〔清〕阮元刻《十三經注疏》本，第十四卷上，第十二頁，總第五冊，第6039頁。

〔註540〕《孟子注疏》，北京：中華書局影印〔清〕阮元刻《十三經注疏》本，第十四卷上，第十二頁，總第五冊，第6039頁。

〔註541〕《孟子注疏》，北京：中華書局影印〔清〕阮元刻《十三經注疏》本，第七卷下，第三頁，總第五冊，第5919頁。

〔註542〕〔清〕焦循：《孟子正義》，北京：中華書局，上冊，第511頁。

〔註543〕楊伯峻：《孟子譯注》，上冊，第174頁。

〔註544〕《孟子注疏》，北京：中華書局影印〔清〕阮元刻《十三經注疏》本，第八卷上，第七頁，總第五冊，第5930頁。

理雅各《孟子》英譯本注謂：

> 已甚者—— i. e. “excessive things,” but “extraordinary” rather approaches the meaning. It may strike the student that the meaning is —— “Confucius’s inaction (= slowness to act) was excessive,” but in that case we should have had 矣, and not 者, at the end. We may compare with the sentiment the *Doctrine of the Mean*, xi. Xiii.〔註 545〕

理氏之意是，「已甚者」，是過分的事，但解「非常」會與《孟子》的意思更貼切，如果解作「孔子對事情反應緩慢就是過份」會使學生奇怪，但這樣解釋會用「矣」在句子最後，可以比較《中庸》第十一章第十三節的意思。

茲引《中庸》第十一章十三節云：「子曰：『素隱行怪，後世有述焉，吾弗為之矣。君子遵道而行，半塗而廢，吾弗能已矣。君子依乎中庸，遯世不見知而不悔，唯聖者能之。』」〔註 546〕鄭玄《禮記注》云：「素讀如攻城攻其傃之傃。傃猶鄉也。言方鄉辟害，隱身而行詭譎，以作後世名也。弗為之矣，恥之也。廢猶罷止也。弗能已矣，汲汲行道而為時人之隱行。言隱者當如此也，唯舜為能如此。」〔註 547〕姜義華《新譯禮記讀本》云：「素通傃，嚮往。述，稱道。已，止。遯，『遁』的異體字，本又作『遁』。」〔註 548〕勞思光：《大學中庸譯註新編》云：

> 「素」：應作「索」；朱子《章句》：「素，按《漢書》當作索，蓋字之誤也。」索隱即搜索隱僻之事。行怪：即是作詭異的行動。「後世有述焉」：即是說後世也有稱述他們的。「遵道而行，半塗而廢」：意思說開始循道而行，但到了半路上卻停止了。「遵」即「依循」之意；「塗」與「途」同。「吾弗能已矣」：「已」即是停止；孔子自己說：「我則不能在半路上停止。」「君子依乎中庸」：即是說有德者循正常之道而行。「遯世不見知而不悔」：這是借用《易經．乾文言》「遯世无悶」，不見是而无悶的話。即是說，君子不求於人，

〔註 545〕James Legge, *The Works of Mencius*, p.321.

〔註 546〕《禮記正義》，北京：中華書局影印〔清〕阮元刻《十三經注疏》本，第五十二卷，第六至七頁，總第三冊，第 3529～3530 頁。〔宋〕朱熹：《四書集註．中庸章句》，影印怡府藏版，第六至七頁。

〔註 547〕《禮記正義》，北京：中華書局影印〔清〕阮元刻《十三經注疏》本，第五十二卷，第六至七頁，總第三冊，第 3530～3531 頁。

〔註 548〕姜義華：《新譯禮記讀本》，第 742 頁。

祇求自己如理；所以即使離開社會而不為人所知，也不覺得後悔。〔註 549〕

勞氏以「搜索」解「素」，與「嚮往」並沒有矛盾，因為有嚮往才會去搜索。

若果照理氏的意思，用《中庸》此段解釋《孟子》：「仲尼不為已甚者。」就表示孟子認為孔子不會做一些奇言怪行來博取名聲。這個解釋，從大體上來說，是趙岐之說的引伸。趙岐《孟子注》云：「正斯可矣，故不欲為已甚泰過也。」〔註 550〕跟從趙岐之說者，有焦循《孟子正義》，其云：

> 郝敬子《孟子說解》云：「孟子不見諸侯，而齊、梁好士，未嘗不往。仕不受祿，而宋、薛之餽，未嘗不受。道不苟合，而不為小丈夫之悻怒，故去齊三宿。廉不苟取，而不為陳仲子之矯情，故交際不辭。匡章得罪於父，不以人言而不加禮貌。夷之受學於墨，不以異端而吝其教誨。其告君也，園囿亦可，臺池鳥獸亦可，好貨好色亦可，故曰人不足責，政不足間，惟格君心之非而已。是故以臧倉之謗，不遇於魯，而未怨其沮己。以王驩之佞倖，出弔於滕，而未嘗不與之朝暮。雖不悅於公行子之家，而從容片辭，嫌疑立解。宛然若孔子待陽貨、公伯寮氣象，豈非願學之深，有得於溫良恭儉讓之遺範者歟？是故以伯夷為隘，柳下惠為不恭，以仲尼為不為已甚，其所向慕可知。而世儒猶謂其鋒鋩太露，何歟？」〔註 551〕

趙岐、焦循、理雅各的講法亦符合《中庸》的意思。但將「仲尼不為已甚者」解作孔子行事恰如其分，比較符合世情。

朱熹《四書集註．孟子集註》云：「已，猶太也。楊氏曰：『言聖人所為，本分之外，不加毫末，非孟子真知孔子，不能以是稱之。』」〔註 552〕朱熹的解釋，是說人各有本份，聖人就是按本份行事，《論語．泰伯》第十四章：「子曰：「不在其位，不謀其政。」〔註 553〕《論語．憲問》第二十七章：「子曰：

〔註 549〕勞思光著，黃慧英編：《大學中庸譯註新編》，第 53 頁。

〔註 550〕《孟子注疏》，北京：中華書局影印〔清〕阮元刻《十三經注疏》本，第八卷上，第七頁，總第五冊，第 5930 頁。

〔註 551〕〔清〕焦循：《孟子正義》，北京：中華書局，下冊，第 554 頁。

〔註 552〕〔宋〕朱熹：《四書集註．孟子集註》，影印怡府藏版，第四卷，第二十頁。

〔註 553〕《論語注疏》，北京：中華書局影印〔清〕阮元刻《十三經注疏》本，第八卷，第五頁，總第五冊，第 5402 頁。

『不在其位，不謀其政』。曾子曰：『君子思不出其位。』」〔註 554〕可見孔子是注重位份之人，君子按其位份作事，《中庸》第十三章亦有這個思想，其云：「君子素其位而行，不願乎其外。素富貴，行乎富貴；素貧賤，行乎貧賤；素夷狄，行乎夷狄；素患難，行乎患難：君子無入而不自得焉。」〔註 555〕「素其位而行」即是「守著本來的位分來行事」。〔註 556〕故此，《孟子》「仲尼不為已甚者」應該解作「君子素其位而行。」凡事按其位份與身份而行，其所思所想不越出其位份，這是從實用意義解釋《孟子》此句，亦可反映孟子對孔子的理解。

（十二）

理氏引《中庸》解釋《孟子》的「斯須」。《告子上》第五章第四節：「庸敬在兄，斯須之敬在鄉人。」〔註 557〕

理雅各《孟子》英譯本注謂：「斯須＝暫時；compare the『*Doctrine of the Mean,*』i. 2.」〔註 558〕理氏意謂，斯須等於暫時，比較《中庸》第一章第二節。

茲引述《中庸》第一章云：「道也者，不可須臾離也，可離非道也。」〔註 559〕

「須臾」即「斯須」。《禮記·祭義》：「禮樂不可斯須去身。」〔註 560〕鄭玄《禮記注》云：「斯須，猶須臾也。」〔註 561〕朱熹《四書集註·孟子集註》解《告子上》第五章云：「庸，常也。斯須，暫時也。」〔註 562〕故此，斯須、須臾都是短暫的意思。

〔註 554〕《論語注疏》，北京：中華書局影印〔清〕阮元刻《十三經注疏》本，第十四卷，第十二頁，總第五冊，第 5458 頁。

〔註 555〕《禮記正義》，北京：中華書局影印〔清〕阮元刻《十三經注疏》本，第五十二卷，第九頁，總第三冊，第 3531 頁。〔宋〕朱熹：《四書集註·中庸章句》，影印怡府藏版，第十頁。

〔註 556〕勞思光著，黃慧英編：《大學中庸譯註新編》，第 59 頁。

〔註 557〕《孟子注疏》，北京：中華書局影印〔清〕阮元刻《十三經注疏》本，第十一卷上，第五至六頁，總第五冊，第 5980 頁。

〔註 558〕James Legge, *The Works of Mencius*, p.400.

〔註 559〕《禮記正義》，北京：中華書局影印〔清〕阮元刻《十三經注疏》本，第五十二卷，第一頁，總第三冊，第 3527 頁。〔宋〕朱熹：《四書集註·中庸章句》，影印怡府藏版，第一至二頁。

〔註 560〕《禮記正義》，北京：中華書局影印〔清〕阮元刻《十三經注疏》本，第四十八卷，第三頁，總第三冊，第 3468 頁。

〔註 561〕《禮記正義》，北京：中華書局影印〔清〕阮元刻《十三經注疏》本，第四十八卷，第三頁，總第三冊，第 3468 頁。

〔註 562〕〔宋〕朱熹：《四書集註·孟子集註》，影印怡府藏版，第六卷，第四頁。

姜義華《新譯禮記讀本》語譯《中庸》「須臾」作：「片刻」。〔註 563〕楊伯峻《孟子譯注》語譯《告子上》第五章「斯須」作：「暫時」。〔註 564〕都是把須臾、斯須解作片刻、暫時。

在這個意義上來說《中庸》的「須臾」與《孟子》的「斯須」並無分別，都可解作片刻、暫時、短暫的意思。但兩者在運用時就表達了不同的思想。《中庸》是指人不能片刻離開「道」，朱熹《四書集註．中庸章句》云：「道者，日用事物當行之理，皆性之德而具於心，無物不有，無時不然，所以不可須臾離也。」〔註 565〕而《孟子》就表示出一種因時制宜、通變之權的思想。理氏並沒有注意其中的細微差異。

（十三）

理氏引《中庸》解釋《孟子》的人性觀。《告子上》第十五章：

> 公都子問曰：「鈞是人也，或為大人，或為小人，何也？」孟子曰：「從其大體為大人，從其小體為小人。」曰：「鈞是人也，或從其大體，或從其小體，何也？」曰：「耳目之官不思，而蔽於物。物交物，則引之而已矣。心之官則思；思則得之，不思則不得也。此天之所與我者，先立乎其大者，則其小者不能奪也。此為大人而已矣。」〔註 566〕

理雅各《孟子》英譯本注謂：

> His saying that the nature of man is good may be reconciled with the doctrines of evangelical Christianity, but his views of human nature as a whole are open to the three objections stated in the note to the twenty-first chapter of the *Chung Yung*.〔註 567〕

理氏意謂，孟子說人性善應該與基督教福音派的教義一致，但其將人性看作一整體，就受到《中庸》第二十一章註的三個反對意見的批評。

茲先引述《中庸》第二十一章如下：「自誠明，謂之性；自明誠，謂之教。

〔註 563〕姜義華：《新譯禮記讀本》，第 738 頁。
〔註 564〕楊伯峻：《孟子譯注》，下冊，第 258 頁。
〔註 565〕〔宋〕朱熹：《四書集註．中庸章句》，影印怡府藏版，第二頁。
〔註 566〕《孟子注疏》，北京：中華書局影印〔清〕阮元刻《十三經注疏》本，第十二卷下，第九頁，總第五冊，第 6008 頁。
〔註 567〕James Legge, *The Works of Mencius*, p.418.

誠則明矣，明則誠矣。」〔註 568〕而理氏的三個反對意見，應該是他的《中庸》英譯本注解的講法，茲引述之云：

> Here, at the outset, I may observe that, in this portion of the Work, there are specially the three following dogmas, which are more than questionable: —— 1st, That there are some men —— Sages —— naturally in a state of moral perfection; 2nd, That the same moral perfection is attainable by others, in whom its development is impeded by their material organization, and the influence of external things; and 3rd, That the understanding of what is good will certainly lead to such moral perfection.〔註 569〕

理氏之意是，從這裏開始，我注意到，在這一部份，有三個特別的教義，是非常有問題的，第一，有些人是聖人，他們是自然地走向完美的道德。第二，同一個完美的道德其他人也可以達到，但這些的發展卻受到其自身的機能所阻，也受到外在的條件所影響。第三，有些人只要明白了甚麼是善，就會達到這個完美的道德。

理氏的看法，是用基督教的人性完美道德角度來看《中庸》與《孟子》這兩段經文，從這角度而言，人是無法自己走到完美的道德。現在先剖析《中庸》第廿一章及《孟子．告子上》第十五章的意思，再討論理氏的看法。

《中庸》第二十一章，朱熹《四書集註．中庸章句》謂：「自，由也。德無不實，而明無不照者。聖人之德，所性而有者也，天道也。先明乎善，而後能實其善者，賢人之學，由教而入者也，人道也。誠則無不明矣，明則可以至於誠矣。」〔註 570〕勞思光《大學中庸譯註新編》謂：

> 「自誠明」：這是就「實現」與「悟知」講；「誠」指本體意義的「圓滿」；「明」指功夫意義的「悟知」；「自誠明」即由「圓滿」返而建立「悟知」之事。「謂之性」：性即「本有」之義。「圓滿」中涵攝「悟知」，故是「本有的。」「誠則明矣，明則誠矣」：這是說本體

〔註 568〕《禮記正義》，北京：中華書局影印〔清〕阮元刻《十三經注疏》本，第五十三卷，第二頁，總第三冊，第 3542 頁。〔宋〕朱熹：《四書集註．中庸章句》，影印怡府藏版，第二十頁。

〔註 569〕James Legge, *The Doctrine of the Mean*, p.413~414.

〔註 570〕〔宋〕朱熹：《四書集註．中庸章句》，影印怡府藏版，第二十至二十一頁。

與功夫不離。〔註 571〕

勞氏雖然使用哲學語言解釋《中庸》此段經文，依然是朱熹一路下來的解釋，本體圓滿亦即本體自足，聖人可以本體圓滿，其天生的悟知建立了教化典範。一般人就按聖人傳下的典範而修養，本體便與功夫不離了。

聖人之有德行，是由其天性使然，這種天性流露而趨向聖人之道，就是「自誠明，謂之性」，其性是由天所賦予，天道潛藏在其心中，啟發其仁道，這是不學而能，不學而行的聖人。但賢人就不是這樣，賢人之趨向完美德性，是由於教育而使然，「自明誠，謂之教。」需要有外在之善之存在，賢人就會學而致之。此天道之誠既存於人心中，有「誠」的人就會明白善道，明白善道的也就可以上達天道之「誠」了。錢穆云：

> 《中庸》上也說：「自誠明謂之性，自明誠謂之教。」自誠明，相當於《孟子》之所謂「性之。」自明誠，相當於《孟子》的所謂「反之。」那一性一反之間，天人交融，外內相發，明誠一體，便完成了人類的進化。人類只本著那天性，自然能尋向上去，走上進化的大道，所以說是性善了。捨卻這條路徑，人類亦別無進化之可能。〔註 572〕

《孟子》的「性之」就是天性存在於人的心目中，天道之標準存於人的心目中，無論人知與不知，此天性都潛藏在人的心目中，但聖人先得吾心之所同然，把這一天性之標準，此一「誠」流露出來，就成為人人所學習的標準。〔註 573〕「反之」就是反省，天道之誠在於人心中，亦即天道的標準存於人的內心，但因外面的力量、教育、環境使然，人只要一反省而見其天道之誠，覺得那標準正合我心所要求的一種趨向，那便是外部的規範與個人內心之天性結合。〔註 574〕

朱熹與錢穆都發揮了《中庸》的基本思想，就是強調人可藉潛藏於個人的天道之誠而使人向上奮發，可以達到與天地參，可以贊天地之化育之完美道德境界。無論是聖人或賢人，都可以達到此一境界。而《孟子》就比較強調賢人式的向上精神，藉教化使賢人成為聖人。

〔註 571〕勞思光著，黃慧英編：《大學中庸譯註新編》，第 81 頁。

〔註 572〕錢穆：《中國學術思想史論叢》，臺北：東大圖書公司，1980 年，第二冊，第 246 頁。

〔註 573〕錢穆：《中國學術思想史論叢》，第 244 頁。

〔註 574〕錢穆：《中國學術思想史論叢》，第 246 頁。

茲以《告子上》第十五章為例論之，此章是孟子與其學生公都子的對答，公都子不明白人有大人與小人的分別，若從孟子的整體思想來講，大人不是指身體高大，也不是指知識豐富，是指有德之人，如堯、舜、禹、文王、孔子之類。孟子指出，從其大體就是大人，從其小體就是小人，此「體」是有德性意義的體。趙岐《孟子注》云：「大體心思禮義，小體縱恣情慾。」〔註575〕朱熹《四書集註．孟子集註》跟趙岐之說云：「大體，心也。小體，耳目之類也。」〔註576〕至於人為甚麼有大體、小體的分別，就在於人如何使用其耳目之官，人的耳目之官思想善道，就會成為大人；相反，運用耳目之官於物質欲望，物欲障蔽了耳目之官，就會變成小人。所以，人必須要懂得立志，志於善道，就可以做大人，做賢人，聖人，趙岐《孟子注》云：

> 孟子曰，人有耳目之官，不思，故為物所蔽。官，精神所在也，謂人有五官六府。物，事也，利慾之事來交引其精神，心官不思善，故失其道而陷小人也。此乃天所與人情性，先立乎其大者，謂生而有善性也，小者情慾也，善勝惡則不能奪之而已矣。〔註577〕

朱熹《四書集註．孟子集註》云：

> 官之為言司也，耳司聽，目司視，各有所職而不能思。是以蔽於外物，既不能思而蔽於外物，則亦一物而已。又以外物交於此物，其引之而去不難矣。心則能思，而以思為職，凡事物之來，心得其職，則得其理，而物不能蔽，失其職，則不得其理，而物來蔽之。此三者，皆天之所以與我者，而心為大，若能有以立之，則事無不思，而耳目之欲不能奪之矣。此所以為大人也。然此天之此，舊本多作比，而趙注亦以比方釋之，今本既多作此，而注亦作此，乃未詳孰是。但作比方，於義為短，故且從今本云。〔註578〕

由此而言，孟子提倡的，是人立志於大體，發揮人的耳目之官的本能，思於善道，這都是人為的努力，而不是天生善就自然會走向善，而是藉由人的力

〔註575〕《孟子注疏》，北京：中華書局影印〔清〕阮元刻《十三經注疏》本，第十一卷下，第九頁，總第五冊，第5990頁。

〔註576〕〔宋〕朱熹：《四書集註．孟子集註》，影印怡府藏版，第六卷，第十四至十五頁。

〔註577〕《孟子注疏》，北京：中華書局影印〔清〕阮元刻《十三經注疏》本，第十一卷下，第九頁，總第五冊，第5990頁。

〔註578〕〔宋〕朱熹：《四書集註．孟子集註》，影印怡府藏版，第六卷，第十五頁。

量，此一力量從何而來，據孟子所強調趁民農閒之時推動文化教育的策略，可以合理的推想，《孟子》主張從教化著手，便可以幫人一步步走向善道而成為大人，成大人便需要人的努力去實踐，傅佩榮《孟子新解》云：

> 孟子把人分為身體與心理兩個層次，譬如，喜歡享受吃喝玩樂，這是身體的層次；想努力奮鬥、好好行善，這是心理的層次。一個人願意行善，並且長期這麼做，需要有一套明確的理解與信念，否則很難堅持下去。〔註 579〕

人需要藉一套明確的價值觀與及對此一價值觀有明確的理解，便需要從教化著手，所以，《孟子》所講的聖人，是近乎《中庸》的「自明誠為教」，此所以孟子認為人皆可以為堯舜，人皆可以為聖人，而可以與天地同流。孔子與孟子都是從人文界發揮天人合一的思想。〔註 580〕

理雅各否定了《孟子》與《中庸》的成聖方法。因為，《孟子》、《中庸》以致中國儒家整個成聖觀念，都認為是「本體自足」的，聖人固然可以藉天命之性而向上，率循此性而與天道相貫通。賢人雖然要藉教化的功能而向上推展，但也要賢人先立定心志，藉教化提醒其本體的善性而向上，藉著明確的理念與價值觀，實踐此一價值觀而向上與天道貫通合一。但理雅各原本是基督教的傳教士，基督教相信有一個至高無上的上帝存在，這位上帝創造了宇宙萬物，而人在萬物中是最獨特的，只有人可以與上帝直接溝通，人是按上帝形象被造的。《聖經．創世記》第一章第二十六節說：「上帝說，我們要照著我們的形象，按著我們的樣式造人。」〔註 581〕人比萬物的地位都要高，《聖經．詩篇》第八篇說：「你叫他比天使微小一點。」〔註 582〕人比天使的地位低一些，所以，在基督教的觀念中，人不能與至高者同等。此外，人因為始祖亞當犯罪的緣故，罪性就進入了人類世界。《聖經．羅馬書》第五章第十二節云：「這就如罪是從一人入了世界，死又是從罪來的，於是死就臨到眾人，因為眾人都犯了罪。」〔註 583〕所以，人在罪中的終極路向就是死亡，人若要脫離死亡，就要藉由耶穌基督的拯救。《聖經．約翰福音》第三章第十六節說：「上帝愛世人，甚至將他的獨生子賜給他們，叫一切信他的不致滅亡，反得

〔註 579〕傅佩榮：《孟子新解》，下冊，第 184 頁。
〔註 580〕錢穆：《中國學術思想史論叢》，第二冊，第 283 頁。
〔註 581〕《聖經》和合本，香港：聖經公會，第 2609 版，《舊約》，第 1 頁。
〔註 582〕《聖經》和合本，《舊約》，第 662 頁。
〔註 583〕《聖經》和合本，《新約》，第 214 頁。

永生。」〔註 584〕這是唯一可以使人脫離罪惡的途徑。《聖經・約翰福音》第三章第三十六節說：「信子的人有永生，不信子的人得不著永生。上帝的震怒常在他身上。」〔註 585〕《聖經・羅馬書》第六章第二十三節說：「因為罪的工價乃是死，惟有上帝的恩賜，在我們的主基督耶穌裏，乃是永生。」〔註 586〕基督教的教義強調，人是被上帝創造的，只有上帝才是人的價值根源，上帝是至善者，只有上帝滿足人的空虛心靈。〔註 587〕人在上帝面前，是軟弱無力的。周聯華《神學綱要》云：「信仰是一種『聖』的感覺，是經驗到上帝的宏偉、可怕、神祕、無可比擬、唯祂獨尊。而自己只能有恭敬、畏懼、依賴、軟弱、簡直是一無所有。」〔註 588〕基督教信仰注重人對上帝的信靠，人不是本體自足的，人要成聖就要靠耶穌基督的力量，人是靠這種從上而來的力量的幫助，才可以向上成聖，與本體自足的儒家思想完全是相對的，所以理雅各否定了《中庸》與《孟子》的成聖理念。

（十四）

理氏引用《中庸》解釋《孟子》的「命」。《盡心上》第一章第三節云：「殀壽不貳，修身以俟之，所以立命也。」〔註 589〕

理雅各《孟子》英譯本注謂：「命 is our nature, according to the opening words of the *Chung Yung*, ——天命之謂性。」〔註 590〕理氏意謂，根據《中庸》開始的說法——天命之謂性，命是我們的本性。

茲先引《中庸》開始的話：「天命之謂性，率性之謂道，修道之謂教。」〔註 591〕鄭玄《禮記注》云：「天命，謂天所命生人者也。是謂性命。」〔註 592〕孔穎達《禮記正義》云：

〔註 584〕《聖經》和合本，《新約》，第 128 頁。

〔註 585〕《聖經》和合本，《新約》，第 129 頁。

〔註 586〕《聖經》和合本，《新約》，第 216 頁。

〔註 587〕楊慶球：《會遇系統神學》，香港：中國神學研究院，2011 年，第 80 頁。

〔註 588〕周聯華：《神學綱要》，臺北：道聲出版社，1986 年，第 281 頁。

〔註 589〕《孟子注疏》，北京：中華書局影印〔清〕阮元刻《十三經注疏》本，第十三卷上，第二頁，總第五冊，第 6014 頁。

〔註 590〕James Legge, *The Works of Mencius*, p.449.

〔註 591〕《禮記正義》，北京：中華書局影印〔清〕阮元刻《十三經注疏》本，第五十二卷，第一頁，總第三冊，第 3527 頁。〔宋〕朱熹：《四書集註・中庸章句》，影印怡府藏版，第一頁。

〔註 592〕《禮記正義》，北京：中華書局影印〔清〕阮元刻《十三經注疏》本，第五十二卷，第一頁，總第三冊，第 3527 頁。

> 天命之謂性者，天本無體，亦無言語之命，但人感自然而生，有賢愚吉凶，若天之付命，遣使之然，故云「天命。」《老子》云：「道本無名，強名之曰道。」但人自然感生，有剛柔好惡，或仁、或義、或禮、或智、或信，是天性自然，故云謂之性。〔註 593〕

朱熹《四書集註・中庸章句》：「命猶令也。性即理也。天以陰陽五行化生萬物，氣以成形，而理亦賦焉，猶命令也。於是人物之生，各得其所賦之理，以為健順五常之德，所謂性也。」〔註 594〕謝冰瑩等編譯《新譯四書讀本》云：「天命，天所賦予者。性，本質。……上天賦予人的本質叫做性。」〔註 595〕勞思光《大學中庸譯註新編》云：

> 「天命」：中國古代對「天」的解釋有好多種意義，因之「天命」二字也隨之而具有幾種意義。《中庸》一書裏所用的「天命」是與「人為」對立的詞語；意指「非人為的」，轉為「本有的」。「天」不牽涉到宗教意味的「神」；只能當作指述「形上意義之本體」的詞語看。「性」：指「本性（essence）」。每一事物所以成為如此的事物，都在於有一組性質；這種性質稱為「本性」。儒家孟子一派論「性」都是取這個意義。「天命之謂性」是《中庸》對「性」的解釋；意思說：「本有的叫作性」。〔註 596〕

勞氏認為「天命之謂性」一語指萬物之自有的本性。綜合而言，天的命令，人的剛柔好惡，任何一個的本性都是天所命，即天所賦予，而天所命予人者，人人不同。

《孟子・盡心上》的「殀壽不貳，修身以俟之，所以立命也。」此「命」與《中庸》之命不是完全相同。趙岐《孟子注》云：「貳二也，仁人之行，一度而已，雖見前人，或殀或壽，終無二心改易其道，殀若顏淵，壽若邵公，皆歸之命，脩正其身，以待天命，此所以立命之本。」〔註 597〕孫奭《孟子正義》云：

〔註 593〕《禮記正義》，北京：中華書局影印〔清〕阮元刻《十三經注疏》本，第五十二卷，第一至二頁，總第三冊，第 3527 頁。

〔註 594〕〔宋〕朱熹：《四書集註・中庸章句》，影印怡府藏版，第一頁。

〔註 595〕謝冰瑩等編譯：《新譯四書讀本》，第 26 頁。

〔註 596〕勞思光著，黃慧英編：《大學中庸譯註新編》，第 41 頁。

〔註 597〕《孟子注疏》，北京：中華書局影印〔清〕阮元刻《十三經注疏》本，第十三卷上，第二頁，總第五冊，第 6014 頁。

> 人之於命，雖有或殀或壽，但操執其心而不二也。既夭壽不二，而修其身以待其在天者如何耳。如是所以為能立命之本也。以其殀壽皆定於未形有分之初，亦此而不二也，不可徼求之矣。但脩其在我以待之，是為立命也。如於殀壽而二其心，以廢其所以脩在我者，則非所以立命者也。〔註 598〕

朱熹《四書集註．孟子集註》云：「殀壽，命之短長也。貳，疑也。不貳者，知天之至，修身以俟死，則事天以終身也。立命，謂全其天之所付，不以人為害之。」〔註 599〕從《孟子》此句而論，殀壽即生命的長短是「命」，不能用人為方法去改變這殀壽的狀態。但人可以做的是人的自我脩身，脩身不可以被任何原因影響而停止，人不應因為有殀壽此一不可控制而對脩身產生懷疑，以致有二心而不脩身。《孟子．萬章上》第六章說：「莫之致而至者，命也。」〔註 600〕趙岐《孟子注》云：「人無欲致此事者，而此事自至者，是其命而已矣。故曰命也。」〔註 601〕所以，孟子認為任何不是人為因素降臨到人身上的就是命，壽殀不是人為因素使其降臨在人身上的，所以是命。

《中庸》之「命」是指「天所賦予」而《孟子》在此之「命」也有此含意，但不是理氏所講的「生命本性」或「生命本質」的意思。《孟子》在此所強調的，是人應該用心於脩身這些可以由人控制與計劃的活動上，其他那些屬於「命」的東西是不能控制的，不要理會這些無法控制的情況，一心一意的脩養人的身心。

（十五）

理氏用《中庸》之誠解釋《孟子》的誠。《盡心上》第四章第二節：「孟子曰：『萬物皆備於我矣，反身而誠，樂莫大焉。』

理雅各《孟子》英譯本注謂：「The 誠 here is that so largely treated of in the *Chung Yung*.」〔註 602〕理氏謂，這裏的「誠」在《中庸》討論了很多。

〔註 598〕《孟子注疏》，北京：中華書局影印〔清〕阮元刻《十三經注疏》本，第十三卷上，第二頁，總第五冊，第 6014 頁。

〔註 599〕〔宋〕朱熹：朱熹：《四書集註．孟子集註》，影印怡府藏版，第一頁。

〔註 600〕《孟子注疏》，北京：中華書局影印〔清〕阮元刻《十三經注疏》本，第九卷下，第四頁，總第五冊，第 5955 頁。

〔註 601〕《孟子注疏》，北京：中華書局影印〔清〕阮元刻《十三經注疏》本，第九卷下，第四頁，總第五冊，第 5955 頁。

〔註 602〕James Legge, *The Works of Mencius*, p.451.

從理氏對《孟子·盡心上》對誠的理解，可見理氏認為《孟子》此誠是與《中庸》之「誠」是同一意義的。現在先論《中庸》之誠，「誠」在《中庸》一共出現了二十五次，例如第十六章：

> 子曰：「鬼神之為德，其盛矣乎！視之而弗見，聽之而弗聞，體物而不可遺。使天下之人齊明盛服，以承祭祀，洋洋乎如在其上，如在其左右。《詩》曰：神之格思，不可度思！矧可射思！夫微之顯，誠之不可揜如此夫！」〔註603〕

孔穎達《禮記正義》云：「誠之不可揜者，言鬼神誠信不可揜蔽。」〔註604〕朱熹《四書集註·中庸章句》云：「誠者，真實無妄之謂。」〔註605〕孔穎達解「誠」是「誠信」，朱熹則認為是「真實無妄」，朱熹的解釋思想空間較為寬濶。而此誠，可以用來形容天道，《中庸》第二十章：「誠者，天之道也；誠之者，人之道也。」〔註606〕這誠是有天人合一的意義，天道是至誠，而人道就是實踐此天道，使天道之誠而變成人道之誠，就是《中庸》第二十章所講「誠身有道：不明乎善，不誠乎身矣。誠者，天之道也；誠之者，人之道也。……誠之者，擇善而固執之者也。」〔註607〕誠身就是從自身開始，即不假外求，返回自身，明乎善，擇善而固執之。

《中庸》這種回歸自身，擇善而固執於善，把天道之至誠，真實無妄之道實踐於人間，可說與《孟子》主張有相通之處，首先《孟子·離婁上》第十二章云：「孟子曰：『誠身有道，不明乎善，不誠其身矣。是故誠者，天之道也。思誠者，人之道也。』」〔註608〕從《孟子》的言論來看，誠身就是明善，天道

〔註603〕《禮記正義》，北京：中華書局影印〔清〕阮元刻《十三經注疏》本，第五十二卷，第十二頁，總第三冊，第3532頁。〔宋〕朱熹：《四書集註·中庸章句》，影印怡府藏版，第十一頁。

〔註604〕《禮記正義》，北京：中華書局影印〔清〕阮元刻《十三經注疏》本，第五十二卷，第十三頁，總第三冊，第3533頁。

〔註605〕〔宋〕朱熹：《四書集註·中庸章句》，影印怡府藏版，第十一頁。

〔註606〕《禮記正義》，北京：中華書局影印〔清〕阮元刻《十三經注疏》本，第五十三卷，第一頁，總第三冊，第3542頁。〔宋〕朱熹：《四書集註·中庸章句》，影印怡府藏版，第十九頁。

〔註607〕《禮記正義》，北京：中華書局影印〔清〕阮元刻《十三經注疏》本，第五十三卷，第一頁，總第三冊，第3542頁。〔宋〕朱熹：《四書集註·中庸章句》，影印怡府藏版，第十九頁。

〔註608〕《孟子注疏》，北京：中華書局影印〔清〕阮元刻《十三經注疏》本，第七卷下，第三頁，總第三冊，第五冊，第5919頁。

是至善的，誠身之道就是誠天道，人就是思想此一天道，藉實踐善而實踐此天道。

《孟子》有云：「萬物皆備於我矣，反身而誠，樂莫大焉。」所謂「萬物」，朱熹謂「理之本然也。」〔註 609〕天理亦即天道，此天道是存於人性裏面的，所以從自身可以發現此真實無妄之道。這也是《孟子》的天人合一的思想，藉著「誠」而使人道與天道合一起來。

錢穆認為，「誠」——真實無妄——就是宇宙一切事象的最大意義，也是一切事象的最高價值，而此一真誠無妄之誠，由人道之明白而實踐表現出來，由此而使天道與人道貫通合一。〔註 610〕唐君毅《中國哲學原論・原道篇弍》云：「此『誠』之概念，即又為通天命與人性者矣，此中以『誠』之道，通成己與成物之事，可說是橫通內外。以『誠』之道，通天命與人性，則可說是縱上下。」〔註 611〕《中庸》是很具體的，有門路的指出天人合一的方法，就是「擇善固執」，而此一善，用《孟子》的觀念來解釋，是實存於人性之中之「善」。所以《中庸》與《孟子》的「誠」可互相貫通。

（十六）

理氏引《中庸》的「恕」比較《孟子》的「恕」。《盡心上》第四章第三節：「孟子曰：『萬物皆備於我矣，反身而誠，樂莫大焉。強恕而行，求仁莫近焉。』」〔註 612〕

理雅各《孟子》英譯本注謂：「恕 is the judging of others by ourselves, and acting accordingly. Compare the *Doctrine of the Mean*, xiii. 3.」〔註 613〕理氏意謂，「恕」是我們對其他人的判斷，並隨之而作出相應的行動，比較《中庸》第十章第三節。

茲先引述《中庸》第十三章第三節云：「忠恕違道不遠，施諸已而不願，亦勿施於人。」〔註 614〕「忠、恕」的意思，據孔穎達《禮記正義》云：「忠者，

〔註 609〕〔宋〕朱熹：《四書集註・孟子集註》，影印怡府藏版，第七卷，第二頁。
〔註 610〕錢穆：《中國學術思想史論叢》，第二冊，第 283～286 頁。
〔註 611〕唐君毅：《中國哲學原論・原道篇弍》，臺北：學生書局，1993 年，第 76 頁。
〔註 612〕《孟子注疏》，北京：中華書局影印〔清〕阮元刻《十三經注疏》本，第十三卷上，第四頁，總第五冊，第 6015 頁。
〔註 613〕James Legge, *The Works of Mencius*, p.451.
〔註 614〕《禮記正義》，北京：中華書局影印〔清〕阮元刻《十三經注疏》本，第五十二卷，第九頁，總第三冊，第 3531 頁。

內盡於心；恕者，外不欺物。恕，忖也。忖度其義於人。違，去也。言身行忠恕，則去道不遠也。」〔註 615〕而朱熹《中庸章句》則云：「盡己之心為忠，推己及人為恕。」〔註 616〕孔穎達認為「恕」是不欺外物，朱熹謂「推己及人」為恕，朱熹之解釋頗合《中庸》，因為《中庸》謂不願施諸自己的事物，也不要施諸他人。正如《論語．衛靈公》載云：「子貢問曰：『有一言而可以終身行之者乎？』子曰：『其恕乎！己所不欲，勿施於人。』」〔註 617〕孔子所講「己所不欲，勿施於人。」就是恕道。邢昺《論語正義》云：「己之所惡，勿欲施於人，即恕也。」〔註 618〕趙岐《孟子注》云：「當自強勉以忠恕之道，求仁之術此最為近也。」〔註 619〕朱熹《四書集註．孟子集註》：「強，勉強也。恕推己以及人也。反身而誠則仁矣。其有未誠，則是猶有私意之隔，而理未純也。故當凡事勉強，推己及人，庶幾心公理得而仁不遠也。」〔註 620〕焦循《孟子正義》云：

> 當自強勉以忠恕之道，求仁之術，此最為近。……反身而誠。即忠恕之道也，宜勉行之。戴氏《孟子字義疏證》云：「《中庸》曰：忠恕違道不遠。《孟子》曰：強恕而行，求仁莫近焉。蓋人能出於己者必忠，施於人者以恕，行事如此，雖有差失，亦少矣。凡未至乎聖人，未可語於仁，未能無憾於禮義，如其才質所及，心知所明，謂之忠恕可也。聖人仁且智，其見之行事，無非仁，無非禮義，忠恕不足以名之。然而非有他也，忠恕至斯而極也。故曾子曰：夫子之道，忠恕而已矣！……是則為仁不外於恕，析言之有別，渾言之則不別也。」〔註 621〕

《孟子》此章之意，焦循《孟子正義》云：

〔註 615〕《禮記正義》，北京：中華書局影印〔清〕阮元刻《十三經注疏》本，第五十二卷，第十頁，總第三冊，第 3531 頁。

〔註 616〕〔宋〕朱熹：《四書集註．中庸章句》，影印怡府藏版，第九頁。

〔註 617〕《論語注疏》，北京：中華書局影印〔清〕阮元刻《十三經注疏》本，第十五卷，第七頁，總第五冊，第 5470 頁。

〔註 618〕《論語注疏》，北京：中華書局影印〔清〕阮元刻《十三經注疏》本，第十五卷，第七頁，總第五冊，第 5470 頁。

〔註 619〕《孟子注疏》，北京：中華書局影印〔清〕阮元刻《十三經注疏》本，第十三卷上，第四頁，總第五冊，第 6015 頁。

〔註 620〕〔宋〕朱熹：《四書集註．孟子集註》，影印怡府藏版，第七卷，第二頁。

〔註 621〕〔清〕焦循：《孟子正義》，北京：中華書局，下冊，第 883 頁。

此章申明知性之義也。知其性而乃盡其心。然則何以知其性？以我推之也。我亦人也，我能覺於善，則人之性亦能覺於善，人之情即同乎我之情，人之欲即同乎我之欲，故曰萬物皆備於我矣。己欲立而立人，己欲達而達人，己所不欲，勿施於人，即反身而誠也，即強恕而行也。聖人通神明之德，類萬物之情，亦近取諸身而已矣。〔註 622〕

孟子在這章的「強恕而行，求仁莫近矣」，進一步提出努力實踐推己及人之道，可以真正達到仁德。仁德就是去做應該做的事，走上正當的路，實踐推己及人的理想，看待別人如看待自己，這就是仁道了。〔註 623〕《盡心上》所講的「恕」與《中庸》所講的「恕」有共通的意義。

（十七）

理氏引《中庸》比較《孟子》的「神」。《盡心下》第廿五章云：「可欲之謂善。有諸己之謂信。充實之謂美。充實而有光輝之謂大。大而化之之謂聖，聖而不可知之之謂神。」〔註 624〕

理雅各《孟子》英譯本注謂：「聖而不可知之之謂神，—— with this we may compare what is said in the *Doctrine of the Mean*, 至誠如神，『the individual possessed of the most complete sincerity is like a spirit.』」〔註 625〕理氏謂，「聖而不可知之之謂神，可比較《中庸》「至誠如神」——個別的人擁有最完全的誠就是神。

茲引述《中庸》第二十四章云：「至誠之道，可以前知。國家將興，必有禎祥；國家將亡，必有妖孽。見乎蓍龜，動乎四體。禍福將至：善，必先知之；不善，必先知之。故至誠如神。」〔註 626〕孔穎達《禮記正義》云：

至誠之道，可以前知者，此由身有至誠，可以豫知前事，此至誠之內，是天生至誠，亦通學而至誠，故前經云：自明誠謂之教，

〔註 622〕〔清〕焦循：《孟子正義》，北京：中華書局，下冊，第 883 頁。

〔註 623〕傅佩榮：《孟子新解》，下冊，第 244 頁。

〔註 624〕《孟子注疏》，北京：中華書局影印〔清〕阮元刻《十三經注疏》本，第十四卷上，第十三頁，總第五冊，第 6040 頁。

〔註 625〕James Legge, *The Works of Mencius*, p.490~491.

〔註 626〕《禮記正義》，北京：中華書局影印〔清〕阮元刻《十三經注疏》本，第五十三卷，第四頁，總第三冊，第 3548 頁。〔宋〕朱熹：《四書集註．中庸章句》，影印怡府藏版，第二十二頁。

> 是賢人至誠同聖人也。言聖人賢人俱有至誠之行，天所不欺，可知前事。……故至誠如神者，言至誠之道，先知前事，如神之微妙，故云至誠如神也。〔註627〕

朱熹《四書集註．中庸章句》云：「神，謂鬼神。」〔註628〕在此可見，至誠者如神，是指至誠的人有神祕的能力，可以藉占卜或國家氣象而預先知道國家興亡，知道國家有善或不善降臨。

《孟子》的「可欲之謂善。有諸己之謂信。充實之謂美。充實而有光輝之謂大。大而化之之謂聖，聖而不可知之之謂神。」其中的「神」與《中庸》的「至誠如神」的「神」，有本質上的差別。茲先看前人的解釋，趙岐《孟子注》云：

> 己之可欲乃使人欲之，是為善人。己所不欲，勿施於人也。有之於己，乃謂人有之，是為信，人不億不信也。充實善信使之不虛，是為美人，美德之人也。充實善信而宣揚之，使有光輝，是為大人。大行其道，使天下化之，是為聖人。有聖知之明，其道不可得知，是為神人。〔註629〕

朱熹《四書集註．孟子集註》云：

> 天下之理，其善者必可欲，其惡者必可惡。其為人也可欲而不可惡，則可謂善人矣。凡所謂善，皆實有之，如惡惡臭，如好好色，是則可謂信人矣。張子曰，志仁而無惡之謂善，誠善於身之謂信。力行其善，至於充滿而積實，則美在其中而無待於外矣。和順積中，而英華發外，美在其中，而暢於四支，發於事業，則德業至盛而不可加矣。大而能化，使其大者泯然無復可見之迹，則不思不勉，從容中道，而非人力之所能為矣。張子曰：「大可為也，化不可為也，在熟之已矣」。程子曰：「聖不可知，謂聖之至妙，人所不能測，非聖人之上，又有一等神人也。」〔註630〕

從前人的註解來看，神人是指有聖知之明，這種聖人的神妙之處，是因為

〔註627〕《禮記正義》，北京：中華書局影印〔清〕阮元刻《十三經注疏》本，第五十三卷，第四頁，總第三冊，第3548頁。

〔註628〕〔宋〕朱熹：《四書集註．中庸章句》，影印怡府藏版，第二十二頁。

〔註629〕《孟子注疏》，北京：中華書局影印〔清〕阮元刻《十三經注疏》本，第十四卷上，第十三頁，總第五冊，第6040頁。

〔註630〕〔宋〕朱熹：《四書集註．孟子集註》，影印怡府藏版，第七卷，第二十六頁。

聖人有特殊的智慧，而這智慧不是普通人可以明白的，但《孟子》所講的聖人，是可以藉培養而達到的。《中庸》的「神人」的過人之處，可以前知未來，但是要靠占卜等途徑而預知未來，這是宗教性的神人，而《孟子》所講的是有睿智的神人，是哲學性的神人。

傅佩榮《孟子新解》用「生命的六個層次」解釋《孟子》這章經文，頗有見地，茲引述之：

> 一、善
>
> 「可欲之謂善」，可欲是就「心」之可欲而言，不能把它理解為一般所謂身體的欲望。譬如，由於喜歡吃牛排，牛排變成善，豈不是很荒謬嗎？若是很多人一輩子吃不到牛排，他就不可能行善了嗎？所以，人生價值當然是要以人的大體——「心」為主，心的可欲才叫做善。心是向善的力量，因此人生最直接的第一階段的成就即是「善」。
>
> 二、信
>
> 「有諸己之謂信」，信者，真也；由於人性向善，所以唯有親自實踐了善行，才可稱為真誠或真正的人。說「可欲之謂善」時，只是看到別人的行為；第二步還要自己去實踐，在自己身上做到善，才算是真。譬如，舜聽到一句善的言語，看見一件善的行為，內心立刻湧出了一股力量「沛然莫之能禦」，然後努力去行善，就是做到了「信」。
>
> 三、美
>
> 「充實之謂美」，「充實」是指在行善方面沒有任何欠缺，有圓滿之意。「充實」代表沒有任何缺陷，沒有任何遺漏完完全全做到善。
>
> 四、大
>
> 更難的是「充實而有光輝之謂大」。一個人自身充實之後，德行會發出光輝照耀別人，稱為大。我們在翻譯「大人」時，採用「德行完備的人」一詞，其故在此。「光輝」二字不僅儒家曾提出，在其他宗教，如佛教、天主教、基督教都有類似的概念，聖人畫像的頭部有光輝，以示其光耀四方。
>
> 五、聖
>
> 「聖人」可以化民成俗，亦即「大而化之之謂聖」，也就是一

個人有如光明普照大地之外，還能產生感化群眾的力量，這叫做「聖」。一個人要成聖，必須有機會站在適當的位置上感化群眾。「光輝」是靜態的，「化」是動態的，要注意到兩者的差別。如果只有靜態的光輝，就是「大人」；如果能夠產生動態的力量去感動群眾，化解百姓的困難，使他們感覺人生充滿希望，那才是「聖人」。

六、神

比聖人更崇高的就是神。至於「神」，既然是「不可知之」，孟子為什麼又要指出來？原因就是不可為人設限，同時也為「天人合德」的妙境保留了可能性，可見儒家對人的理解實在透徹，佛教最高的境界叫做「不可思議境界」，就是不可能用言語來表達的，也就是佛經所謂的「言語道斷，心行處滅」，意即：一個人的言語失效了，心思能到的地方也不見了，再也不能用心思去想了。那就是菩薩境界。孟子所說的「聖而不可知之之謂神」，就是承認其境界「不可知之」。

這六個層次，既然我們前五步都能理解，就沒有理由質疑最後一步，換句話說，每個人心中始終要保持一種最大的可能性，就是承認人生有一個最高境界，等待我們去提升及體驗，人生的期盼確實永無止境。〔註631〕

傅佩榮把《盡心下》此章分作人生的六重境界，人可以層層遞昇的向上推展，人生的至高境界，就是到此神妙之境，讓人有一種無窮的向上的動力，這個解釋與《孟子．盡心上》第十三章：「夫君子所過者化，所存者神，上下與天地同流，豈曰小補之哉？」〔註632〕的人生境界是一致的。

《中庸》的神妙，可以藉社會的「妖孽」氣象，卜乎「蓍龜」的方法而前知未來，是宗教性質的「神」妙。而《孟子》的「神」是人生至高境界，不是憑藉任何外面的力量，而是藉人的內在修養，層層上升至「神」的至高境界，這種哲學性的「神」境，帶給人無窮遞升的可能性。這是《中庸》與《孟子》的最大分別。理雅各沒有掌握《中庸》宗教性的「神」，又未能明瞭《孟子》哲學性的「神」，引《中庸》的「神」解釋《孟子》的神，有些牽強。

〔註631〕傅佩榮：《孟子新解》，下冊，第335～337頁。

〔註632〕《孟子注疏》，北京：中華書局影印〔清〕阮元刻《十三經注疏》本，第十三卷上，第八頁，總第五冊，第6017頁。

十四、引用《大學》考

理氏把《大學》翻譯成英文的名稱是 *The Great Learning*，但又名之為 *Superior Learning*〔註 633〕因為理氏的《大學》英譯本是根據朱熹《四書》的系統，而朱熹把《禮記・大學》的文字重新編排，所以與《禮記・大學》的文字次序有所不同。因此本書在引述《大學》的經文時，會同時註明兩個出處。第一個出處是本書所根據的，由阮元刻《十三經注疏・禮記》，嘉慶二十年江西南昌府學開雕本；第二個出處是朱熹《四書集註・中庸章句》，怡府藏版。而本書所講的章數則根據朱熹《四書集註・大學章句》的分章次序。而節數是用理氏所分之節。理氏共引用《大學》五次。

（一）

理氏引用《大學》解釋《孟子》的「為民父母。」《梁惠王下》第七章第五至六節：「如此，然後可以為民父母。」〔註 634〕

理雅各《孟子》英譯本注：「Compare *the Great Learning*, Commentary x. 3.」〔註 635〕理氏意謂，比較《大學》第十章第三節的注解。

茲引述《大學》云：「《詩》云：『樂只君子，民之父母。民之所好好之，民之所惡惡之，此之謂民之父母。』」〔註 636〕

理雅各《大學》英譯本注謂：

> See the *Shih-ching*, II. Ii. Ode V. st. 3. The ode is one that was sung at festivals, and celebrates the virtues of the princes present. Chû Hsî makes 只 (read *chih*, 3rd tone) an expletive. Chăng's gloss, in《毛詩註疏》, takes it as ＝是, and the whole is —— "I gladden these princes, the parents of the people."〔註 637〕

理氏意謂，見《詩經・小雅・白華之什》第五首，第三節，這是一首在節日頌唱的詩歌，用來贊美君子的美德。朱熹認為「只」是語助詞。「只」讀第

〔註 633〕James Legge, *The Works of Mencius*, p.448~449.

〔註 634〕《孟子注疏》，北京：中華書局影印〔清〕阮元刻《十三經注疏》本，第二卷下，第二頁，總第五冊，第 5827 頁。

〔註 635〕James Legge, *The Works of Mencius*, p.166.

〔註 636〕《禮記正義》，北京：中華書局影印〔清〕阮元刻《十三經注疏》本，第六十卷，第九頁，總第三冊，第 3636 頁。〔宋〕朱熹：《四書集註・大學章句》，影印怡府藏版，第十一頁。

〔註 637〕James Legge, *The great learning*, in James Legge, trans. *The Chinese Classics* Vol.I. Re-printed 1893 version by Tai Wan: SMC Publishing Inc., 2011, p.375.

三聲。鄭氏在《毛詩註疏》認為「只」等於是，整句就是「我使君子們快樂，他們是人民的父母。」

理氏《孟子》英譯本注所講的《大學注解》也可能是指朱熹的《大學章句》的注解，茲一併引述朱註《大學》第十章第三節的註解，互相比較，「《詩・小雅・南山有臺》之篇。只，語助辭。言能絜矩而以民心為己心，則是愛民如子，而民愛之如父母矣。」〔註 638〕

理氏的《大學》英譯本注解並不是完全跟隨朱熹的解釋，而且其解釋也影響了他對《孟子・梁惠王下》第七章第六節的「為民父母」的注解。故此，他的《大學》注解有幾個問題需要討論及改正。首先是他的《大學》英譯本注解是用《詩經・小雅・白華之什》第五首，按照其翻譯的《詩經》英譯本，《詩經・小雅・白華之什》第五首，是「南有嘉魚」，此詩並無「樂只君子，民之父母。」此兩句經文。此兩句經文乃出自《南山有臺》，朱熹《詩集傳》將此詩置於《詩經・小雅・白華之什》第七首〔註 639〕；阮刻本《毛詩正義》則將此詩置於《南有嘉魚之什》第二首〔註 640〕。阮刻本《毛詩正義》此詩之章句是「南山有臺，五章，章六句。」〔註 641〕朱熹《詩集傳》之章句亦相同。〔註 642〕

第二是理氏認為此首詩是節日頌唱之詩，理氏這個講法是出自朱熹《詩集傳》，其云：「說見《魚麗》。」〔註 643〕意即《南山有臺》這首詩的用意見《魚麗》之解釋，朱熹解《魚麗》之詩云：「按《儀禮》鄉飲酒及燕禮，前樂既畢，皆閒歌《魚麗》、《笙由庚》，歌《南有嘉魚》、《笙崇丘》，歌《南山有臺》、《笙由儀》。閒，代也。言一歌一吹也。然則此六者，蓋一時之歌，而皆為燕享賓客上下通用之樂。」〔註 644〕朱熹認為此詩是燕享賓客，上下通用之歌。方玉潤《詩經原始》支持朱熹之說，其云：

> 右《南山有臺》五章，章六句。《小序》謂「樂得賢」，與前篇「樂與賢」無異。姚氏駁之，而以為「此臣工頌天子之詩」，以詩中

〔註 638〕朱熹：《四書集註・大學章句》，影印怡府藏版，第十一頁。

〔註 639〕〔宋〕朱熹：《詩集傳》，香港：中華書局，第 110～111 頁。

〔註 640〕《毛詩正義》，北京：中華書局影印〔清〕阮元刻《十三經注疏》本，第十卷之一，第三至四頁，總第一冊，第 897 頁。

〔註 641〕《毛詩正義》，北京：中華書局影印〔清〕阮元刻《十三經注疏》本，第十卷之一，第四頁，總第一冊，第 897 頁。

〔註 642〕〔宋〕朱熹：《詩集傳》，香港：中華書局，第 111 頁。

〔註 643〕〔宋〕朱熹：《詩集傳》，香港：中華書局，第 111 頁。

〔註 644〕〔宋〕朱熹：《詩集傳》，香港：中華書局，第 110 頁。

有「萬壽」、「母」等字也。然《儀禮・鄉飲酒》及《燕禮》皆用之，則似非專頌天子詞矣。劉氏曰：「或疑賓客不足以當萬壽之語。」愚謂此詩上下通用之樂。當時賓客容有爵齒俱尊，足當之者。蓋古人簡質，如《士冠禮》祝辭亦云「眉壽萬年」，又況古器物銘所謂「用蘄萬年」，「用蘄眉壽」、「年無疆」之類，皆為自祝之辭。則此詩以「萬壽」祝賓，庸何傷乎？故《集傳》以為「燕饗通用之樂」，亦不為過。〔註 645〕

考之《毛詩》，此詩是樂得賢者相助之意，《毛詩・小序》云：「南山有臺，樂得賢也。得賢則能為邦家立太平之基矣。」〔註 646〕鄭玄《毛詩箋》云：「人君得賢，則其德廣大，堅如南山之有基趾。」〔註 647〕王先謙：《詩三家義集疏》引《儀禮・鄉飲酒・鄭注》云：「南山有臺，言太平之治，以賢者為本。愛友賢者，為邦家之基，民之父母既欲其身之壽考，又欲其民德之長也。」〔註 648〕《南山有臺》一詩，「樂只君子」之句一共出現了十次，然則此「君子」是何所指？鄭玄《毛詩箋》云：「只之言是也，人君既得賢者，置之於位。又尊敬以禮樂樂之，則能為國之本，得壽考之福。」〔註 649〕鄭玄之意是君子就是輔助君王的賢者。孔穎達《毛詩正義》云：「以喻人君所以能令天下太平，以人君所任之官有德，所治之職有能，以有賢臣各治其事。」〔註 650〕孔穎達依鄭玄之意，認為君子即輔助君王的賢者。王先謙：《詩三家義集疏》云：

《左・襄二十四年・傳》：子產曰：「夫令名，德之輿也。德，國家之基也。有基無壞，毋亦是務乎！有德則樂，樂則能久。《詩》云：樂旨君子，邦家之基。有令德也夫！」又《昭十三年・傳》：「同盟于平丘，自日中以爭，至于昏，晉人許之。仲尼謂：子產於是行

〔註 645〕〔清〕方玉潤：《詩經原始》，臺北：藝文印館，下冊，第九卷，第二十五至二十六頁，總第 762～763 頁。

〔註 646〕《毛詩正義》，北京：中華書局影印〔清〕阮元刻《十三經注疏》本，第十卷之一，第三頁，總第一冊，第 897 頁。

〔註 647〕《毛詩正義》，北京：中華書局影印〔清〕阮元刻《十三經注疏》本，第十卷之一，第三頁，總第一冊，第 897 頁。

〔註 648〕〔清〕王先謙：《詩三家義集疏》，第 595 頁。

〔註 649〕《毛詩正義》，北京：中華書局影印〔清〕阮元刻《十三經注疏》本，第十卷之一，第三頁，總第一冊，第 897 頁。

〔註 650〕《毛詩正義》，北京：中華書局影印〔清〕阮元刻《十三經注疏》本，第十卷之一，第三頁，總第一冊，第 897 頁。

> 也，足以為國基矣。《詩》曰：樂旨君子，邦家之基。君子之求樂者也。」〔註651〕

王先謙是以子產為例而解釋，君子者乃輔助君王之賢者，仍然跟隨鄭玄與孔穎達的解釋，加上例子說明，意義較清晰。

照以上之討論，《毛詩序》云此詩是用來表示「樂得賢者」應該是此詩之本意，而朱熹所云上下通用之詩，臣下頌天子，或天子祝賓客之用，是後來的引伸用法。理氏想將《毛詩》與《詩集傳》兩個意思結合為一，較為牽強。

第三點，理氏誤解重點。其引用《大學》此章解釋《孟子》本無不妥，然而理氏卻要參考其《大學》英譯本之注，而其注解卻只在於《南山有臺》兩句詩文，這樣做，反而不能把握《大學》此章與《梁惠王下》第七章的重點。《大學》此章云「《詩》云：『樂只君子，民之父母。』民之所好好之，民之所惡惡之，此之謂民之父母。」《大學》的作者引用《詩經．南山有臺》此兩句，並不是解釋《南山有臺》這首詩，而是襲取此兩句而賦以新意義，甚麼是為民父母？乃在於「民之所好好之，民之所惡惡之，此之謂民之父母。」朱熹解此三句云：「言能絜矩，以民心為己心，則是愛民如子，而民愛之如父母。」〔註652〕這種民眾的喜好就是自己的喜好，民眾的憎惡就是自己的憎惡，才算是為民父母。〔註653〕《大學》此章的目的，乃表達出一種以民心為己心的政治思想。勞思光《大學中庸譯註新編》云：

> 「民之所好好之，民之所惡惡之。」這是《大學》中主要的政治哲學觀念，即由公恕之義推衍而得；這個觀念上承「天視自我民視，天聽自我民聽」之古說，及孟子「民為貴」之思想；下通民主政治觀念。因為這個主張的本意即是說，當政者只能從人民之好惡而作取捨；已有以民為主之趨向。〔註654〕

勞氏認為《大學》思想是上承曾子與孟子，再加後人整理而成，《大學》篇是成於漢初〔註655〕。勞氏剖析《大學》以民為本這種政治思想，符合儒家一貫的政治主張。

上述《大學》政治思想與《梁惠王下》第七章之意相符合，《孟子》此章，

〔註651〕〔清〕王先謙：《詩三家義集疏》，第595～596頁。
〔註652〕〔宋〕朱熹：《四書集註．大學章句》，影印怡府藏版，第十一頁。
〔註653〕姜義華譯注：《新譯禮記讀本》，第878頁。
〔註654〕勞思光著，黃慧英編：《大學中庸譯註新編》，第28頁。
〔註655〕勞思光著，黃慧英編：《大學中庸譯註新編》，第36頁。

非常注重以民心為己心，民意為己意的政治思想，茲將其上下文列出：

> 國君進賢如不得已，將使卑踰尊，疏踰戚，可不慎與？左右皆曰賢，未可也；諸大夫皆曰賢，未可也；國人皆曰賢，然後察之；見賢焉，然後用之。左右皆曰不可，勿聽；諸大夫皆曰不可，勿聽；國人皆曰不可，然後察之；見不可焉，然後去之。左右皆曰可殺，勿聽；諸大夫皆曰可殺，勿聽；國人皆曰可殺，然後察之；見可殺焉，然後殺之。故曰國人殺之也。如此，然後可以為民父母。〔註 656〕

其中「國人皆曰賢，然後察之」、「國人皆曰不可，然後察之」、「國人皆曰可殺，然後察之」可謂其主旨所在，都指出了解民情，聆聽民意是君王施政的方針。這種以百姓心為心，不偏聽偏信而廢公心的君王，才能夠作百姓的父母。張居正《四書集註闡微直解》云：

> 承上文說：「人君用舍刑殺，一惟決於眾論之公如此。則是民之所好好之，民之所惡惡之，就如父母之于赤子，求中其欲，而惟恐拂其情的一般。不可以為民之父母乎？民心得，則邦本固，而宗社其永安矣。尚何故國之不可保哉？」此可見人君用人行政，當以公論為準。內不專任一己之獨見，外不偏徇一人之私情。至虛至公，無意無必，然後好惡之私不作，而愛憎之說不行，賢者必用，而政無不舉矣。明主宜致審於斯焉。〔註 657〕

孟子的仁政，既以人民為主，百姓的意見便是君主的重要參考，為人君者不應偏聽、偏信、偏愛、偏行。

（二）

理氏引《大學》解釋《孟子》所講的「若保赤子」。《滕文公上》第五章第三節：「夷子曰：『儒者之道，古之人：若保赤子。此言何謂也？之則以為愛無差等，施由親始。』」〔註 658〕

理雅各《孟子》英譯本注：「See the 若保赤子, quoted in the *Great Learning*, Commentary, ix. 2.」〔註 659〕理氏意謂，參考《大學》所引「若保赤子」，注解

〔註 656〕《孟子注疏》，北京：中華書局影印〔清〕阮元刻《十三經注疏》本，第二卷下，第二頁，總第五冊，第 5827 頁。

〔註 657〕〔明〕張居正：《四書集註闡微直解》，第十五卷，第二十五頁，總第 481 頁。

〔註 658〕《孟子注疏》，北京：中華書局影印〔清〕阮元刻《十三經注疏》本，第五卷下，第十一頁，總第五冊，第 5888 頁。

〔註 659〕James Legge, *The Works of Mencius*, p.258.

第九章第二節。

茲先引述《大學》：「《康誥》曰：『如保赤子』，心誠求之，雖不中不遠矣。未有學養子而後嫁者也！」〔註 660〕

理雅各《大學》英譯本注：

> See the *Shû-ching*, V. x. 7. Both in the Shû and here, some verb. Like act, must be supplied. This paragraph seems designed to show the ruler must be carried on to his object by an inward, unconstrained feeling, like that of the mother for her infant.〔註 661〕

理氏意謂，見《書經》第五卷第十篇第七節，無論在《書經》及此處，有些動詞，如行為舉動等，需要補充。這段經文顯示出，君王的內心毫不勉強地向目的前進，就如母親對襁褓的孩子。

茲一併引述朱熹《大學章句》之註解以供比較，「此引《書》而釋之，又明立教之本，不假強為，在識其端而推廣之耳。」〔註 662〕

理氏引用《大學》此章「如保赤子」解釋《孟子‧滕文公上》的「若保赤子。」然而理氏也在其《大學》英譯本注指出《大學》「如保赤子」出自《書經》。但理氏卻有錯誤的地方。其謂「如保赤子」出自《書經》第五卷第十篇，按照理氏的《書經》英譯本，第五卷第十篇是《酒誥》，並無「如保赤子」。《大學》謂此句出於《康誥》，根據理氏《書經》英譯本《康誥》此節，是在第五卷第九篇第九節。

茲引述《書經‧周書‧康誥》之文云：「若保赤子，惟民其康乂。」〔註 663〕孫星衍：《尚書今古文注疏》云：「《大學篇》引《康誥》曰：『如保赤子』，若、如聲之轉。」〔註 664〕孔安國《尚書傳》云：「愛養人如安孩兒，赤子不失其欲，惟民其安治。」〔註 665〕孔穎達《尚書正義》云：「既去惡，乃須愛養之為

〔註 660〕《禮記正義》，北京：中華書局影印〔清〕阮元刻《十三經注疏》本，第六十卷，第八頁，總第三冊，第 3634 頁。〔宋〕朱熹：《四書集註‧大學章句》，影印怡府藏版，第九頁。

〔註 661〕James Legge, *The great learning*, p.371.

〔註 662〕〔宋〕朱熹：《四書集註‧大學章句》，影印怡府藏版，第九頁。

〔註 663〕《尚書正義》，北京：中華書局影印〔清〕阮元刻《十三經注疏》本，第十四卷，第六頁，總第一冊，第 432 頁。

〔註 664〕〔清〕孫星衍：《尚書今古文注疏》，下冊，第 364 頁。

〔註 665〕《尚書正義》，北京：中華書局影印〔清〕阮元刻《十三經注疏》本，第十四卷，第六頁，總第一冊，第 432 頁。

善人為上，養則化所行，故言其皆安治。子生赤色，故言赤子。」〔註 666〕此兩句經文之意是「對待百姓好像保護嬰孩一般，那麼百姓就都能康樂平安了。」〔註 667〕若從《書經》上下文而言，是教導人民去惡為善，治民以理，〔註 668〕孫星衍：《尚書今古文注疏》云：「王氏鳴盛云：『《孟子》引若保赤子，釋之云：赤子將匍匐於井，非赤子之罪。注云：以赤子無知，故救之。此言用刑則謂保民如保赤子，毋令無知陷於罪，如入井也。』」〔註 669〕可見是藉教化的功能，以保護赤子的心態教導百姓，使其不致陷於罪惡之中。

而《大學》：「《康誥》曰：『如保赤子』，心誠求之，雖不中不遠矣。未有學養子而後嫁者也！」一方面是吸收了《尚書》的原意，另一方面又賦予了新的思想，朱熹《四書集註．大學章句》云：「此引《書》而釋之，又明立教之本，不假強為，在識其端而推廣之耳。」〔註 670〕朱子之意，是人要首先從自身立教開始，再推而廣之他人，蓋《禮記．大學》〔註 671〕與朱熹《大學章句》〔註 672〕此句都是在「所謂治國必先齊其家者，其家不可教，而能教人者無之。」〔註 673〕之下。是藉「若保赤子」來闡明先齊家後治國的關係，想治理國家首先管理好自己的家庭，自己家中的人也教不好，是不能教好其他人的。〔註 674〕《大學》「若保赤子」是指修身齊家的功夫，先學會保護自己的孩子，才可以懂得保護別人的孩子。這種次序，就如女子嫁人之後，才知道怎樣養孩子，不可以逆轉。

《孟子．滕文公上》第五章第三節：「夷子曰：『儒者之道，古之人：若保赤子。此言何謂也？之則以為愛無差等，施由親始。』」並非孟子本人之言，

〔註 666〕《尚書正義》，北京：中華書局影印〔清〕阮元刻《十三經注疏》本，第十四卷，第七頁，總第一冊，第 433 頁。

〔註 667〕屈萬里：《尚書今註今譯》，第 100 頁。

〔註 668〕《尚書正義》，北京：中華書局影印〔清〕阮元刻《十三經注疏》本，第十四卷，第六頁，總第一冊，第 432 頁。

〔註 669〕〔清〕孫星衍：《尚書今古文注疏》，下冊，第 364 頁。

〔註 670〕〔宋〕朱熹：《四書集註．大學章句》，影印怡府藏版，第九頁。

〔註 671〕《禮記正義》，北京：中華書局影印〔清〕阮元刻《十三經注疏》本，第六十卷，第八頁，總第三冊，第 3634 頁。

〔註 672〕〔宋〕朱熹：《四書集註．大學章句》，影印怡府藏版，第九頁。

〔註 673〕《禮記正義》，北京：中華書局影印〔清〕阮元刻《十三經注疏》本，第六十卷，第八頁，總第三冊，第 3634 頁，〔宋〕朱熹：《四書集註．大學章句》，影印怡府藏版，第九頁。

〔註 674〕姜義華：《新譯禮記讀本》，第 877 頁。

乃是墨家者流之人夷之駁斥孟子之言論。這位夷之是墨家子弟，墨家本來是主張薄葬，但夷之卻厚葬其父母，在此章的前文，孟子曾批評夷之云：「吾聞夷子墨者，墨之治喪也，以薄為其道也。夷子思以易天下，豈以為非是而不貴也？然而夷子葬其親厚，則是以所賤事親也。」〔註 675〕孟子指出夷之一方面以墨家的理論改變天下，但又厚葬其父母，是言論與行事互相矛盾。於是夷之就以「古之人，若保赤子」這正符合墨家的「愛無等差，施由親始」的主張，認為儒家亦有愛無等差之理論，來為自己辯護。張居正《四書集註闡微直解》批評夷之云：「夷子既援儒入墨，以拒孟子之非己。又推墨附儒，以釋己厚葬之意，其辭亦遁矣。」〔註 676〕

《尚書・康誥》「若保赤子」之意，是以教化功能，保護百姓如赤子，以免百姓如赤子般無知而犯罪。《大學》「若保赤子」是指人的修身齊家，先保護自己的赤子，再保護別人的赤子。夷之引用「若保赤子」，是將之解釋作既愛自己的孩子，也愛其他人的孩子像自己的孩子。三者的意思都有區別。理氏並未理清箇中不同，純是文字相同便引之對比，沒有清楚理解《孟子》「若保赤子」的意義。

（三）

理氏引《大學》解釋《孟子》「故聲聞過情」之「情」字，作字義訓詁。《孟子・離婁下》第十八章第三節：「苟為無本，七、八月之間雨集，溝澮皆盈；其涸也，可立而待也。故聲聞過情，君子恥之。」〔註 677〕

理雅各《孟子》英譯本注：「情＝實，as in the *Great Learning*, Commentary, chap. Iv.」〔註 678〕理氏意謂「情」與「實」同義，就像《大學》注解，第四章。

茲引述《大學》第四章云：「子曰：『聽訟，吾猶人也，必也使無訟乎！』無情者不得盡其辭，大畏民志。此謂知本。右傳之四章釋本末。」〔註 679〕可見

〔註 675〕《孟子注疏》，北京：中華書局影印〔清〕阮元刻《十三經注疏》本，第五卷下，第十頁，總第五冊，第 5887 頁。

〔註 676〕〔明〕張居正：《四書集註闡微直解》，第十八卷，第三十七至三十八頁，總第 548～549 頁。

〔註 677〕《孟子注疏》，北京：中華書局影印〔清〕阮元刻《十三經注疏》本，第八卷上，第九頁，總第五冊，第 5931 頁。

〔註 678〕James Legge, *The Works of Mencius*, p.325.

〔註 679〕《禮記正義》，北京：中華書局影印〔清〕阮元刻《十三經注疏》本，第六十卷，第七頁，總第三冊，第 3634 頁。〔宋〕朱熹：《四書集註・大學章句》，影印怡府藏版，第五頁。

到此章只有情字而無實字。而理氏的《大學》英譯本注解也沒有解釋情字。

理氏所講的《大學》注解，應該是指朱熹《大學章句》的注解，茲引述之以作比較，「猶人，不異於人也。情，實也。引夫子之言而言，聖人能使無實之人，不敢盡其虛誕之辭，蓋我之明德既明，自然有以畏服民之心志，故訟不待聽而自無也，觀於此言，可以知本末之先後矣。」〔註680〕理氏之「情＝實」是跟從朱熹的解釋。鄭玄《禮記注》解此章亦認為情即是實，其云：「情猶實也。無實者多虛誕之辭。聖人之聽訟與人同耳，必使民無實者不敢盡其辭，大畏其心志，使誠其意不敢訟。」〔註681〕二者解《大學》稍有不同，然兩者都認為「情」即是「實」。

理氏引朱熹《大學章句》之注解解釋《孟子・離婁下》的「故聲聞過情，君子恥之。」之「情」。現在討論此解釋是不是合適。

趙岐《孟子注》云：「人無本行，暴得善聲，令聞過其情，若潦水不能久也。故君子恥之。」〔註682〕趙注並無解釋情字，朱熹《四書集註・孟子集註》云：「聲聞，名譽也。情，實也。恥者，恥其實而將不繼也。」〔註683〕焦循《孟子正義》云：「《禮記・大學》云：『無情者不得盡其辭』，注云：『情，猶實也。』故此以過實為過情。」〔註684〕焦循亦贊成「過情」即「過實」。楊伯峻《孟子譯注》云：「聲聞——聞，去聲，名譽也。」〔註685〕又把「聲聞過情」語譯作「名譽超過實際」。〔註686〕解「情」作「實際」。

理氏引朱用朱熹《大學章句》的注解解釋《孟子・離婁下》的「故聲聞過情」，情者實也，意義上是對的。但理氏這樣做，有些迂迴曲折，因為朱熹《孟子集註》已有了相同的解釋，可直接用《孟子集註》的解釋。

（四）

理氏引《大學》解釋《孟子》所載的「孟獻子」，作歷史人物溯源。《孟子・

〔註680〕〔宋〕朱熹：《四書集註・大學章句》，影印怡府藏版，第五頁。

〔註681〕《禮記正義》，北京：中華書局影印〔清〕阮元刻《十三經注疏》本，第六十卷，第七頁，總第三冊，第3634頁。

〔註682〕《孟子注疏》，北京：中華書局影印〔清〕阮元刻《十三經注疏》本，第八卷上，第九頁，總第五冊，第5931頁。

〔註683〕〔宋〕朱熹：《四書集註・孟子集註》，影印怡府藏版，第四卷，第二十二頁。

〔註684〕〔清〕焦循：《孟子正義》，北京：中華書局，下冊，第567頁。

〔註685〕楊伯峻：《孟子譯注》，上冊，第191頁。

〔註686〕楊伯峻：《孟子譯注》，上冊，第191頁。

萬章下》第三章第二節云：「孟獻子，百乘之家也。」〔註 687〕

理雅各《孟子》英譯本注：「Măng Hsien, —— see *Great Learning*, Comm. X 22.」〔註 688〕理氏意謂，孟獻此人，見《大學》注解第十章第 22 節。

茲引述《大學》第十章此節云：

> 孟獻子曰：「畜馬乘，不察於雞豚；伐冰之家，不畜牛羊；百乘之家，不畜聚斂之臣。與其有聚斂之臣，寧有盜臣。」此謂國不以利為利，以義為利也。長國家而務財用者，必自小人矣。彼為善之，小人之使為國家，菑害并至。雖有善者，亦無如之何矣！此謂國不以利為利，以義為利也。〔註 689〕

理雅各《大學》英譯本注云：

> Hsien was the honorary epithet of Chung-sun Mieh（蔑）, a worthy minister of Lû under the two dukes, who ruled before the birth of Confucius. His sayings, quoted here, were preserved by tradition, or recorded in some Work which is now lost.〔註 690〕

理氏意謂，獻是魯國大夫仲孫蔑的名譽稱呼，是魯國先後兩個國君所賞識的助手，其時間在孔子之前。他在此被引述的言論，是傳統留傳下來的，或者是被寫在某些已消失的文獻中。

關於獻子的生平，趙岐《孟子注》云：「獻子，魯卿孟氏也。有百乘之賦。」〔註 691〕可知道孟獻子是魯國的卿士，朱熹《四書集註．孟子集註》云：「孟獻子，魯之賢大夫仲孫蔑。」〔註 692〕理氏《大學》英譯本注解謂孟獻子即仲孫蔑，應該是根據朱熹《孟子集註》而來。焦循《孟子正義》云：「陳氏厚耀《春秋世俗譜》云：『孟孫、叔孫、季孫，俱出桓公，謂之三桓。公子慶父生公孫敖，公孫敖生文伯，《魯語》稱孟文子。文子生孟獻子仲孫蔑，文十五見，襄

〔註 687〕《孟子注疏》，北京：中華書局影印〔清〕阮元刻《十三經注疏》本，第十卷上，第九頁，總第五冊，第 5966 頁。

〔註 688〕James Legge, *The Works of Mencius*, p.377.

〔註 689〕《禮記正義》，北京：中華書局影印〔清〕阮元刻《十三經注疏》本，第六十卷，第十二頁，總第三冊，第 3636 頁。〔宋〕朱熹：《四書集註．大學章句》，影印怡府藏版，第十四頁。

〔註 690〕James Legge, *The great learning*, p.380.

〔註 691〕《孟子注疏》，北京：中華書局影印〔清〕阮元刻《十三經注疏》本，第十卷上，第九至十頁，總第五冊，第 5966 頁。

〔註 692〕〔宋〕朱熹：《四書集註．孟子集註》，影印怡府藏板，第五卷，第二十二頁。

十九卒。』」〔註693〕焦循所講的「文十五見，襄十九卒。」是說孟獻子的記載，首先見於《左傳》文公第十五年，記載其卒年者是《左傳》襄公第十九年。茲考之《左傳・文公十五年》所載云：「孟獻子愛之，聞於國。」〔註694〕其意是說孟獻子愛護他的兩個姪兒，此事全國人都知道。〔註695〕杜預《左傳注》云：「獻子，穀之子仲孫蔑。」〔註696〕楊伯峻《春秋左傳注》云：「獻子，文伯穀之子仲孫蔑，此時尚少，宣九年始見經，其當政自在惠叔死後。」〔註697〕《左傳・宣公九年》云：「經九年，……夏，仲孫蔑如京師。」〔註698〕而孟獻子之卒，《左傳》云：「經十有九年，……八月丙辰仲孫蔑卒。」〔註699〕

從《左傳》的記載，可見到孟獻子在文公十五年初出現時，已經有相當地位，否則其事其人焉能聲聞全國，到宣公時地位更顯重要，否則何以代表魯國入京師。其生平之事散見《左傳》，由初出現到襄公十九年卒，歷經文公、宣公、成公、襄公四代魯國君王。理氏謂孟獻子是魯國兩個君王的助手，似乎未有理解《左傳》所載孟獻子之事。

而《大學》第十章與《孟子・萬章下》第三章第二節的意思不同，茲引用勞思光《大學中庸譯註新編》解釋《大學》第十章，其云：

> 「畜馬乘」：四馬曰「乘」，古禮士為大夫後方能駕四馬。這就說「作大夫的人」。「不察於鷄豚」：即是說，不去管養豬養鷄的事，即不與平民爭利。「伐冰之家」：卿大夫取冰供祭祀之用；「伐冰之家」就是說「卿大夫之家」。「不畜牛羊」：即是說自家不養牛羊；意思也是不去與平民爭利。「百乘之家」：指有采地封邑的貴族。「畜」：養。「聚斂之臣」：指搜括人民財富的家臣。「此謂國不以利為利，以義為利也」：這是《大學》論執政之原則時主旨所在；執國政者只應求

〔註693〕〔清焦循：《孟子正義》，北京：中華書局，第691頁。

〔註694〕《春秋左傳正義》，北京：中華書局影印〔清〕阮元刻《十三經注疏》本，第十九卷下，第二十三頁，總第四冊，第4028頁。

〔註695〕楊伯峻《春秋左傳注》，北京：中華書局，1981年，第二冊，第611～612頁。

〔註696〕《春秋左傳正義》，北京：中華書局影印〔清〕阮元刻《十三經注疏》本，第十九卷下，第二十三頁，總第四冊，第4028頁。

〔註697〕楊伯峻《春秋左傳注》，第二冊，第611頁。

〔註698〕《春秋左傳正義》，北京：中華書局影印〔清〕阮元刻《十三經注疏》本，第二十二卷，第八頁，總第四冊，第4068頁。

〔註699〕《春秋左傳正義》，北京：中華書局影印〔清〕阮元刻《十三經注疏》本，第三十四卷，第一頁，總第四冊，第4272頁。

合理而不應去爭利。似是針對戰國貴族而發。〔註700〕

《孟子・萬章下》第三章第二節全文是：

孟子曰：「不挾長，不挾貴，不挾兄弟而友。友也者，友其德也，不可以有挾也。孟獻子，百乘之家也，有友五人焉：樂正裘、牧仲，其三人則予忘之矣。獻子之與此五人者友也，無獻子之家者也。此五人者亦有獻子之家，則不與之友矣。」〔註701〕

趙岐《孟子注》云：「獻子，魯卿孟氏也。有百乘之賦，樂正裘牧仲，其五人者，皆賢人無位者也。此五人者，自有獻子之家富貴而復有德，不肯與獻子友也，獻子以其富貴下此五人，五人屈禮而就之也。」〔註702〕朱熹《孟子精義》云：「橫渠曰：『獻子忘其勢，五人者忘人之勢，不資其勢而利其有，然後能忘人之勢。若五人者有獻子之家，則反為獻子之所賤矣。』」〔註703〕

理氏認為《大學》與《孟子》所講的「孟獻子」是同一人，是對的。但是《大學》篇引述孟獻子言論的目的，是講治國的目標與原則，是謀求人民的福祉，不以謀求財富為目的，而以伸張社會公義為為原則。而《孟子》引用孟獻子，是說明結交朋友之道，一是不自恃年紀大，二是不自恃地位高，三是不自恃兄弟的富貴，交友之道在乎朋友的德行。〔註704〕雖然，兩者同是引孟獻子為例，但兩者的目的卻是風馬牛不相及。理氏不清楚《大學》與《孟子》的分別。

（五）

理氏認為《孟子・盡心下》第三十二章第二節是《大學》篇的思想最好的總結，《盡心下》第三十二章第二節云：「君子之守，脩其身而天下平。」〔註705〕

理雅各《孟子》英譯本注：「The paragraph is a good summary of the teaching of The *Great Learning*.」〔註706〕理氏意謂，此段是對《大學》的教訓作最好

〔註700〕勞思光著，黃慧英編：《大學中庸譯註新編》，第31～32頁。

〔註701〕《孟子注疏》，北京：中華書局影印〔清〕阮元刻《十三經注疏》本，第十卷上，第九頁，總第五冊，第5966頁。

〔註702〕《孟子注疏》，北京：中華書局影印〔清〕阮元刻《十三經注疏》本，第十卷上，第九至十頁，總第五冊，第5966頁。

〔註703〕〔宋〕《朱熹》：《孟子精義》，上海：上海古籍出版社，《朱子全書》本，2002年，第柒冊，第762頁。

〔註704〕楊伯峻：《孟子譯注》，上冊，第237～238頁。

〔註705〕《孟子注疏》，北京：中華書局影印〔清〕阮元刻《十三經注疏》本，第十四卷下，第四頁，總第五冊，第6046頁。

〔註706〕James Legge, *The Works of Mencius*, p.495.

的總結。

由於理氏《大學》英譯本是以朱熹《四書集註．大學章句》作根據，朱子的《大學》篇，有經傳之分。引述朱熹所講的《大學》經，就足以說明《大學》與《孟子》此節的思想關係，茲引《大學》第一段云：

> 大學之道，在明明德，在親民，在止於至善。知止而后有定，定而后能靜，靜而后能安，安而后能慮，慮而后能得。物有本末，事有終始，知所先後，則近道矣。古之欲明明德於天下者，先治其國；欲治其國者，先齊其家；欲齊其家者，先脩其身；欲脩其身者，先正其心；欲正其心者，先誠其意；欲誠其意者，先致其知，致知在格物。物格而后知至，知至而后意誠，意誠而后心正，心正而后身脩，身脩而后家齊，家齊而后國治，國治而后天下平。自天子以至於庶人，壹是皆以脩身為本。其本亂而末治者否矣，其所厚者薄，而其所薄者厚，未之有也！〔註707〕

朱熹《四書集註．大學章句》解釋云：

> 程子曰：「親，當作新。」「大學者」，大人之學也。「明」，明之也。「明德」者，人之所得乎天，而虛靈不昧，以具眾理而應萬事者也。但為氣稟所拘，人欲所蔽，則有時而昏；然其本體之明，則有未嘗息者。故學者當因其所發而遂明之，以復其初也。「新」者，革其舊之謂也，言既自明其明德，又當推以及人，使之亦有以去其舊染之污也。「止」者，必至於是而不遷之意。「至善」，則事理當然之極也。言明明德、新民，皆當止於至善之地而不遷。蓋必其有以盡夫天理之極，而無一毫人欲之私也。此三者，大學之綱領也。「后」，與後同，後放此。「止」者，所當止之地，即至善之所在也。「知」之，則志有定向。「靜」，謂心不妄動。「安」，謂所處而安。「慮」，謂處事精詳。「得」，謂得其所止。明德為本，新民為末。知止為始，能得為終。本始所先，末終所後。此結上文兩節之意。（引者按：謂「物有本末至則近道矣」）「治」，平聲，後放此。「明明德」於天下者，使天下之人皆有以明其明德也。「心」者，身之所主也。「誠」，

〔註707〕《禮記正義》，北京：中華書局影印〔清〕阮元刻《十三經注疏》本，第六十卷，第一頁，總第三冊，第3631頁。〔宋〕朱熹：《四書集註．大學章句》，影印怡府藏版，第一至二頁。

實也。「意」者，心之所發也。實其心之所發，欲其一於善而無自欺也。「致」，推極也。知，猶識也。推極吾之知識，欲其所知無不盡也。格，至也。物，猶事也。窮至事物之理，欲其極處無不到也。此八者《大學》之條目也。「治」，去聲，後放此。「物格」者，物理之極處無不到也。「知至」者，吾心之所知無不盡也。知既盡，則意可得而實矣，意既實，則心可得而正矣。「脩身」以上，「明明德」之事也。「齊家」以下，「新民」之事也。「物格知至」，則知所止矣。「意誠」以下，則皆得所止之序也。「壹是」，一切也。「正心」以上，皆所以脩身也。「齊家」以下，則舉此而錯之耳。「本」，謂身也。「所厚」，謂家也。此兩節結上文兩節之意。右經一章，蓋孔子之言，而曾子述之。〔註 708〕

朱熹指出《大學》經一篇，有「三綱領」——「明明德」、「親民」、「止於至善」，在三綱領之下，有「八條目」——「格物」、「致知」、「誠意」、「正心」、「脩身」、「齊家」、「治國」、「平天下」。《大學》與朱熹的解釋，都指出儒家修身的目的，不是遺世獨立，而是走向社會。《大學》的主張是一種人性的內在自覺，揭示一切事功都以德性為基礎。〔註 709〕根據此基礎發展至「平天下」為最終目的，所謂「平天下」不是指人人當君王，是指每人都有造福社會責任。這種使命不單止是從政作官，而是廣大深遠有益世道人心的文化使命，張橫渠云：「為天地立志，為生民立道，為去聖繼絕學，為萬世開太平。」〔註 710〕黃宗羲《宋元學案》寫作：「為天地立心，為生民立命，為去聖繼絕學，為萬世開太平。〔註 711〕儒家的整體思想，可謂文化使命大於政治使命，《大學》承傳著這種思想。

至於《孟子》此節的意思，必須要從整章經文著手，《孟子・盡心下》第三十二章云：

孟子曰：「言近而指遠者，善言也；守約而施博者，善道也。君子之言也，不下帶而道存焉。君子之守，脩其身而天下平。人病舍

〔註 708〕〔宋〕朱熹：《四書章句集注・大學章句》，上海：上海古籍出版社，《朱子全書》本，2002 年，第陸冊，第 16～17 頁。
〔註 709〕勞思光著，黃慧英編：《大學中庸譯註新編》，第 37 頁。
〔註 710〕〔宋〕張載著，章錫琛點校：《張載集》，北京：中華書局，1978 年，第 320 頁。
〔註 711〕〔清〕黃宗義：《宋元學案》，浙江：浙江古籍出版社《黃宗義全集》本，第三冊，第 795 頁。

其田而芸人之田，所求於人者重，而所以自任者輕。」

趙岐《孟子注》云：

言近指遠，近言正心，遠可以事天也。守約施博，約守仁義，一可以施德於天下也，二者可謂善言、善道也。正心守仁者，皆在胷臆，吐口而言之，四體不與焉，故曰不下帶而道存焉。身正物正，天下平矣。芸治也。田以喻身，舍身不治，而欲責人治，是求人太重自任太輕也。〔註712〕

朱熹《四書集註・孟子集註》：

古人視不下於帶，則帶之上，乃目前常見至近之處也。舉目前之近事，而至理存焉，所以為言近而指遠也。此所謂守約而施博也。此言不守約而務博施之病。〔註713〕

孫奭《孟子疏》云：

此章言：「道之善，以心為原，當求諸己。而責於人，君子尤之，況以妄芸，言失務者也。」〔註714〕

《孟子》此章所講的，乃是凡事從小開始，言語要淺近，無須故弄玄虛，就已經意義深遠，這才是善言。《說文》云：「守，守官也。从宀从寸，从宀，寺府之事也。从寸，法度也。」〔註715〕規矩制度樸實無華，簡約而易行，就可以廣大地施行。仁義都是在個人胸臆之間，只要向自心尋找，一言一語皆可以是有道之言。故此君子的操守，就是修養自己，慢慢去影響別人，不要像無知的農夫，只顧為別人耕田而不種自己的田，不應只懂要求別人承擔責任，而自己卻推卸責任。簡而言之，無論任何事，人都要先自省，修養好自己，而不應待己以寬待人以嚴。〔註716〕

《孟子》所顯示的思想，是由小而大，由我而外，先求己而後求外。「君子之守，脩其身而天下平。」原本無解釋《大學》之意。但是研究《孟子》的學者，在闡釋《孟子》此章時，亦有以《大學》解之者，朱熹《孟子精義》：

〔註712〕《孟子注疏》，北京：中華書局影印〔清〕阮元刻《十三經注疏》本，第十四卷下，第四頁，總第五冊，第6046頁。

〔註713〕〔宋〕朱熹：《四書集註・孟子集註》，影印怡府藏板，第七卷，第二十九頁。

〔註714〕《孟子注疏》，北京：中華書局影印〔清〕阮元刻《十三經注疏》本，第十四卷下，第五頁，總第五冊，第6頁。

〔註715〕〔漢〕許慎著，〔清〕段玉裁注：《說文解字注》，第七篇下，第十至十一頁，總第340頁。

〔註716〕楊伯峻：《孟子譯注》，下冊，第338頁。

呂侍講曰：「君子之言至近，而指意深遠，則可謂善言也；所守至約，而德施廣博，則可謂善道也。不下帶者，近在目前也，君子之言，近在目前，而道德存焉，此言近而指遠也。修之一身，可謂約矣，身正則物正而天下平，此守約而施博也。君子治身，必去其惡而德可進。人之患在於不治己而治人，不責己而責人，辟如農夫舍己之田治人之田。所求於人者重，責人深也；所以自任者輕，責己薄也。言近而指遠，臣請以孔子之言明之。定公曰：『君使臣，臣事君，如之何？』孔子對曰『君使臣以禮，臣事君以忠。』其言可謂近矣。君使臣以禮，則君道盡；臣事君以忠，則臣道盡，此其指遠也。樊遲問仁。子曰：『愛人』問知。子曰：『知人。』其言可謂近矣。然而舜舉皐陶，湯舉伊尹，是亦愛人，是亦知人，此其指遠也。先王正心而后修身，修身而后齊家，齊家而后治國，治國而后治天下。正心修身者，守約也；治國治天下者，施博也。堯之知而不徧物，急先務也；堯舜之仁不徧愛人，急親賢也。急先務，急親，賢守約也；知周萬物，道濟天下，施博也。古之帝王無不修身以治天下；帝嚳修身而天下服；堯舜修己安百姓；皐陶戒禹曰：『慎厥身修，思永。』《中庸》曰：『好學近乎知，力行近乎仁，知恥近乎勇。知此三者，則知所以修身；知所以修身，則知所以治人；知所以治人，則知所以治天下國家矣。凡為天下國家有九經：一曰修身。』」又曰：「君子篤恭而天下平。修身者，治天下之大本也。故君子之所守，修其身而天下平。君子所以自任者必重，求於人者必輕，責己者必以厚，責人者必以薄。孔子曰：『躬自厚而薄責於人』。顏子曰：『舜何人也？予何人也？』孟子曰：『舜人也，我亦人也。』揚雄曰：『治己以仲尼。』此自任者重也。《表記》曰：『聖人之制行也，不制以己，使人有所勸勉愧恥，以行其言。』此求於人者輕也。成湯急於己而緩於人。《書》曰：『與人不求備』，此責於人者薄也。『檢身若不及』此責於己者厚也。君子以堯舜之道勉己，故日進於德；以中人之道望人，故人樂為善。若不治己而治人，若不責己而責人，農夫合己之田而治人之田也。」〔註717〕

〔註717〕〔宋〕《朱熹》：《孟子精義》，《朱子全書》本，第柒冊，第839頁。

《孟子》原意並不是解釋《大學》，但在研讀者的闡釋與應用上，以《孟子》解《大學》亦無不可，兩者可以互相發明。

第四節　理雅各引用《禮經》文獻的文學技巧

一、經典對觀的文學手法

理氏引用《禮記・檀弓》考釋孔子的弟子有若的言行，突顯有若的人物性格，也闡明有若與孔子的關係。理氏引用《禮記》補充《孟子》所載的不足，用經典對觀的文學手法突出人物性格，茲使用「有若」的記載作例子。

根據《孟子》所載，有兩段經文說及有若，第一是《滕文公上》第四章第十三節：「他日子夏、子張、子游以有若似聖人，欲以所事孔子事之，強曾子。」〔註718〕理氏引《檀弓》解釋此段經文的有若。

第二是《公孫丑上》第二章第二十五及二十八節：

> 宰我、子貢、有若，智足以知聖人，汙不至阿其所好。……有若曰：「豈惟民哉！麒麟之於走獸，鳳凰之於飛鳥，泰山之於丘垤，河海之於行潦，類也。聖人之於民，亦類也。出於其類，拔乎其萃。自生民以來，未有盛於孔子也！」〔註719〕

理氏並無解釋此段經文的有若。但根據此段經文可知有若的謙虛品性。

根據《孟子》上述兩段經文，可見有若是「似聖人」，「智足以知聖人」與及有若自謙的性格。但有若如何似聖人，又如何知聖人，《孟子》沒有說明。參考《檀弓上》兩段經文，便可看到歷史實例，《禮記・檀弓上》：

> 子游曰：「甚哉，有子之言似夫子也。昔者夫子居於宋，見桓司馬自為石槨，三年而不成。夫子曰：若是其靡也，死不如速朽之愈也。死之欲速朽，為桓司馬言之也。南宮敬叔反，必載寶而朝。夫子曰：若是其貨也，喪不如速貧之愈也。喪之欲速貧，為敬叔言之也。」……有子曰：「夫子制於中都，四寸之棺，五寸之槨，以斯知不欲速朽也。昔者夫子失魯司寇，將之荊，蓋先之以子夏，又申之

〔註718〕《孟子注疏》，北京：中華書局影印〔清〕阮元刻《十三經注疏》本，第五卷下，第四頁，總第五冊，第5884頁。

〔註719〕《孟子注疏》，北京：中華書局影印〔清〕阮元刻《十三經注疏》本，第三卷上，第十一至十二頁，總第五冊，第5842頁。

以冉有，以斯知不欲速貧也。」〔註 720〕

《檀弓》所載的有子便是有若。〔註 721〕

理氏英譯「似聖人」是「resembled the sage」〔註 722〕意謂有若外貌似孔子，用了文字直譯的方法，英譯「智足以知聖人」是「had wisdom sufficient to know the sage」〔註 723〕英譯《檀弓上》「有子之言似夫子也」是「How very like his words are to those of the Master.」〔註 724〕

不論是中文原文或理氏的譯文，若單看一段經文，對有若理解都是不全面的。比較《孟子》兩段經文與《檀弓上》一段經文，便可掌握有若與孔子的關係，有若相當理解孔子，他外貌像孔子，是說他言行像孔子。而且，性格謙虛。如果不引用《檀弓上》，對有若整個人物的認識便不夠全面。

二、民間傳說人物闡述的文學手法

理雅各使用兩種手法注解《孟子・離婁上》第一章第一節：「公輸子」。〔註 725〕一是作歷史人物考釋，二是民間民學的人物解說。兩個方法各有文學意義。

理雅各《孟子・離婁上》第一章第一節注：

> Kung-shû, named Pan（written 班 and 般）, was a celebrated mechanist of Lû, of the times of Confucius. He is fabled to have made birds of bamboo, that could continue flying for three days, and horses of wood, moved by springs, which could draw carriages. He is now the god of carpenters, and is worshipped by them; see the *Lî Chî*, Bk. II. Sect. II. Ii. 21.〔註 726〕

理氏首先用歷史人物考釋公輸般，公輸班或公書般都是指公輸子，是魯國著名的工匠，與孔子同時。公輸般這位歷史人物的事蹟，載於《檀弓下》，茲

〔註 720〕《禮記正義》，北京：中華書局影印〔清〕阮元刻《十三經注疏》本，第八卷，第七頁，總第三冊，第 2794 頁。

〔註 721〕《禮記正義》，北京：中華書局影印〔清〕阮元刻《十三經注疏》本，第八卷，第六頁，總第三冊，第 2793 頁。

〔註 722〕James Legge, *The Works of Mencius*, p.254.

〔註 723〕James Legge, *The Works of Mencius*, p.487.

〔註 724〕James Legge, trans. *The Lî kî I-X*, p.149.

〔註 725〕《孟子注疏》，北京：中華書局影印〔清〕阮元刻《十三經注疏》本，第七卷上，第一至二頁，總第五冊，第 5909 頁。

〔註 726〕James Legge, *The Works of Mencius*, p.288.

將理氏所指《禮記・檀弓下》之經文引述云：

> 季康子之母死，公輸若方小，斂，般請以機封，將從之，公肩假曰：「不可！夫魯有初，公室視豐碑，三家視桓楹。般，爾以人之母嘗巧，則豈不得以？其母以嘗巧者乎？則病者乎？噫！」弗果從。〔註727〕

此段經文所載的公輸般，性格愛好創新設計，不受傳統束縛，他的設計亦因而被維護傳統的人反對。

理氏亦使用民間文學的方式考釋公輸般，他指公輸般用竹造鳥兒，可以連續飛三天三夜；用木造馬，藉機器操作，可以拉車。現時的工匠都視他作神靈定時供奉。理氏這些講法，是屬於民間傳說的人物傳說類別。〔註728〕公輸般漸漸神化的傳說，在漢代已相當普遍，漢人劉安《淮南子・齊俗訓》云：「魯般、墨子，以木為鳶而飛之，三日不集，不可使為工也。」〔註729〕《墨子》作「公輸盤」，孫詒讓引用了大量文獻，證明公輸盤就是公輸般。〔註730〕劉安把公輸般稱為魯般，後世也稱公輸般作魯般。〔註731〕王充《論衡・儒增》對公輸般這種傳說作出批評云：

> 儒書稱：「魯般、墨子之巧，刻木為鳶，飛之三日而不集。」夫言其以木為鳶，飛之可也。言其三日不集，增之也。夫刻木為鳶，以象鳶形，安能飛而不集乎？既能飛翔，安能至於三日。如審有機關，一飛遂翔，不可復下，則當言遂飛，不當言三日，猶世傳言曰：「魯般巧，亡其母也。」言巧工為母作木車馬，木人御者，機關備具，載母其上，一驅不還，遂失其母。如木鳶機關備具，與木馬等，則遂飛不集。機關為須臾間，不能遠過三日，則木車等亦宜三日止於道路，無為徑去以失其母。二者必失實矣。〔註732〕

據王充的批評，公輸般已經由一個歷史人物轉化成傳說人物，而且關於

〔註727〕《禮記正義》，北京：中華書局影印〔清〕阮元刻《十三經注疏》本，第十卷，第五至六頁，總第三冊，第2837頁。

〔註728〕劉守華、陳建憲主編：《民間文學教程》，第52頁。

〔註729〕〔漢〕劉安著，高誘注：《淮南子注》，《諸子集成》本，第七冊，第182頁。

〔註730〕〔東周〕墨翟撰，〔清〕孫詒讓閒詁：《墨子閒詁》，臺北：藝文印書館，1981年，下冊，第888頁。

〔註731〕〔宋〕李昉編：《太平廣記》，北京：中華書局，1986年，第五冊，第1729頁。

〔註732〕〔東漢〕王充：《論衡》，上海：上海書店《諸子集成》本，1986年，第79～80頁。

公輸般的傳說越來越多，也越來越神奇，亦加上了人物之間的親情。這種轉變，就是民間文學的「箭垛式人物形象」，民間傳說在塑造這種形象時，將人物最具代表性的某種特徵集中描述，使此一性格強化，逐漸定型下來，形成一個「箭垛式的人物形象」〔註733〕。

理氏對公輸般的解釋，一是顧及到公輸般是歷史人物，二是顧及到公輸般在中國歷史文化的形象轉變，有神話化的傾向，後來更變作宗教神靈。

第五節　小結

理雅各引用三禮，偏重《周禮》與《禮記》，又特別重視《禮記》的《大學》與《中庸》。

第一節引用《周禮》文獻考。理氏所用的《周禮》英文名稱是 *Châu-li*，但理雅各沒有翻譯《周禮》。共引用了《周禮》十二篇文獻，包括了《閽人》、《小司徒》、《載師》、《媒氏》、《司市》、《司關》、《山虞》、《澤虞》、《場人》、《職喪》、《司常》。引用《小司徒》與《山虞》各兩次，其餘都引用一次，合共引用十四段經文。

理氏引用《周禮》的方式與其引用《書經》及《詩經》有顯著分別，理氏用譯述的方式引用《周禮》的經文，其引用的經文用英文加以解釋，而解釋比較長，在譯述中會指出《周禮》與《孟子》的記載有所不同。注解提及其曾經引用朱熹的《四書集註．孟子集註》、《朱子語類》、曹之升的《四書摭餘說》、《康熙字典》作參考文獻。對多音字會指出適當的讀音。

理氏引用《周禮》解釋《孟子》提及的周代政治制度、職官制度、社會禮制。其中可見孟子注重商業發展。

第二節引《儀禮》文獻考。理雅各使用的《儀禮》英文名稱是 *Î Lî*，但他沒有翻譯《儀禮》，其經文根據《十三經注疏．儀禮注疏》。理氏引用了《儀禮．士冠禮》與《儀禮．士昏禮》解釋《孟子》《滕文公下》第二章第二節的「冠禮」與「于歸之禮」，作禮儀制度的探索。理氏指出《儀禮》所載與《孟子》所講有些不同，因孟子時代的禮未必與《儀禮》相同。《孟子》引用經典的目的，是按其自己討論的主題與文意而使用。

第三節引用《禮記》文獻考。理氏翻譯《禮記》的英文名稱有三，在英譯《孟子》使用 *Book of Rites* 及 *Lî Chî*。英譯《禮記》則使用 *Lî kî* 此名，這英文

〔註733〕劉守華、陳建憲主編：《民間文學教程》，第59頁。

譯本收入《東方聖書》（*The Sacred Books of the East*）第二十七至二十八冊。理氏一共引用了《禮記》十四篇文獻解釋《孟子》，包括了《曲禮》、《檀弓》、《王制》、《月令》、《禮運》、《禮器》、《玉藻》、《明堂位》、《雜記》、《喪大記》、《祭義》、《坊記》、《中庸》、《大學》。引用次數最多是《中庸》十八次，其次是《大學》五次，《曲禮》五次，《檀弓》三次，《王制》三次，《月令》兩次，《雜記》兩次，《祭義》兩次但六段經文，《坊記》一次但兩段經文。總共引用《禮記》四十六次，五十一段經文。

理氏引用《禮記》解釋《孟子》，卷數與篇數都是根據其《禮記》英譯本而言。而且，需與其《禮記》英譯本的譯文一同參看，才可以清楚理氏《孟子》注解的講法。理氏也會對其引用的經文作簡單的描述。

理氏所引用《中庸》與《大學》雖然是屬於《禮記》文獻，但其根據是朱熹《四書》的體系。理雅各《中庸》英文譯本的名稱有 *The Doctrine of the Mean*，又稱 *Chung Yung*。理氏把《大學》的名稱翻譯成英文名稱是 *The Great Learning*，但又名之為 *Superior Learning* 此兩篇文獻收錄在其《四書》英譯本之中，兩篇文獻的章數與節數，理氏都是採用了朱熹的章句次序。研究理氏引用《中庸》解《孟子》，需要與其所作的《中庸》英譯注解一同參看，因為，理氏是根據其注解解釋《孟子》。理氏《中庸》與《論語》及《大學》英譯本於一八六一年合集出版，《孟子》英譯本同於一八六一年出版，但較前者時間稍後。可能基於這個原因，理氏引用其《中庸》英譯本注解來解釋《孟子》。而用這個方法解釋《孟子》，有些地方可以兩者互相發明，但亦時有扞格不通之處。

理氏解讀《孟子》有其既定立場，對基督教有衝突的講法或思想，理氏都批評與否定。

理氏運用經典對觀的文學手法，引用《禮記・檀弓上》考釋有若，與《孟子》互相對照，突顯了有若鮮明的謙虛性格，亦闡明他的言行與孔子相似。引用《檀弓下》考釋公輸般，作歷史闡述，特出公輸般追求創新、不囿於傳統的精神。又用民間傳說人物闡述的文學手法考釋公輸般，作文學闡述，顯示出公輸般由歷史人物漸漸變成神話人物，突顯公輸般在民間文學的形象。

綜觀理雅各引用《禮經》解釋《孟子》可分幾個方式，一是文字訓詁例如解「因」字，二是政治制度的考查如「山虞」之類，三是禮制的查究如「仲尼」別字的使用，四是人物言行的探討如曾子的孝行。政治思想的比較，如政壇上的尊卑不可錯置。對同一個歷史人物比較，如《中庸》與《孟子》所講的孔子。

第六章 引用《春秋左傳》文獻考述

《春秋》是孔子根據魯國史料而寫成，〔註1〕《孟子．滕文公下》第九章第七至八節：「世衰道微，邪說暴行有作，臣弒其君者有之，子弒其父者有之。孔子懼，作《春秋》。《春秋》，天子之事也。是故孔子曰：『知我者其惟春秋乎！罪我者其惟春秋乎！』」〔註2〕目的是警惕世人，建立太平社會，皮錫瑞《經學通論》云：「春秋有大義，有微言。所謂大義者，誅討亂賊以戒後世是也。所謂微言者，改立法制以致太平是也。此在《孟子》已明言之。」〔註3〕《左傳》是周左丘明根據各國史料寫成，〔註4〕目的是解釋《春秋》，孔穎達《春秋序》云：「左丘明受經於仲尼，以為經者不刊之書也，故傳。」〔註5〕《左傳》一書，現代多稱為《春秋左傳》。

《春秋左傳》充滿文學色彩，書中很多經文都可獨立成章，《古文評註》收集《春秋左傳》四十三章經文，加上標題，變成獨立篇章的歷史散文。〔註6〕《春秋左傳》無論記事、記言都充滿文學技巧，文句簡練。善於寫人敘事，把複雜的史事，多樣的人物，活靈活現地表達出來。使讀者知道春秋時代的政治狀況，各式人物的面貌、言行、性情。〔註7〕

〔註1〕〔清〕皮錫瑞：《經學通論》，第四卷，第2頁。

〔註2〕《孟子注疏》，北京：中華書局影印〔清〕阮元刻《十三經注疏》本，第十卷下，第四頁，總第五冊，第5903頁。

〔註3〕〔清〕皮錫瑞：《經學通論》，第四卷，第1頁。

〔註4〕〔清〕皮錫瑞：《經學通論》，第四卷，第45頁。

〔註5〕《春秋左傳正義》，北京：中華書局影印〔清〕阮元刻《十三經注疏》本，第一卷，第十一頁，總第四冊，第3700頁。

〔註6〕佚名：《古文評註全集》，上冊，第3卷，第一卷，第1頁～第2卷，第72頁。

〔註7〕劉大杰：《中國文學發展史》，上冊，第68頁。

理雅各翻譯《春秋》的英文名稱是 *Ch'un Ch'iu*，但是在其翻譯的《中國經典》，《春秋左傳》的英文名稱卻是 *The CH'UN TS'EW with The TSO CHUEN*。《春秋》《三傳》之中，理氏只翻譯了《左傳》，在 1872 年出版。而其《孟子》英譯本注亦只引用了《左傳》，而無引述其他兩傳。

第一節　引用《襄公十四年》考

理雅各《孟子》英譯本注一共引用了《襄公十四年》兩次。

一、引用師曠事蹟考

理氏引用《左傳》解釋《孟子》所載「師曠」此人，作歷史人物考察。《離婁上》第一章第一節：「孟子曰：『離婁之明，公輸子之巧，不以規矩，不能成方員。師曠之聰，不以六律，不能正五音。堯舜之道，不以仁政，不能平治天下。』」〔註 8〕

理雅各《孟子》英譯本注：「K'wang, styled Tsze-yê（子野），was music-master and a wise counsellor of Tsin, a little prior to the time of Confucius; —— see the《左傳・襄公十四年》。」〔註 9〕理氏意謂，師曠別號子野，是音樂大師，也是晉國諸侯的智囊，其年代稍前於孔子，見《左傳・襄公十四年》。

茲引述《左傳・襄公十四年》所載師曠之文云：

> 師曠侍於晉侯。晉侯曰：「衛人出其君，不亦甚乎？」對曰：「或者其君實甚。良君將賞善而刑淫，養民如子，蓋之如天，容之如地；民奉其君，愛之如父母，仰之如日月，敬之如神明，畏之如雷霆，其可出乎？夫君，神之主而民之望也。若困民之主，匱神乏祀，百姓絕望，社稷無主，將安用之？弗去何為？天生民而立之君，使司牧之，勿使失性。有君而為之貳，使師保之，勿使過度。是故天子有公，諸侯有卿，卿置側室，大夫有貳宗，士有朋友，庶人、工商、皁隸、牧圉皆有親暱，以相輔佐也。善則賞之，過則匡之，患則救之，失則革之。自王以下各有父兄子弟以補察其政。史為書，瞽為詩，工誦箴諫，大夫規誨，士傳言，庶人謗，商旅于市，百工獻藝。

〔註 8〕《孟子注疏》，北京：中華書局影印〔清〕阮元刻《十三經注疏》本，第七卷上，第一至二頁，總第五冊，第 5909 頁。

〔註 9〕James Legge, *The Works of Mencius*, p.288.

故夏書曰：道人以木鐸徇于路，官師相規，工執藝事以諫。正月孟春，於是乎有之，諫失常也。天之愛民甚矣，豈其使一人肆於民上，以從其淫，而棄天地之性？必不然矣。」〔註10〕

理氏謂師曠別號子野，乃據杜預《左傳注》而言，杜預云：「師曠，晉樂大師子野。」〔註11〕然而理氏引用《左傳》此段經文，只說明了師曠是晉平公的智囊，而且是敢言直諫之士。蓋《左傳》此文，是說晉侯覺得衛國人趕走了他們的國君，是太過份的行為。而師曠的回應則認為，國君要保護黎民百姓，百姓則敬仰天子如父母，國君需有不少人輔助其施政，匡助其過失，而且國君與輔助者都可以從不同的途徑察知民情，但天子與輔政者都沒有盡其責任，不容於天理。《左傳‧襄公》此文，不足以解《孟子‧離婁上》此段經文，蓋孟子所講者，乃師曠之耳靈敏，審音準確分明。

「師曠之聰」者，焦循《孟子正義云》：

襄公十八年《左傳》云：「晉人聞楚師，師曠曰：不害，吾驟歌北風，又歌南風。南風不競，多死聲，楚必無功。」〔註12〕又：「齊師夜遁，師曠告晉侯曰：鳥烏之聲樂，齊師其遁。」〔註13〕《呂氏春秋‧長見篇》云：「晉平公鑄為大鐘，使工聽之，皆以為調。以師曠曰不調，請更鑄之。」〔註14〕「皆其聽至聰之事也。」〔註15〕

焦氏所引三個例子，足以說明師曠的耳朵分別音聲十分準確，可分辨「六律、五音」，趙岐《孟子注》云：「師曠，晉平公之樂太師也。其聽至聰。不用六律不正五音，六律，陽律：大蔟、姑洗、蕤賓、夷則、無射、黃鐘也。五音宮、商、角、徵、羽也。」〔註16〕楊伯峻《孟子譯注》云：「五音——中國音

〔註10〕《春秋左傳正義》，北京：中華書局影印〔清〕阮元刻《十三經注疏》本，第三十二卷，第十八至二十頁，總第四冊，第4250～4251頁。

〔註11〕《春秋左傳正義》，北京：中華書局影印〔清〕阮元刻《十三經注疏》本，第三十二卷，第十八頁，總第四冊，第4250頁。

〔註12〕原文見《春秋左傳正義》，北京：中華書局影印〔清〕阮元刻《十三經注疏》本，第三十三卷，第十五頁，總第四冊，第4267頁。

〔註13〕原文見《春秋左傳正義》，北京：中華書局影印〔清〕阮元刻《十三經注疏》本，第三十三卷，第十二頁，總第四冊，第4265頁。

〔註14〕原文見《呂氏春秋》，上海：上海印書館《諸子集成》本，第六冊，1986年，第112頁。

〔註15〕〔清〕焦循：《孟子正義》，北京：中華書局，上冊，第475～476頁。

〔註16〕《孟子注疏》，北京：中華書局影印〔清〕阮元刻《十三經注疏》本，第七卷上，第二頁，總第五冊，第5909頁。

階之名，即宮、商、角、徵、羽。宮相當於 do，商相當於 re，角相當於 mi，徵相當於 sol，羽相當於 la。」〔註 17〕

孟子所論之重點不在師曠，孟子是引用師曠作比喻，說明行仁政平天下的意義，張居正《四書集註闡微直解》云：

> 譬如審樂，以師曠之聰，使之察音，巨細清濁何所不辨？然必以六律之長短，定五音之高下而後可以成樂。設使不用六律，則至聰亦無所施，而五音不可審矣。古稱至聖莫如堯舜，如堯舜之治天下，以如天好生之仁運之，何治不成。然其精神心術，必寄之紀綱法度，立為養民之政以厚其生，立為教民之政以正其德，而後能使天下咸被其仁也。設使堯舜之治天下，而不以仁政，則雖有教養斯民之心，而綱維未備，規制未周，欲天下之民皆遂生複性而歸於平治，亦不能矣，況不及堯舜者乎？然則為治之不可無法，即器之不可無規矩，樂之不可無六律也。世之求治者，奈何欲廢乎！〔註 18〕

孟子強調君主管治天下，必須有規矩。孟子引用師曠作例子，師曠的耳雖聰敏，但要使用六律才可以辨正五音，比喻仁政也需要法治輔助。

二、引用「尹公佗」與「庾公差」考

理氏引《左傳》解釋《孟子》所講庾公之斯追子濯孺子之事。《離婁下》第廿四章云：

> 逢蒙學射於羿，盡羿之道，思天下惟羿為愈己，於是殺羿。孟子曰：「是亦羿有罪焉。」公明儀曰：「宜若無罪焉？」曰：「薄乎云爾，惡得無罪？鄭人使子濯孺子侵衛，衛使庾公之斯追之。子濯孺子曰：『今日我疾作，不可以執弓，吾死矣夫！』問其僕曰：『追我者誰也？』其僕曰：『庾公之斯也。』曰：『吾生矣。』其僕曰：『庾公之斯，衛之善射者也，夫子曰：吾生，何謂也？』曰：『庾公之斯學射於尹公之他，尹公之他學射於我。夫尹公之他，端人也，其取友必端矣。』庾公之斯至，曰：『夫子何為不執弓？』曰：『今日我疾作，不可以執弓。』曰：『小人學射於尹公之他，尹公之他學射於夫子。我不忍以夫子之道，反害夫子。雖然，今日之事，君事也，

〔註 17〕楊伯峻：《孟子譯注》，上冊，第 164 頁。

〔註 18〕〔明〕張居正：《四書集註闡微直解》，第二十卷，第一至二頁，總第 568 頁。

我不敢廢。』抽矢叩輪，去其金、發乘矢而後反。」〔註 19〕

理雅各《孟子》英譯本注云：

In the《左傳》, under the fourteenth year of duke 襄, we have a narrative bearing some likeness to this account of *Mencius*, and in which 尹公佗 and 庾公差 figure as famous archers of Wei, It is hardly possible, however, to suppose that the two accounts are of the same thing.〔註 20〕

理氏意謂，據《左傳・襄公十四年》所載，有一個故事與《孟子》所講者近似，《左傳》所言，尹公佗、庾公差被認為是衛國著名的箭手，但很難說二者是同一件事。

茲引述《春秋・左傳・襄公十四年》云：

四月，己未，子展奔齊，公如鄄。使子行請於孫子，孫子又殺之。公出奔齊，孫氏追之，敗公徒于阿澤，鄄人執之。初，尹公佗學射於庾公差，庾公差學射於公孫丁。二子追公，公孫丁御公。子魚曰：「射為背師，不射為戮，射為禮乎？」射兩軥而還。尹公佗曰：「子為師，我則遠矣。」乃反之。公孫丁授公轡而射之，貫臂。〔註 21〕

比較《孟子》與《左傳》兩段經文，相差亦頗多，《孟子》所講者，是鄭人侵衛國，《左傳》所載者是衛獻公〔註 22〕出走往齊國。《孟子》所載是衛國的庾公之斯追殺鄭國的子濯儒子，《左傳》則是孫子追殺衛獻公。《孟子》所載是庾公之斯學射於尹公之他，尹公之他學射於子濯孺子；《左傳》所載則是尹公佗學射於庾公差，庾公差學射於公孫丁。《孟子》與《左傳》不同，論者有不同看法。

孔穎達認為，孟子屬於辯士之說，應是《左傳》可信，孔穎達《春秋正義》云：「其姓名與此略同，行義與此正反，不應一人之身有此二行，孟子辯士之說，或當假為之辭，此《傳》應是實也。」〔註 23〕

〔註 19〕《孟子注疏》，北京：中華書局影印〔清〕阮元刻《十三經注疏》本，第八卷下，第一至二頁，總第五冊，第 5937 頁。

〔註 20〕James Legge, *The Works of Mencius*, p.329~330.

〔註 21〕《春秋左傳正義》，北京：中華書局影印〔清〕阮元刻《十三經注疏》本，第三十二卷，第十五頁，總第四冊，第 4249 頁。

〔註 22〕楊伯峻：《春秋左傳注》，北京：中華書局，1981 年，第三冊，第 1012 頁。

〔註 23〕《春秋左傳正義》，北京：中華書局影印〔清〕阮元刻《十三經注疏》本，第三十二卷，第十五頁，總第四冊，第 4249 頁。

焦循《孟子正義》論二者之不同云：

> 毛氏奇齡《四書賸言》云：「鄭人使子濯孺子侵衛事，《左傳》是孫林父追衛獻公事，非鄭侵衛而衛使追也。且是尹公佗學射於庾公差，非庾公差學射於尹公佗，其中或射或不射，即此事而不甚合。大抵春秋戰國間，其記事不同多類此。」按此知孟子未見《左傳》，則《左傳》固晚出之書也。〔註 24〕

焦循認為《左傳》的出現，比較《孟子》遲，而且在春秋戰國期間，記載歷史事件的情況比較亂。由此言之，《孟子》與《左傳》可能使用不同的史料，以致所講有所差別。

《孟子》此章的目的，乃是講人的取友之道，庾公之斯與尹公之他，只不過是例子，張居正《四書集註闡微直解》云：

> 這是孟子為取友而發，歸罪於羿，然其微意猶有所在。蓋兵乃不祥之器，羿身為國君，若能以道德為威，誰敢不服，乃以弓矢之能，與其家臣相角，以此取禍，固其宜也。豈但擇交非人為可罪哉？〔註 25〕

> 夫羿之被禍固其自取，至於庾斯之事本無足稱，孟子何為引之？蓋人之處事，奉法之公私，與存心之厚薄，迹若相悖，而機實相通，未有交遊之間，忍於背義，而事使之際，獨能盡忠者，此庾斯與逢蒙之辨也。論人者以此察之可矣。〔註 26〕

傅佩榮《孟子新解》云：

> 同類的人會聚合在一起，因此一個人受到朋友或學生的連累，自己也有部分責任。蘇格拉底認為，惡人沒有朋友，因為朋友以道義互相期許，而惡人豈有道義可言？事實上，壞人也有所謂的朋友，只是他們不講道義，交了朋友也靠不住。因此，后羿收錯了學生，教了一個品性不好的人，反受其害。而子濯孺子收對了學生，教了一個正派的人，由此保住了性命。這裡的重點在於「取友必端」。這個世界上不可能每一個人都是好人，所以自己要努力行善、端正自己，並且設法物以類聚。〔註 27〕

〔註 24〕〔清〕焦循：《孟子正義》，北京：中華書局，下冊，第 581 頁。

〔註 25〕〔明〕張居正：《四書集註闡微直解》，第二十一卷，第二十六頁，總第 605 頁。

〔註 26〕〔明〕張居正：《四書集註闡微直解》，第二十一卷，第二十八頁，總第 606 頁。

〔註 27〕傅佩榮：《孟子新解》，下冊，第 40 頁。

孟子十分重視這種交友之道。《孟子題辭解》云：「孟子生有淑質，夙喪其父，幼被慈母三遷之教。」〔註28〕趙岐引《列女傳》孟母三遷的故事，〔註29〕解釋「慈母三遷之教」。孟母三遷的故事，特出了環境與朋輩對個人成長的影響，結交朋友是儒家教育的重要一環。

第二節　引用《昭公二十年》考

理氏用《左傳》指出《孟子》所載「招虞人，不至」的例子，是政制名物的考釋。《滕文公下》第一章第二節：「昔齊景公田，招虞人以旌，不至，將殺之。孔子奚取焉？取非其招不往也。如不待其招而往，何哉？」〔註30〕

理雅各《孟子》英譯本注：

> The 虞人 was an officer as old as the time of Shun, …… A forester's token was a fur cap, and the one in the text would not answer to a summons with a flag. See the incident in the《左傳》, 昭公, 二十年, where the details, however, and Confucius's judgment on it, are different. It is there said: —— "The prince of Ch'i was hunting in P'i and summoned the forester with a bow. As the forester did not come, the prince had him seized, when he excused himself, saying, In the huntings of former princes, 大夫 have been summoned with a banner; 士, with a bow; and the forester with a fur cap. As I did not see the fur cap, I did not venture to approach. The duke on this dismissed the man. Chung-ni said, He observed the law of his office, rather than the ordinary rule of answering the summons. Superior men will approve of his act."〔註31〕

理氏意謂，虞人（管理山林的人）這官職在帝舜時就已設立，虞人的標誌是皮冠，根據經文，君王用旌旗召喚虞人，虞人不聽從召喚，可見於《左傳‧昭公二十年》，並有孔子的評論，但其中所記有些不同。《左傳》所載是「齊國

〔註28〕《孟子注疏》，北京：中華書局影印〔清〕阮元刻《十三經注疏》本，《孟子題辭解》，第二頁，總第五冊，第5790頁。

〔註29〕《孟子注疏》，北京：中華書局影印〔清〕阮元刻《十三經注疏》本，《孟子題辭解》，第二頁，總第五冊，第5790頁。

〔註30〕《孟子注疏》，北京：中華書局影印〔清〕阮元刻《十三經注疏》本，第六卷上，第一頁，總第五冊，第5893頁。

〔註31〕James Legge, *The Works of Mencius*, p.261~262.

君王在沛地打獵，用弓作信物召見虞人，但虞人不來，齊君拘捕了虞人，虞人辯解說：『以前的君王打獵的時侯，用旗幟召喚大夫，用弓召喚士，用皮帽召喚虞人，因我看不見皮帽，所以不敢冒險進見。齊君於是釋放了虞人，孔仲尼評論之云，遵守其官位的規矩，不理君王召見就要進見的常規，君子應該贊成此虞人的行徑。

茲引述《春秋‧左傳‧昭公二十年》云：「十二月，齊侯田于沛，招虞人以弓，不進。公使執之。辭曰：『昔我先君之田也，旃以招大夫，弓以招士，皮冠以招虞人。臣不見皮冠，故不敢進。』乃舍之。仲尼曰：『守道不如守官。』君子韙之。」〔註 32〕

杜預《左傳注》云：「言疾愈行獵，沛澤名。虞人，掌山澤之官。君招當往，道之常也。非物不進，官之制也。」〔註 33〕孔穎達《左傳正義》云：「《周禮》孤卿建旃，大夫尊，故麾旃以招之也。『逸詩』：『翹翹車乘，招我以弓。』古者聘士以弓。故弓以招士也。諸侯服皮冠以田，虞人掌田獵，故皮冠以招虞人也。韙，是也。」〔註 34〕

理氏認為《孟子‧滕文公下》所載與《左傳‧昭公二十年》所載有所不同，然而他又未講明不同者何在，若單以《孟子》此文作比較，則可知《孟子》云「招虞人以旌，不至。」與《左傳》所載「招虞人以弓，不進」是有不同。《孟子》這個講法，除了在《滕文公下》出現之外，也有在《萬章下》第七章五至七節出現，其云：

> 齊景公田，招虞人以旌；不至，將殺之。志士不忘在溝壑，勇士不忘喪其元。孔子奚取焉？取非其招不往也。曰：「敢問招虞人何以？」曰：「以皮冠。庶人以旃，士以旂，大夫以旌。以大夫之招招虞人，虞人死不敢往；以士之招招庶人，庶人豈敢往哉？況乎以不賢人之招招賢人乎？」〔註 35〕

〔註 32〕《春秋左傳正義》，北京：中華書局影印〔清〕阮元刻《十三經注疏》本，第四十九卷，第十三至十四頁，總第四冊，第 4546 頁。

〔註 33〕《春秋左傳正義》，北京：中華書局影印〔清〕阮元刻《十三經注疏》本，第四十九卷，第十三至十四頁，總第四冊，第 4546 頁。

〔註 34〕《春秋左傳正義》，北京：中華書局影印〔清〕阮元刻《十三經注疏》本，第四十九卷，第十三至十四頁，總第四冊，第 4546 頁。

〔註 35〕《孟子注疏》，北京：中華書局影印〔清〕阮元刻《十三經注疏》本，第十卷下，第九至十頁，總第五冊，第 5973 頁。

《萬章下》之文，同樣是「招虞人以旌」。若以《萬章下》第七章之文與《左傳》比較，不單止招虞人有所不同，甚至整個國君召喚地方官員的信物都有不同，《萬章下》所載乃是：「以皮冠。庶人以旃，士以旂，大夫以旌。」《左傳．昭公二十年》之文則是：「旃以招大夫，弓以招士，皮冠以招虞人。」二者所載，只有召喚虞人之信物用「皮冠」之外，其他完全不同。楊伯峻《春秋左傳注》謂：「《孟子．萬章下》謂招虞人『以皮冠，庶人以旃，士以旂，大夫以旌。』除招虞人以皮冠外，餘皆不同，不知其故。」〔註36〕是以，《滕文公下》第一章所載「招虞人以旌」與《左傳．昭公二十年》所載「招虞人以弓」之不同，也可以說是不知何故，若勉強解釋，只可以說二者所據資料有所不同。

《孟子．滕文公下》此節經文，重點不在於招虞人之信物，而且孟子對名物典故也無加以解釋。因為孟子的學生陳代認為，孟子因拘於小節而不見諸侯，是錯失揚名的機會。孟子藉此例子，教導他的學生陳代，不可以忽略與諸侯見面的禮節，張居正《四書集註闡微直解》論之云：

> 孟子答說：「我非不欲得君行道，但揆之於義，不當往見耳。不觀虞人之於齊景公乎？昔景公出獵，以虞人當有職事，使人持旌節召之。古時人君召見臣下，各有所執以為信，招大夫方用旌節，若招虞人當用皮冠，那虞人見以旌招他，非其官守，不肯往見。景公怒其違命，將欲殺之。孔子見虞人能守其官，因稱他說：世間有一等志士，常思固守貧窮，就死無棺槨，棄在溝壑，也不怨恨；有一等勇士，常思捐軀殉國，就戰鬥而死，不保首領，也不顧避，正此虞人之謂也。夫孔子何取於虞人而稱美之若此？只為他招之不以其物，而守死不往故矣。夫招之不以其物，在虞人小吏尚且不往，況不待諸侯之招而往見，其如屈己何哉？』故不見諸侯，乃義不當往，非故自為尊大也。」〔註37〕

孟子處事原則，按禮而行，凡違禮的事，堅決不行。與諸侯見面，是進身官場的大好時機，但必須按禮節進見諸侯。虞人雖是小官，但齊景公取非其招，於禮不合，虞人亦按禮而抗拒齊景公的命令。孟子藉此歷史事件為例，說明禮節的重要性。

〔註36〕楊伯峻：《春秋左傳注》，第四冊，第1418頁。

〔註37〕〔明〕張居正：《四書集註闡微直解》，第十九卷，第二頁，總第551頁。

第三節　引用《春秋左傳》「義戰」觀念考

理氏用《左傳》解釋《孟子》所講「春秋無義戰。」《盡心下》第二章第一節：「春秋無義戰。彼善於此，則有之矣。征者，上伐下也，敵國不相征也。」〔註 38〕

理雅各《孟子》英譯本注：「無義戰，——『no righteous battles.』Both Chao Ch'i and Chû Hsî make 戰＝戰伐事，『the affairs of fighting and smiting,』i.e. all the operations of war detailed in the *Ch'un-ch'iû*.」〔註 39〕理氏意謂，無義戰者，沒有公正的戰爭，趙岐與朱熹都說「戰」是「戰伐事」，即是打鬥與重擊的事件，所有這些戰爭都可在《春秋》找到。

《盡心下》第二章所講的《春秋》，就是孔子所編纂的《春秋》，《孟子》很肯定地認為《春秋》是孔子所作，《滕文公下》第九章載：「世衰道微，邪說暴行有作。臣弒其君者有之，子弒其父者有之。孔子懼，作《春秋》。《春秋》，天子之事也。是故孔子曰：『知我者，其惟《春秋》乎！罪我者，其惟《春秋》乎！』」〔註 40〕又云：「孔子成《春秋》而亂臣賊子懼。」〔註 41〕

趙岐與朱熹都認為戰是指戰伐之事，然而此所謂無義戰，二者都認為是無天子之命的戰爭。趙岐《孟子注》云：「春秋所載戰伐之事，無應王義者也。彼此相覺有善惡耳，孔子舉毫毛之善，貶纖芥之惡，故皆錄之於春秋也。上伐下謂之征，諸侯敵國不相征，五霸之世，諸侯相征，於三王之法，皆不得其正者也。」〔註 42〕朱熹《四書集註．孟子集註》云：「《春秋》每書諸侯戰伐之事，必加譏貶，以著其擅興之罪，無有以為合於義而許之者，但就中彼善於此者則有之，如召陵之師之類也。征所以正人也，諸侯有罪，則天子討而正之，此春秋所以無義戰也。」〔註 43〕焦循《孟子正義》云：

> 惠氏士奇《春秋說》云：「古者王巡守，大司馬起師合軍以從，

〔註 38〕《孟子注疏》，北京：中華書局影印〔清〕阮元刻《十三經注疏》本，第十四卷上，第二頁，總第五冊，第 6034 頁。

〔註 39〕James Legge, *The Works of Mencius*, p.478.

〔註 40〕《孟子注疏》，北京：中華書局影印〔清〕阮元刻《十三經注疏》本，第六卷下，第四頁，總第五冊，第 5903 頁。

〔註 41〕《孟子注疏》，北京：中華書局影印〔清〕阮元刻《十三經注疏》本，第六卷下，第五頁，總第五冊，第 5904 頁。

〔註 42〕《孟子注疏》，北京：中華書局影印〔清〕阮元刻《十三經注疏》本，第十四卷上，第二頁，總第五冊，第 6034 頁。

〔註 43〕〔宋〕朱熹：《四書集註．孟子集註》，影印怡府藏版，第七卷，第十九頁。

於是救無辜，伐有辠，所以威天下而行其禁令焉。環人掌四方之故，揚軍旅，降圍邑，而九伐之法，賊賢害民則伐之，負固不服則侵之。是故伐也、侵也、圍也、救也，皆王者之師。不虐五穀，不伐樹木，不焚室屋，不取六畜，兵之來也，除民之讐，順天之道而已。《公羊》曰：『精者曰伐，觕者曰侵。』《左氏》曰：『有鐘鼓曰伐，無者曰侵，輕者襲。』鐘鼓言其器也，精觕言其情也。獨《穀梁》曰：『苞人民，毆牛馬曰侵。斬樹木、壞宮室曰伐，不義孰甚焉。』此《春秋之征伐》豈王者之師哉？要而論之，大曰伐，小曰侵，侵之輕且密者曰襲，遲曰圍，急曰救。故伐者伐其君，侵者侵其地，襲則揜之，圍則合之，救則分之，行師之道備矣。周室既卑，征伐不出乎天子，皆出自諸侯及其大夫，故《春秋》無義戰，莫如莊六年，王人救衛為尤甚。」〔註44〕

可見，《春秋》無義戰即是征伐之戰已經不是由天子號令，而是由諸侯自由發動戰爭，這些戰爭都沒有天子的同意，所以不是義戰。

張居正《四書集註闡微直解》云：

這是孟子追論春秋諸侯無王之罪，以警戒當時的意思。說道：「大凡征伐之舉，必天子出命以討罪，諸侯承命以行師，方可謂之義戰也。若《春秋》之書，所載戰伐之事，固非一端，然或書名以示貶，或書人以示譏，無有一件以為合義而許之者，但就中容有假尊王之名，竊攘夷之號，興兵致討，為彼善於此者。如召陵之師，責苞茅之不貢，城濮之役，遏荊楚之憑陵，此類而已。然此特比於叛義悖理之舉，為少優耳。何嘗遽以為盡善乎？彼其所以無義戰者，何也？蓋征者，以上伐下之名，惟天子得而專之也。若同為諸侯，勢均力敵，不相上下，這叫作敵國。敵國之中，如有強侵弱，眾暴寡者，當上告天子，聽命誅討，無有相征伐之理。使敵國相征，則為擅興師旅而無王矣，今春秋之時，皆敵國相征，非有以上伐下之權，犯義于紀，乃王者之罪人也，安得有義戰乎？」宜孔子之致嚴于書法也。〔註45〕

從上面各學者的討論，可以知道《孟子》的「春秋無義戰」之「義戰」，是專用來討論《春秋》所載之戰爭，現在也可說是春秋時代的戰爭。因為按正

〔註44〕〔清〕焦循：《孟子正義》，北京：中華書局，下冊，第955～956頁。

〔註45〕〔明〕張居正：《四書集註闡微直解》，第二十七卷，第二至三頁，總第727～728頁。

確的「禮」而言，大小之戰爭，都要有天子的命令，然後諸侯才可以執行打仗之事，這叫作「義戰」。但是春秋時期，天下無道，各類型的戰爭，都不經天子的命令，由諸侯各自執行討伐或發動戰爭，這些無天子的命令，只由諸侯發動的任何戰爭都不是義戰。春秋時代，周室天子力弱，諸侯不尊重天子，各自專政，各自興兵作戰，因為無天子的命令，諸侯之間相爭，周天子也無力調解，所以《孟子》說《春秋》無義戰。理雅各並不理解「義戰」的真正意思，所以把「無義戰」譯作「no righteous battles」。

第四節　理雅各引用《春秋左傳》文獻的文學技巧

理雅各運用「譯注互補」的文學技巧，引用《春秋左傳》解釋《孟子》，把歷史人物性格及精神面貌展現在讀者眼前。例如考述師曠此人，《孟子・離婁上》第一章第一節：「師曠之聰，不以六律，不能正五音。」〔註 46〕理雅各《孟子》英譯本注引用《左傳・襄公十四年》解釋師曠此人。〔註 47〕

理氏英譯此段經文「The acute ear of the music-master K'wang, without the pitch-tubes, could not determent correctly the five notes.」〔註 48〕與中文原文相差不大。若只從《孟子》此段經文及翻譯，只知道師曠的專長。看不見他的性格與精神面貌。

《左傳・襄公十四年》所載的師曠，人物性格鮮明，敢言直說，在君主面前，直陳民本思想。〔註 49〕晉侯知道衛國人民驅逐了衛國君主，晉侯問師曠的意見，師曠答：

> 或者其君實甚。良君將賞善而刑淫，養民如子，蓋之如天，容之如地；民奉其君，愛之如父母，仰之如日月，敬之如神明，畏之如雷霆，其可出乎？夫君，神之主而民之望也。若困民之主，匱神乏祀，百姓絕望，社稷無主，將安用之？弗去何為？〔註 50〕

〔註 46〕《孟子注疏》，北京：中華書局影印〔清〕阮元刻《十三經注疏》本，第七卷上，第一至二頁，總第五冊，第 5909 頁。

〔註 47〕James Legge, *The Works of Mencius*, p.288.

〔註 48〕James Legge, *The Works of Mencius*, p.288.

〔註 49〕游國恩、王起編：《中國文學史》，北京：人民文學出版社，1985 年，第 1 冊，第 58 頁。

〔註 50〕《春秋左傳正義》，北京：中華書局影印〔清〕阮元刻《十三經注疏》本，第三十二卷，第十八頁，總第四冊，第 4250 頁。

在晉侯面前批評衛國君主，闡明民貴君輕的思想，證明師曠敢言的性格。又藉天道而說人道：「天之愛民甚矣，豈其使一人肆於民上，以從其淫，而棄天地之性？必不然矣。』」〔註 51〕表面上好像沒有擺脫天道鬼神觀，實際上是因勢利導，以人民的利益發表他的民本政見。師曠這番議論，在從前是不可想像的。〔註 52〕

理氏在此又顯示出譯文與注解互補的文學意義。雖然，引用《左傳・襄公十四年》注解《孟子・離婁上》第一章的師曠，對理解《孟子》此章的整體意義幫不大，但對認識師曠則頗有幫助。

第五節　小結

理雅各翻譯《春秋》的英文名稱是 *Ch'un Ch'iu*，但是在其翻譯的《中國經典》，《春秋左傳》的英文名稱卻是 *The CH'UN TS'EW with The TSO CHUEN*。

理雅各一共引用了《襄公十四年》兩次以解釋《孟子》。第一次是引用《左傳》解釋《孟子・離婁上》第一章第一節所載「師曠」此人，作歷史人物考查。第二次是引《左傳》解釋《孟子・離婁下》第廿四章所講庾公之斯追子濯孺子之事，作人物考查。

理氏用《左傳》指出《孟子・滕文公下》第一章第二節所載「招虞人，不至」的例子，是政制名物的考釋。

理氏用《左傳》解釋《孟子・盡心下》第二章第一節所講「春秋無義戰。」作訓詁與義理考究。理氏認為義戰是公義之戰。但《春秋》無義戰實際的意思是，是指征伐之戰已經不是由天子號令，由諸侯自由發動戰爭，這些戰爭因為沒有天子的同意，所以不是義戰。

理氏使用「譯注互補」的文學技巧，將春秋時代的師曠的精神面貌，敢言直陳的性格靈活展現出來。

理雅各用三個方法引用《春秋左傳》解《孟子》，一是歷史人物探究，二是職官制度探討，三是文字訓詁考查。

〔註 51〕《春秋左傳正義》，北京：中華書局影印〔清〕阮元刻《十三經注疏》本，第三十二卷，第二十頁，總第四冊，第 4251 頁。

〔註 52〕游國恩、王起編：《中國文學史》，北京：人民文學出版社，1985 年，第 1 冊，第 58 頁。

結　論

第一章理雅各生平及其所譯《中國經典》。

理雅各（James，Legge）在一八一五年十二月二十日出生於蘇格蘭亞伯丁郡的漢德利城（Huntly）。1838 被英國倫敦傳道會差派到馬六甲，專向華人傳道。並且開始學習中文。明白到翻譯《四書五經》成英文的重要性。1843 年奉命遷到香港，在此地著手翻譯中國的經典。1861～1886 年在香港及英國倫敦出版了《中國經典》的《論語》、《大學》、《中庸》、《孟子》、《書經》、《詩經》、《春秋左傳》。與及收在《東方聖書》的《禮記》、《孝經》、《易經》、《道德經》、《莊子》。

第二章引用《易經》文獻考述

理雅各翻譯《易經》的名稱有二，一是 *Yî-ching*，二是 *The Yî King*。理雅各引用了《易經．繫辭》兩段文字解釋《孟子》，第一段是用來解釋「神農氏」，但理氏只是作了歷史人物的考察，對《孟子》「神農之言」並無闡述與研究。第二段是用來解釋「抱關擊柝」，是防禦的行政與設施的考察。理氏認為「抱關」與「擊柝」是同一人的工作，即守門與打更是同一人的工作，這個解說與《孟子》原意不合。實際上，抱關是守門的門卒，而擊柝則猶如打更者，是兩個不同的職位與工作，把兩個職位分開才符合《孟子》的原意。理氏用神話文學手法解釋神農，概括地討論神農身份與角色的演變，恰如一般神話文學的演進過程。

第三章引用《書經》文獻考述

理氏翻譯《書經》有三個英文名稱，第一是 *Shû-ching*，第二是 *Shoo King*，第三是 *The Book of Historical Documents*。

研究理雅各《孟子》英譯本注解，需要對其《書經》英譯本的篇名分類有所了解，理氏的《書經》分類與我國傳統的經學家有些不同，理氏把《堯典》歸類作《唐書》，而《舜典》、《大禹謨》、《皐陶謨》、《益稷》就歸類作《虞書》。所以，理氏的《書經》英譯本是分五大卷：《唐書》、《虞書》、《夏書》、《商書》、《周書》，理氏所持的理由是《說文解字》把《堯典》稱作《唐書》，其實這是跟隨了今文家的講法。古文家則會把《堯典》與《舜典》一併歸入《虞書》。理氏不接納《偽古文尚書》的講法。

理氏引用《書經》解釋《孟子》，通常都是指出《孟子》所引的文句出自《書經》的哪一篇，並沒有列出經文與《孟子》的引述作對比，遇到《孟子》與《書經》相關的文字有不同，就會指出彼此的用字不同之處。而且，理氏並沒有引用過《夏書》。

第二節，理氏引用《虞書》的文獻考，包括了：《堯典》、《舜典》、《大禹謨》、《益稷謨》。

引用了《堯典》四次。

第一次是解釋《孟子‧滕文公上》第四章第八節所講的「放勳」與「聖人」，是歷史人物與訓詁性質考查。放勳就是堯帝的名字，而聖人譯作英文「sages」的眾數，是正確的翻譯，這兒的「聖人」是指堯帝與舜帝；而《孟子‧滕文公上》這段經文，是反駁許行的農家者流的言論，治天下是君王與臣子的群體工作，而且是勞心之事，不是個人或家庭主義的農家之言可比。

第二次為《孟子‧萬章上》第一章第三節所載歷史事件溯源，堯帝在位已七十年，需要退位讓賢，四方諸侯推薦舜作繼位人選，而推薦舜的原因是因為舜的孝義之心；《孟子‧萬章上》第一章第三節，是孟子藉舜帝的被選為帝位繼承人，而且受試驗作例子，指出帝舜從小就受到家人的不公平對待，仍然盡孝道，不會因為困難而作出違背原則的事情，充滿奮發向上的精神。

第三次是為《孟子‧萬章上》第六章第二節所載的「丹朱」，作歷史人物溯源，丹朱是帝堯之子，是桀驁不馴的；孟子引這例子，是說明帝位禪讓，有天理存在，不是人可以控制，兒子的賢與不肖，也是天意，不是人可以控制。

第四次是解釋《孟子‧萬章上》第六章第七節所講唐、虞之意義，唐就是堯帝，虞就是舜帝；《孟子》此段是講帝位承繼的問題，堯、舜、禹三者都是禪讓制度，但到了夏代就變成傳子制度，兩者都有天意所在，都是天命所歸。

理氏引用《舜典》一共七次以解釋《孟子》。

第一次是為《孟子·滕文公上》第四章第八節所載的后稷與契作歷史人物溯源，后稷是大禹的農業部長，而契就是教育部長，但在《詩經·生民》之中，后稷是一個專稱，是周王室族人的始祖；《孟子》引用后稷與契作例子，是駁斥農家人人都要下田耕種的理論，因為聖人需要管治百姓，勞心於顧慮與計劃，根本無時間從事耕種工作。

第二次是為《孟子·滕文公下》第一章第二所講的「虞人」作政治制度溯源，舜帝曾命益擔任「虞」之職，但是帝舜與孟子時代相距甚遠，所以「虞」與「虞人」的地位相差應該頗遠，《周禮》有「山虞」與「澤虞」，理氏無清楚說明，《孟子》所講的虞人是「山虞」，是管理山澤及其上生物之官；孟子亦引用相同的例子，解釋他不去見諸侯的原因，就是因為諸侯沒有適當的禮數，而非自我尊大之意。

第三次是解釋《孟子·離婁上》第一章第一節的「五音」，作名物溯源，五音就是宮、商、角、徵、羽，孟子用五音作比喻，即使堯舜治天下，也要藉仁政作紀綱法度，王道才得以在社會實行。

第四次是講《孟子·離婁下》第一章第一節所載帝舜死於「鳴條」，而《禮記·檀弓》就說舜葬於蒼梧之野，而孔安國就說舜死於蒼梧之野；孟子講舜之卒地，目的是說：得志行乎中國的意思，無論是西夷、東夷之人，只要行聖王之道，順應天心，合乎人心，就可以是聖人與君王。

第五次是為《孟子·萬章上》第三章第二節所載之歷史事件探源，驩兆與共工是帝堯的朝臣，但因結為朋黨而遭刑罰，但《孟子》這段經文焦點是帝舜封其弟「象」於有庳，一個不仁之人竟受厚待，孟子卻用親情來解舜封象的事件，而且象只得虛銜而無實權。

第六次是為《孟子·萬章上》第四章第一節所載帝堯駕崩之歷史事件溯源，孟子引用這例子，是回應弟子咸丘蒙的問題，解釋堯帝並沒有作帝舜的臣子，只要看見堯帝駕崩時，全國為他舉哀就知道。

第七次是解釋《孟子·萬章上》第五章第六節所講「百神」的意思，作宗教名物溯源，《舜典》有「羣神」的講法，是指丘陵墳衍與聖賢祭祀，類近於現代的祖先及聖賢祭祀，《孟子》的「百神」是一統稱，即「所有神明」，孟子用這例子是向其弟子萬章解釋，上天接受一個人應該怎樣理解，孟子就表示，人獻祭時得到百神接受就表示上天接受一個人，只要獻祭之後，國泰民安，就表示這人得上天接受。

理雅各一共引用了《大禹謨》五次以解釋《孟子》。

第一次是為《孟子・離婁下》二十章一節所講禹不愛美酒而好善言，作歷史人物言行考證，禹好善言出自《大禹謨》，而禹惡旨酒而好善言就出自《戰國策・第二十三魏策第二・梁王魏嬰觴諸侯於范臺》，孟子藉此指出，聖人不應被嗜欲影響，故此，不應愛飲美酒，要喜歡有益有建設性的善言。

第二次是為《孟子・滕文公下》第九章第三節的洪水事件作歷史事件探源，天降洪水是向世人示儆，由禹來成功治理了洪水；《孟子》引此例子，是講堯、舜都會面對亂世，一治一亂之間，全憑君王與臣子同心解決問題。

第三次是《孟子・離婁下》十九章第一節論人禽之別，作思想上的考證，用《大禹謨》的「人心唯危、道心唯微」解釋《孟子》人禽之別並不貼切；人與禽獸的差別就只在於「幾希」之性，但這幾希之性，在於人去取之間，人性之善惡之分別亦於此去與取之間。

第四次是指出《孟子・萬章上》第一章第一至二節所講帝舜「怨慕」父母的言行出處，作歷史人物言行溯源，因為萬章不明白帝舜「號泣于旻天」的原因，孟子回答說是因為「怨慕」，孟子指出帝舜充滿孝心，不輕忽父母，不忘記父母，更加不會身為君王而不識父母，就算年青時被父母多番加害，仍然盡其孝子之心，不懷恨父母。

第五是為《孟子・萬章上》第四章第四節舜帝的父子關係作歷史溯源，是說舜對頑父恭敬事奉；咸丘蒙問孟子，既然整個國家人民都是君王的臣民，但舜之父卻沒有用君臣之禮待父親，孟子就認為就算是擁有高尚地位的人，也應該對父親恭敬有加。

理氏只引用了《皐陶謨》一次，是講《孟子・公孫丑上》第八章第二節所講禹喜愛善言的出處，是人物言行考查，《皐陶謨》是用「昌言」，《孟子》則用「善言」，是與道德價值的討論有關，表示人應該接受眾人的善言，不是只聽下屬的意見。

理氏只引用了《益稷謨》一次，為《孟子・萬章上》第六章第一節所載「益」的事蹟找出處，作歷史事件溯源。但理氏引用《益稷謨》只不過是對益此人作典故式的溯源，對解釋《孟子》的禪讓思想幫助不大。孟子講這段歷史，是解釋帝位的承傳，是天予賢則予賢，天予子則予子，禹傳位予兒子啟，是順應天意，不是私心作出的決定。

第三節，引用《商書》文獻考，包括了《湯誓》、《仲虺之誥》、《伊訓》、

《太甲》、《說命》、《微子》。

理氏引用了《湯誓》一次，為《孟子‧梁惠王上》第二章第四節的引語作探源工夫。孟子藉夏桀之民希望夏朝速速亡國，勸梁惠王藉臺池鳥獸之設施與民同樂，不應只顧君王逸樂而苦待百姓。

理氏一共五次引《仲虺之誥》解釋孟子。

第一次是為《孟子‧梁惠王下》第八章第一節「湯放桀、武王伐紂」之言作文獻溯源工夫，《孟子》的目的，是說湯武是奉天伐暴，武王伐紂，亦是出於天理，二者自絕於天，乃遭天罰。

第二次是為《孟子‧梁惠王下》第十一章第二節所講的歷史事件作溯源工夫，湯征伐葛開始，天下都希望湯來解救；孟子的目的，是藉用這段經文，比喻齊宣王伐燕是救燕國的百姓，可惜宣王行仁政，不得民心。

第三次是為《孟子‧滕文公下》第五章第二節，所講的「葛伯仇餉」歷史事件探源，孟子引用此例子，指出湯征葛伯，只為了伸張正義。

第四次是與《孟子‧離婁下》第二十章第二節所論成湯之「立賢無方」作比較；孟子的目的是贊賞成湯堅持立於中正之道，任人為賢，無一成不變的常規。

第五次是解釋《孟子‧盡心下》第卅八章第二節所載萊朱的身份，作歷史人物考釋，萊朱就是仲虺；孟子的目的是說學術思想與文化道統承傳的重要性，這有賴於不同時代的人努力傳授，有些耳聞目見聖人的教誨，有些則是靠那些直接跟從聖人的學習者的教導而得知聖人之道，無論如何，都要道統相承，到聖人出，這道統就發揚光大。

理氏引用《伊訓》，為《孟子‧萬章上》第七章第九節所講伊尹助成湯伐夏桀的事，作歷史事件探源。孟子的目的，是回應其弟子萬章的問題，指出戰國時代，伊尹協助成湯伐桀的傳聞是錯誤的，伊尹是用堯舜之道受到成湯重用。

理氏一共引用《太甲》三次解釋《孟子》。

第一次是引用了《太甲上》與《太甲中》兩段經文，解釋《孟子‧盡心上》第三十一章第一節所載伊尹放太甲一事，作歷事件的考釋，太甲不義，尹伊放逐他到桐宮學習先王之道，三年之後，伊尹迎接太甲重登帝位；這是孟子弟子公孫丑問孟子的問題，孟子認為，伊尹放太甲到桐宮，是不得已的權宜之計，為臣子者應該以尊重君王為上。

第二次是引《太甲中》為《孟子・公孫丑上》第四章第六節所載，「自作孽，不可活」之言作溯源工夫，孟子的目的是指出，人自己作孽，結果是無生存的餘地，是自作自受。

第三次是引用《太甲中》為《孟子・滕文公下》第五章第四節所載成湯征伐列國之事，作歷史事件溯源；孟子回答其弟子萬章一個假設性的問題，宋是小國，若齊楚兩大國聯手來攻，該如何應付？孟子不是說用兵之道，而是舉出成湯為例，國家若行仁政王道，四鄰歸附。

理氏一共兩次引用《說命上》的經文解釋《孟子》。

第一次是引《說命》解釋《孟子・告子下》第十五章第一節所載傅說之來歷，作歷史人物溯源；商高宗夢到有人可以協助他治國，在傅巖之野找到做修路工作的說，就稱他作「傅說」，孟子的目的，是解釋人在接受重大任務之前，需要先受艱苦的考驗。

第二次是為《孟子・滕文公上》第一章第五節所載服藥的故事，作歷史事件探源工作；孟子的目的是勸滕文公，行仁義之道，猶如服藥，先會引起一些短暫不適，但休息過後，病情就消退，行仁政亦會遇痛苦的經歷，要到最後才見功效。

理氏引用《微子》為《孟子・告子上》第六章第三節所講的「微子啟」作人物深源工夫。《孟子》說微子與比干是紂的叔父，但其他經典都說這兩人是紂的兄弟，理氏跟隨朱熹的講法，認為《孟子》的文字有些錯誤。事實上，這是孟子弟子公都子引述當時流傳的講法，孟子本人無講微子與比干是紂的叔父。公都子目的是討論人性，時人認為這兩人是天生性善的，紂則是天生性惡的。

第四節，引用《周書》文獻考，理氏一共引了六篇，分別是《泰誓》、《武成》、《康誥》、《洛誥》、《君奭》、《君牙》。

理氏一共引用《泰誓》五次解釋《孟子》。

第一次引《泰誓上》為《孟子・梁惠王下》第三章第七節引述「天降下民」之言作文獻探索，天降生了一般人，也替他們降生了君主和師傅，君主和師傅幫助上帝來愛護人民；孟子的目的，是勸齊宣王不要好大勇、大謀，就保護百姓的生命財產，教化百姓，使百姓安居樂業。

第二次引《泰誓中》是為《孟子・滕文公下》第五章第六節所載周武王伐紂之事為歷史事件尋源；孟子的目的是說，紂王行事凶殘，武王討伐紂王是制止這個殘賊而已。

第三次引《泰誓中》為《孟子・萬章上》第五章第八節的「天視自我民視」作政治思想溯源，孟子的目的，帝舜繼堯之後做天子，是得到百姓的支持和擁護，人君是從百姓的好惡來理解天意，孟子肯定了天意，又注重人是社會的主體。

第四次是引《泰誓中》為《孟子・盡心下》第四章第五節所講「若崩厥角稽首」一語尋出處，作語言訓詁的溯源，這句話的意思是百姓都把額角觸地叩起頭來，聲響好像山陵倒塌一般；孟子目的是說，君王先要用仁義管治好自己的國家行仁義，其他國的百姓都歡迎仁義之君來解救他們。

第五次是引《泰誓下》解釋《孟子・梁惠王下》第八章「一夫紂」的意思，是語言訓詁的工夫，一夫亦即獨夫，意思是匹夫。孟子所提倡王者行仁義之王道，肯定了人的價值，君王若殘害人的生命，破壞了人的基本價值，也只會變成匹夫。

理氏引用了《武成》兩次解釋《孟子》。

第一次是為《孟子・滕文公下》第五章第五節「有攸不為臣，東征」歷史事件尋找出處。周王因為這個國不願臣服周王，所以東征，但東面的百姓都歡迎周王之師，孟子仍然是強調行仁政王道的重要性。

第二次是解釋《孟子・盡心下》第三章一至二節所載盡信書則不如無書之「書」，是作歷史典故的考證。孟子認為《武成》「血流漂杵」是誇飾的表達手法，勸誡君王不要用《武成》作藉口發動戰爭。

理氏引用了《康誥》一次，解釋《孟子・萬章下》第四章第四節「殺越人于貨」作語言典故探源，理氏卻錯說是《酒誥》。孟子主張，非法得來的禮物不應接受。對殺人越貨的強盜，不能用先教後罰的方法，應該盡快消滅這些人。

理氏引用了《洛誥》一次，為《孟子・告子下》第五章第四節所引經文探源，作語言典故探源的工作。孟子是說，享獻之禮可貴的是儀節，如果儀節不夠，禮物雖多，與享獻無分別，因為享獻的人無心獻享。藉此教導其弟子屋廬子，士人與卿相交往應有的禮儀。

理氏引用《君奭》一次，為《孟子・離婁下》第二十章第三節所載文王「文王視民如傷」，作人物言行溯源。但理氏引用《君奭》解《孟子》這節經文，並不貼切。《孟子》目的是說，文王不想百姓再受傷害，不起兵伐紂。

理氏引用《君牙》一次，為《孟子・滕文公下》第九章第六節所載的歷史事件尋找出處，但理氏只停留在名物制度之深源功夫，沒有對此章的思想有所闡釋。《孟子》引用《君牙》篇的目的，是講天下一治一亂之道，任可君王都會遇到，君王與臣子的責任都有責任平定混亂。孟子在大道衰微之世，藉辯論而提倡這觀念。

理氏一共引用了十六篇《尚書》的文獻解釋《孟子》。

《孟子》引述《尚書》時，多有改動字眼，可能是因為孟子所見的《尚書》與今本《尚書》版本不同，也可能是語言習慣的轉變，孟子用當時流行的語言代替了較古的語言。司馬遷：《史記》也有出現相同情況。

從《孟子》引用《書經》的方式，可以知道，孟子的目的不是解釋《尚書》，而是引用《尚書》的經文表達其思想，加強其辯論的說服力。

理氏運用了審音別義、以實表虛、譯注互補三種文學技巧，使讀者從不同角度理解《尚書》的文學思想，並且知道儒家聖賢的特質。

理氏引用《書經》的方式，可以分為歷史人物溯源、文字訓詁探索，歷史人物的名言溯源，歷史事件探索。

可惜理雅各只能停留在溯源的層面，不能在《孟子》本書與其引述的《尚書》經文找出孟子使用的目的，不能搞清彼此的關係。

第四章引用《詩經》文獻考述

理氏英譯《詩經》的名稱有三，一是 *Shih-ching*，二是 *The She King*，二是 *Book of Poetry*。理雅各的《詩經》英文譯注本是用《詩集傳》作底本，很可能是收入《欽定詩經傳說彙纂》的《詩集傳》。

孟子引用詩經，有時會直接說明所引用的篇名，例如《凱風》、《小弁》，但是現今的人若對《詩經》沒有認識，就不知道《凱風》、《小弁》是何所指，需要過過一番找尋才可以指出是出自《詩經》的篇什。孟子引用《詩經》時，有時又只稱《詩》，出自哪一首詩？又要作一翻考查的功夫。理氏作了一番考查的功夫，指出孟子所引每一首詩的篇名與出處。

理引用詩經解釋《孟子》，引用的詩歌範圍分四大類，一是《國風》，二是《小雅》，三是《大雅》，四是《頌》。

理氏並沒有直接引用經文，但對詩文中有些字眼會加以闡釋，遇到有各家不同的講法，也會簡單說明。也會解釋詩意，多數以朱熹《詩集傳》作根據，但也有其個人的判斷。

第一節引用《國風》文獻考

理氏一共引六首《國風》之詩，包括了，《邶風．柏舟》、《邶風．凱風》、《齊風．南山》、《魏風．伐檀》、《豳風．七月》、《豳風．鴟鴞》。

首先是引用《邶風．柏舟》與《文王之什．緜》為《孟子．盡心下》第十九章第三節所引詩文尋源，考查人物言行。理氏根據朱熹的講法，把邶國歸入魏國。《孟子》所引者「憂心悄悄，慍于羣小。」《孟子》的目的是藉此詩表示，像孔子的賢者也被君王身邊之小人非議。但理氏不接納《毛傳》與《鄭箋》一派之言，不理解孟子用此詩比喻孔子的原因。另外，理氏又引用《文王之什．緜》的「肆不殄厥慍，亦不隕厥問」。孟子引用這兩首詩文，是回答貉稽的問題，說話不合別人的口味，就會被人讒譭。孟子教導他，自我修身，別人批評，不值得擔憂，孔子與周文王也免不了被人誹謗。

理氏引用《邶風．凱風》指明《孟子．告子下》第三章第三節《凱風》一詩的出處，考查家庭倫理。此詩有不同解說，大抵《毛詩序》所講與《孟子》之意相合，是贊賞七個孝子不怪責母親改嫁之錯。孟子認為這一錯誤只涉及一個家庭而已，是小範圍的錯誤，孝子不責怪母親也是對的。

理氏一共引用《齊風．南山》兩次。

第一次是解釋《孟子．滕文公下》第三章第六節的「媒妁」，考查古代禮制。媒妁是古代婚姻不可缺少的，由媒妁撮合的婚姻才算合禮。但孟子的目的，不是解釋媒妁，只是用來作比喻，凡事都要按禮而行，士想作官也要守禮，如婚姻之必須媒妁，方是合禮。

第二次是解釋《孟子．萬章上》第二章第一節「舜之不告而娶」，考查人倫思想。是孟子的弟子萬章引用此詩來問孟子，舜未徵得父母同意，便娶了妻，是不合禮的做法。孟子認為這只是用權宜之法，是迫不得已的做法，舜告訴父母便不能娶妻，如此便破壞了人倫之理，只好暫且用權宜之策。

理氏引用《魏風．伐檀》一次，為《孟子．盡心上》第卅二章「《詩》曰：不素餐兮」找出處，作政治思想比較。而《孟子》所引用的是此詩第一章最末一句，其弟子公孫丑藉此詩句向孟子提問，公孫丑受農家之言影響，認為君子不用勞力就可以有糧食是不太恰當。孟子認為，勞心之人管理勞力之人，靠勞力之人之供應糧食，是天經地義之事，勞心之人，制定社會的禮義、法則，進行教育、道德教化。

理氏引用《豳風．七月》說明《孟子．滕文公上》第三章第二節「晝爾于茅，宵爾索綯。亟其乘屋，其始播百穀。」的出處，探討稅制力役。孟子引用此詩的目的，是回答滕文公問治理國家的策略，古代是農業社會，孟子提倡的治國之道，使用民力於適當時候，配合季節，凡事早作準備。

理氏引用《豳風・鴟鴞》指出《孟子・公孫丑上》第四章第三節「詩云」的出處，作政治思想溯源。《孟子》引用此詩，是藉小鳥比喻智慧的王者，作好預防措施，未雨綢繆。

孟子的整體政治觀念是行仁政，是處事應時制宜，趁國家閒暇之時作好教化工作，是仁政之一。不可讓百姓迨惰疏懶、耽於逸樂。

第二節引用《小雅》文獻考，理氏一共引七首《小雅》之詩，包括了《南有嘉魚之什・車攻》、《節南山之什・正月》、《節南山之什・小弁》、《節南山之什・巧言》、《谷風之什・大東》、《谷風之什・北山》、《甫田之什・大田》。

理氏引用《南有嘉魚之什・車攻》說明《孟子・滕文公下》第一章第四節「《詩》云：『不失其馳，舍矢如破。』」的出處，探討社會倫理與交友之道。《孟子》引用此詩的目的，是回答陳代的問題。用此詩作比喻，說明用合禮的方法揀選合作伙伴的重要性。王良是駕車之人，也有不載小人之正氣，更可況幫助諸侯管理國家，更應按照正常的規矩行事。

理氏引用《節南山之什・正月》說明《孟子・梁惠王下》第五章第三節「《詩》云：『哿矣富人，哀此煢獨』」的出處，考查社會倫理與愛護弱小的思想，此詩是周朝大夫諷刺周幽王而作。《孟子》引用此詩的目的，是勸齊宣王愛護弱勢社羣，解決社會的現實的問題。

理氏引用《節南山之什・小弁》說明《孟子・告子下》第三章第一至二節所引詩的出處，此詩的作者是誰，說法頗多，認為是伯奇所作者較多支持。《孟子》並無說明其引用過此詩的詩句，只是討論其內容而已。此說孝子對父母之孝，雖然父母不加愛自己，但不對父母怨恨。

理氏引用《節南山之什・巧言》指出《孟子・梁惠王上》第七章第九節：「《詩》云：他人有心，予忖度之。」的來源，作朋友之誼的考釋。是引用《巧言》一詩的第五至六句，此詩是說受讒言所傷。而齊宣王用這兩詩句，表示孟子能夠明白他的心意，齊宣王並沒有理會詩的背境與原意。

理氏引用《谷風之什・大東》說明《孟子・萬章下》第七章第八節「《詩》云：『周道如底，其直如矢；君子所履，小人所視。』」的來源，作政治禮義考釋。此四句詩文原意是講周朝的貢賦與法制都剛正不偏，全國都按公平的法制而生活。《孟子》引此詩句，是解釋其弟子萬章之問題，萬章不明白孟子不見諸侯的原因，孟子引此詩指出，見諸侯要合禮，不守禮就不是正確的門路。

理氏引用《谷風之什・北山》指出《孟子・萬章上》第四章第二節「《詩》云：普天之下，莫非王土。率土之濱，莫非王臣。」的來源。孟子弟子咸丘蒙誤解了這首詩，孟子矯正其錯誤。孟子澄清此詩之意，是說幽王時代，百姓的生活受到嚴重的打擊，為國家服役而無法從事生產，以致不能養活父母。從孟子與咸丘蒙的對答，可看到孟子態度嚴謹，引用經書必須兼顧上文下理，不可以斷章取義。

理氏引用《甫田之什・大田》說明《孟子・滕文公上》第三章第九節「《詩》云：雨我公田，遂及我私。」的出處。這幾句詩文，原本是形容百姓先公後私的心態。《孟子》引用此詩是向滕文公說明周朝的稅法——助法，但是人的心態比制度更重要。

第三節引用《大雅》十三篇文獻，解釋《孟子》，包括了《文王之什・文王》、《文王之什・緜》、《文王之什・思齊》、《文王之什・皇矣》、《文王之什・靈臺》、《文王之什・下武》、《文王之什・文王有聲》、《生民之什・既醉》、《生民之什・鳧鷖》、《生民之什・假樂》、《蕩之什・蕩》、《蕩之什・桑柔》、《蕩之什・雲漢》、《蕩之什・烝民》。

理氏一共三次引用《文王之什・文王》一詩來解釋《孟子》。

第一次是理氏用來指出《孟子・公孫丑上》第四章第六節云：「《詩》云：『永言配命，自求多福。』」的出處，是探討天命思想。《孟子》所引者是此詩第六章第三至四句。原意是講我周朝之命與天命相配。孟子引用此詩文，是說福是可以自己爭取的，可見，《孟子》相當強調人的行為與意志，人藉配合天命而行，天福就會降臨，人可以改變天意的思想。

第二次是引用《文王之什・文王》說明《孟子・滕文公上》第三章第十二節的「《詩》云：『周雖舊邦，其命維新。』」的來源，為政治思溯源。這兩句詩文是說，太王所立的是舊邦，但文王為周國帶來新發展。孟子藉詩句，勸滕文公學習周文王勵精圖治，為國家帶來新的國運。

第三次是指出《孟子・離婁上》第七章第五節「《詩》云：『商之孫子，其麗不億。上帝既命，侯于周服。侯服于周，天命靡常。殷士膚敏，祼將于京。』」的出處，為仁政思想溯源。《孟子》所引是第四章第五至八句及第五章一至四句。在此詩的「億」是指「十萬」。《孟子》引述此詩文時，說明文王是有仁德之君，天下無敵，民心所歸，大國小國都應該行仁政。

理氏一共引用兩次《文王之什．緜》解釋《孟子》。

第一次是解釋《孟子．梁惠王下》第三章第一節：「文王事昆夷。」的來源，屬歷史事件考查。孟子引用此詩，是說只有仁愛的人，才會用大國的身份服事小國，文王服事昆夷是最好的例子。

第二次是說明《孟子．梁惠王下》第五章第五節「《詩》云：『古公亶父，來朝走馬，率西水滸，至于岐下；爰及姜女，聿來胥宇。』」出自《緜》的第二章，是歷史人物探究。孟子藉古公亶父之事蹟，勸勉齊宣王，學古公亶父愛妃子的心，使人人愛其妻子，為社會帶來美滿的婚姻生活。

理氏引用《文王之什．思齊》解釋《孟子．梁惠王上》第七章十二節：「《詩》云：『刑于寡妻，至于兄弟，以御于家邦。』」出自《思齊》第二章第四至六節，是修身治國思想探究。這三句詩文是說文王之禮儀由妻子開始，推而廣之至兄弟與家邦。孟子就用此一道理，勸齊宣王將施於牛隻身上之恩，推而廣之至國家百姓身上，強調推己及人，與民同樂的政策。

理氏引用《文王之什．皇矣》說出《孟子．梁惠王下》第三章第六節「《詩》云：『王赫斯怒，爰整其旅，以遏徂莒，以篤周祜，以對于天下。』來自《皇矣》第五章，作政治思想考查。《孟子》引用此詩，勸齊宣王不要學匹夫之小勇，要學文王之大勇，使天下太平是大勇。

理氏引用《文王之什．靈臺》指《孟子．梁惠王上》第二章第三節：「《詩》云：『經始靈臺，經之營之。庶民攻之，不日成之。經始勿亟，庶民子來。王在靈囿；麀鹿攸伏。麀鹿濯濯，白鳥鶴鶴。王在靈沼，於牣魚躍。』」出自《靈臺》第一至二章，屬仁政思想查究。《孟子》引用此詩，是勸梁惠王與民同樂，與民同樂，是仁政思想的重要措施。

理氏引用《文王之什．下武》指《孟子．萬章上》第四章第三節「《詩》曰：『永言孝思，孝思惟則』。」出自《下武》第三章，屬孝道道統的查考。這兩句詩文，是說周武王有孝思之美德。《孟子》引此兩句詩文，向咸丘蒙解釋帝舜孝順其父親瞽瞍的原因，孝道是有道統承傳的。

理氏引用《文王之什．文王有聲》說明《孟子．公孫丑上》第三章第二節：「《詩》云：『自西自東，自南自北，無思不服。』」來自《文王有聲》第六章，作政治思想探源。此詩原意是講周武王停止殺伐，為國家帶來休養生息，展開文治教化的制度，吸引各地人來投奔。《孟子》引用此章解釋用道德教化行仁者王的道理。

理氏引《生民之什．既醉》指明《孟子．告子上》第十七章第三節的「《詩》云：『既醉以酒，既飽以德。』」的來源，此詩原是完成宗廟祭祀而暢飲之詩。《孟子》是按其目的引用此詩，孟子所看重的，是仁義過於實質的飲食，人生目標應該是追求仁義。

理氏引用《生民之什．假樂》指出《孟子．離婁上》第一章第四節：「《詩》云：『不愆不忘，率由舊章。』」的出處，屬政治制度探究。此詩原是指成王遵守周公所制定的禮法。孟子引用此詩，勸勉君王遵循先王之法度，就會減低出錯機會。

理氏引用《生民之什．公劉》說明《孟子．梁惠王下》第五章第四節「《詩》云：乃積乃倉，乃裹餱糧，于橐于囊，思戢用光；弓矢斯張，干戈戚揚，爰方啟行。』」的來源，考查與民同樂的思想。理氏原本錯誤地指《孟子》的引述來自《鳧鷖》。《公劉》一詩原是贊美公劉的貢獻。孟子引用此詩的目的，是順著齊宣王「寡人好貨」的思想，藉公劉作例子，做到與民共享貨才，施政問題就可解決。

理氏引用《生民之什．板》指出《孟子．離婁上》第一章第十節「《詩》曰：『天之方蹶，無然泄泄。」的來源，屬政治制度探索。這兩句詩文原意是說，君王身邊的小人，多言妄語，不依先王舊典而製作法則。孟子藉此詩指責臣子不應按君王的功利思想製作違反先王之道的法則。

理氏引用《蕩之什．蕩》指明《孟子．離婁上》第二章第五節「《詩》云：『殷鑒不遠，在夏后之世。』」的出處，是效法聖賢思想溯源。此詩文原是說殷商向夏代借鏡。《孟子》引用此詩，是要人知道效法聖賢之道，遵行古聖王之法，名聲就可以傳揚後世。

理氏一共兩次引用《蕩之什．桑柔》，解釋《孟子》所引詩句的出處。

第一次是指出《孟子．離婁上》第七章第六節「《詩》云：『誰能執熱，逝不以濯？』」的來源，探討仁政愛民的政治淵源。此詩文原意是說人會因為炎熱，使用冷水洗澡，以求涼快。孟子用此詩比喻仁政就如涼水，解決人民的苦熱狀況。

第二次是說明《孟子．離婁上》第九章第六節「《詩》云：『其何能淑？載胥及溺』」的出處，作仁政王道考查。此詩文原意是指不仁之君與不賢之臣，不為百姓行善，以致沉溺滅亡。孟子引此詩是說仁政之道，是長治久安之治。

若等社會出現重大災難，再行仁政就太遲了。

理氏引用《蕩之什・雲漢》指出《孟子・萬章上》第四章第二節「《雲漢》之詩曰：『周餘黎民，靡有孑遺。』」的來源，作語言訓詁的考釋。此詩原意是說周朝大亂之後，半個百姓的身體也沒有留下來。孟子認為這是誇張手法，不應照字解釋，應從整篇文章的意義解釋。

理氏引用《蕩之什・烝民》指明《孟子・告子上》第六章第八節「《詩》曰：『天生蒸民，有物有則。民之秉彝，好是懿德。』」的出處，屬人性善的哲學探索。此詩文是說人天生就有向善的稟性。孟子引用此詩文駁斥告子的「性無善，無不善」的理論，證明人性本善。

第四節引用《頌》詩文獻考

理氏一共引用了兩首頌詩，一是《周頌・我將》，另一是《魯頌・閟宮》。

理氏引用《周頌・我將》指出《孟子・梁惠王下》第三章第三節：「《詩》云：『畏天之威，于時保之。』」的來源。此詩文的意思是說，早晚敬天，希望可以得到上天與文王的保佑。《孟子》引用此詩講樂天者與畏天者的不同，樂天者行天道，畏天者行惡道。

理氏引用《魯頌・閟宮》指明《滕文公上》第四章第十六節：「魯頌曰：『戎狄是膺，荊舒是懲。』」的出處。屬歷史事件考查。孟子引用此詩之目的，是回答陳相的問題，陳相支持農家學說，社會無分貴賤，都以個人的勞力自給自足，而孟子則主張勞心者治人，勞力者治於人的思想。

理氏以朱熹《詩集傳》作底本，朱熹是用文學角度解釋《詩經》的學者，可見理氏認為《詩經》是一部文學作品。他用審音別義文學手法使讀者更清晰解讀《詩經》。理氏對《毛詩》與《詩集傳》同樣重視，政治思想與文學精神並重。

研究《詩經》的中國學者，多數都會指出《孟子》的引述出自《詩經》哪一個篇什。然而對西方人而言，理雅各的研究是對讀者研讀《孟子》帶來很大方便，在研讀《孟子》英譯本的同時，外國學生也可以翻看理雅各的《詩經》英譯本作參考。

理氏引用《詩經》解釋《孟子》，可分個五個路向，一是人物言行溯源，二是政治思想尋源，三是社會與家庭倫理探索，四是政治制度淵源探討，五是人性論哲學思想探討。

理雅各並沒有解釋《孟子》引用詩經的目的，只是作詩文來源的探索，間或對所引詩加以闡釋。但從這個研究，可以見到《孟子》引用《詩經》，是帶有其辯論目的。

第五章引用《禮經》文獻考述

第一節引用《周禮》文獻考

理氏所用的《周禮》英文名稱是 *Châu-li*，但理雅各沒有翻譯《周禮》。

理氏一共引用了《周禮》十二篇文獻解釋《孟子》，包括了《天官冢宰・閽人》、《地官司徒・小司徒》、《地官司徒・載師》、《地官司徒・媒氏》、《地官司徒・司市》、《地官司徒・司關》、《地官司徒・山虞》、《地官司徒・澤虞》、《地官司徒・場人》、《春官宗伯・職喪》、《春官宗伯・司常》、與及「府、史、胥、徒」考。

理氏引用《周禮》都會對其引用的經文用英文加以解釋。

理氏引用《天官冢宰第一・閽人》解釋《孟子・離婁下》第二章第四節所用「辟」字的意思，作文字訓詁探究。閽人之職責是管理王宮中門出入事宜，士大夫及其夫人出門的時候，昏人就要「辟行人」即鳴鑼開道。孟子引用這個例子，是藉以說明其政治思想，政治要從大處著眼，不要只顧施行小恩小惠。

理氏引用《地官司徒・小司徒》兩次解釋《孟子》。

第一次是解釋《孟子・滕文公上》第三章第六節所講的「什一之稅」，作稅制溯源。理氏認為周代的什一之稅是井田制度，但《周禮》所載的井田，是土地分區的最小單位。《周禮》無明確的說井田制度。井田制度，在《春秋・穀梁傳》說得更清楚。孟子的目的也不是解釋三代的稅制，而是勸君王不可抽重稅，使百姓可過安樂的生活，就是使讓人民過豐衣足食的生活。

第二次是解釋《孟子・盡心下》第十四章第二節所講的「丘民」，作語言訓詁探究。《地官司徒・小司徒》講「四井為丘」，是地區劃分的制度，猶如現代的村鎮。但孟子所講的「丘民」，意即百姓，君王要得到丘民支持，才會有所作為。

理雅各引用《地官司徒・載師》解釋《孟子・公孫丑上》第五章第五節所講「夫里之布」，作稅制研究。「布」，猶如現代的金錢，「夫布」即是僱役，而「里布」即是地稅。孟子的目的，是勸君王要行仁政，不要抽勞役方面的稅，也不需要抽地稅，使百姓不需要受額外稅項的負擔。

理氏引用《地官司徒・媒氏》解釋《孟子・滕文公下》第三章第六節所載

「媒妁之言」的意思，作婚姻制度探討。「媒氏」是負責管理百姓婚娶的事，包括禁止陰婚，這是古代婚姻之禮。孟子用「媒妁之言」，目的不是講古代的婚姻之禮，而是作比喻，士人若要為諸侯做一官半職，要合乎禮制，一切都按規矩而行，不可走旁門左道。

理氏引用《地官司徒．司市》解釋《孟子．公孫丑上》第五章第二節所載「市，廛而不征，法而不廛」的意思，作零售制度考查。「司市」總管零售市場規則的官員。「廛而不征」政府只徵收收藏貨物的廛舍之租金，而不徵收貨物的稅款。「法而不廛」不廛就是不將貨物久藏於市廛之地，貨物滯銷，政府就出手購貨，使百姓不會因貨物滯銷而影響生活，是一種市場調節方法。《孟子》講市廛的問題，是藉市廛之法而討論「尊賢使能」的方法。由於市場穩定，百姓生活無憂，這樣就吸收到各式各類的人才到來，包括商業人才。

理氏引用《地官司徒．司關》解釋《孟子．公孫丑上》第五章第三節所載之「關」，作稅制淵源探究。「司關」是管理關口貨物之出入，使全國貨賄之稅能夠統一。孟子提出不徵收貨物過關的關稅，使更多人才，包括商業人才願意到來做生意。

理氏引用《地官司徒．山虞》解釋《孟子．梁惠王上》第三章第三節：「斧斤以時入山林，材木不可勝用也。」的意思，作職官制度的溯源。山虞是一官職，管理山林之樹木、制定斬樹的規矩，使百姓按照季節入山林斬伐。孟子是向梁惠王提出行仁政與王道的方法，就是順應大自然季節轉換，制定長治久安的策略，解決百姓的溫飽與生死。

理氏引用《地官司徒》《山虞》與《澤虞》解釋《孟子．滕文公下》第一章第二節所載「招虞人以旌」之意。「山虞」管理山林，「澤虞」就管理沼澤之地。《孟子》「招虞人以旌」之虞人應該指「山虞」而非「澤虞」。《孟子》是藉之解釋禮的重要性，「旌」是「澤虞」所使用，「山虞」使用虞旗，「招虞人以旌」就是不合禮，比喻君王召見臣子也要合禮。

理氏引用《地官司徒．場人》解釋《孟子．告子上》第十四章第三節所載的「場師」，作職官制度探討。「場人」的職任是管理場圃，種植合時的果木。孟子是用場人作比喻，人要養身，從大處著手，用「善」養精神生命。不要學場人，不種有價值的梧檟，種植無用的樲棘，比喻不懂養身。

理氏引用《春官宗伯．職喪》解釋《孟子．離婁下》二十七章第三節的「不歷位」、「不踰階」，作禮制考查。「職喪」是管理喪禮事宜的官職。但與孟子這裏所講的事無大關係。《周禮》亦無「不歷位」、「不踰階」的記載。孟子所講的喪禮是國家級喪禮，按朝廷禮儀處理，所以有論資排輩的規矩。

理氏引用《春官宗伯・司常》解釋《孟子・萬章下》第七章第六節所載古代呼召官吏的旗幟信物，作名物考查。「旃」、「旂」、「旌」是三種不同的旗幟，顏色、花紋、使用方式都各有不同。

理氏引《周禮》「府、史、胥、徒」解釋《孟子・萬章下》第二章第六至八節「庶人在官」的意思。府、史、胥、徒在很多部門都有的吏員。這類吏員，不屬於政府直接委派的職位，而是由相關部門負責人聘請的員工，亦即在政府當差的老百姓。

理氏引用《周禮》解釋《孟子》提及的周代政治制度、職官制度、社會禮制。其中可見孟子注重商業發展。

第二節引用《儀禮》文獻考

理雅各翻譯《儀禮》英文名稱是 *Î Lî*，但他無翻譯過《儀禮》此經典。

理氏引用了《儀禮・士冠禮》與《儀禮・士昏禮》解釋《孟子》《滕文公下》第二章第二節的「冠禮」與「于歸之禮」，作禮儀制度的探索。《士冠禮》所載是受冠男子之父親請嘉賓負責加冠與教誨兒子。《儀禮・士昏禮》所載，女子于歸，父、母、庶母都會作出勸勉。《儀禮》所載與《孟子》所講有些不同，因孟子時代的禮未必與《儀禮》相同。《孟子》引用經典的目的，是按其自己討論的主題與文意而使用，說明甚麼是大丈夫。

第三節引用《禮記》文獻考

理氏翻譯《禮記》的英文名稱是 *Book of Rites*，這譯本收入《東方聖書》（*The Sacred Books of the East*）第二十七至二十八冊，但在英譯本《孟子》則用 *Lî Chî* 此名。

理氏一共引用了《禮記》十四篇文獻解釋《孟子》，包括了《曲禮》、《檀弓》、《王制》、《月令》、《禮運》、《禮器》、《玉藻》、《明堂位》、《雜記》、《喪大記》、《祭義》、《坊記》、《中庸》、《大學》。

理氏一共五次引用《曲禮》解釋《孟子》。

第一次，引《禮記・曲禮上》解釋《孟子・公孫丑下》第十一章第二節「几」之意思，作名物考查。理雅各把「几」解作「高腳凳」或「長凳」都不正確。古人蓆地而座，「几」是放在地上的「靠背物」，使長者工作時可坐直身子。

第二次是解《孟子・離婁上》第十七章第一節所講「男女授受不親」，即男女雙方，交接物件，不用手交接，作倫理之禮探究。這是淳于髡引古禮詰問孟子的說話。孟子藉此指出通變權宜之做法，眼見嫂嫂遇溺而立即用手救她，是權變方法。反映儒家注重人的生命價值。

第三次是用《曲禮下》解釋《孟子．公孫丑下》第二章第三節的「采薪之憂」，作語言訓詁。採薪之憂即是「負薪之憂」，表示自己有病，但與「負薪」意義不同，「負薪」是對人回答自己兒子年齡的謙詞，但理氏混淆了兩者。

第四次是用《曲禮上》與《玉藻》解釋《孟子．公孫丑下》第二章第五節的「父召無諾」與「君命召不俟駕」的意思，作社會禮制考查。《曲禮上》的經文是說父與先生若有召喚，都要「唯」而不要「諾」，《玉藻》的經文則是父有召喚，則要「唯」而不要「諾」。就是立即起身。此外《玉藻》還說臣子被君王召喚，就要立即起行往見君王。這是公孫丑對孟子的疑問，孟子解釋是齊宣王無禮，所以不見齊宣王，表示君王求賢應以禮。

第五次是引《禮記．曲禮下》解釋《孟子．盡心下》第三十二章第一節所講「不下帶而道存焉」的意思，作社交禮儀探討。《曲禮下》的原意是說，與人對話，目光要在對方的腰帶與肩膊之間的位置。但孟子的意思卻是，君子若能脩身守約，守著仁義之心，道已經存在於胸臆之間，不需外求。

理氏一共三次引用《檀弓》解釋《孟子》。

第一次是引用《檀弓上》與及《雜記下》解釋《孟子．公孫丑下》第十一章第三節所載「泄柳」的身份，作歷史人物考查。根據《公孫丑下》與《告子下》兩節經文，可見《檀弓上》的子柳，雜記下的泄柳，與《公孫丑下》的泄柳與及《告子下》的子柳是同一人。

第二次是引用《檀弓上》解釋《孟子．滕文公上》第四章第十三節所講「有若似聖人」《檀弓上》是說「有子之言似夫子」，作歷史人物考查。《孟子》講有若似孔子，不一定指外貌，而是言行氣象很似孔子。

第三次是引《檀弓下》解釋《孟子．離婁上》第一章第一節所講的「公輸班」，作歷史人物探究。《檀弓下》所講公輸般是機器的巧匠，但孟子是藉公輸般的例子，講國家需要有規矩法度而實行仁政。

理氏一共三次引用《王制》解釋《孟子》

第一次是解釋《孟子．滕文公上》第三章第十節所載「庠」、「校」、「序」的意思，作教育制度探究。《王制》所講的庠、序、學、校、膠是不同級別的學校名稱，不單是教育機構，除了教育功能外，還有養老的意義。《孟子》所講之「庠」、「校」、「序」卻是注重教育與國家發展與及社會倫理道德的關係。

第二次是解釋《孟子．離婁上》第三章第三節所講的「社稷」。《王制》所講的「社」、「稷」是兩個神靈，作宗教名物探索。「社」是土地之神，現今多稱為社公。稷，乃指穀物之神。但是《孟子》所講「社稷」，是指國家。

第三次是解釋《孟子．萬章下》第二章第四節所講「附庸」的意思，作諸侯國制度考查。《王制》所講的附庸，是指面積不到五十里的小國，不能朝會天子，隸屬於諸侯，稱為附庸。《孟子》的意思亦相同。

理氏一共兩次引用《月令》解釋《孟子》。

第一次是解釋《孟子．梁惠王下》第九章第一節的「工師」，作職官制度探討。工師是一個專業的官職，管理所有技工或工匠，審察產品的優劣。孟子的目的，是勸齊宣王謙虛尊賢，用專業人士協助管理國家。

第二次是解釋《孟子．離婁上》第九章第三至四節所講的「獺」，作地理名物查考。「獺」就是現代的水獺又稱作「獺祭魚」。孟子用「獺」作比喻，魚往深水之處逃避水獺就像百姓逃往仁君之處以逃避暴君。

理氏引用《禮運》解釋《孟子．滕文公下》第九章第三節所講的「巢」與「營窟」，作地理名物探討。理氏認為「巢」是在高地台上的小屋，但實質上「巢」是在樹上搭巢，而「營窟」則是高地的洞穴。孟子的目的是講堯帝洪水之災，需要君臣鼎力解決災難。

理氏引用《禮器》解釋《孟子．離婁上》第一章第六節所載「因」字的意思，作文字訓詁。理氏認為因字在《禮器》解作依附，在滕文公則解作「利用某人某事而達到目的」。因字解依附尚算合理，因這是引伸義。但解《滕文公》就累贅，若解作「按照」就簡單明確。

理氏引用《玉藻》解釋《孟子．滕文公下》第七章第二節所載「大夫有賜於士」的意思，作官場禮儀的考查。大夫送禮物給士，士要按禮去接受，公孫丑問孟子，何以孔子不依禮接受，孟子的回應是，陽貨無禮在先，所以孔子不去拜受。

理氏引用《明堂位》解釋《孟子．梁惠王下》第五章第一節所講的「明堂」，作名物制度探索。理氏認為明堂是供君王及其巡察隊伍的落腳點。明堂歷史久遠，是朝廷頒佈施政之處。孟子時代齊國有明堂可能準備周天子東巡狩所用。但孟子的意思是利用明堂之地位施行仁政。

理氏一共引用了兩次《雜記》來解釋孟子。

第一次是解釋《孟子・滕文公上》第二章第五節所載「廬」的意思，他認為是守喪的王孫暫住此之小屋，作喪禮制度探討。這「廬」不是一般居室，而是諸侯王喪事之時，王子暫居之「倚廬」。但是孟子也不是解釋倚廬，他是回答滕定公的太子問處理喪事。太子按禮而處理其父的喪事。

第二次是解釋《孟子・梁惠王上》第七章第四節所載「釁鐘」，作宗教禮儀考查。理氏認為釁是裂隙，但他誤寫作出自《祭統》，實質是出自《雜記》。釁是指用動物的血作祭祀。《孟子》的原意，並不是討論釁鐘的禮儀。只不過是藉釁鐘之事，勸齊桓公用這種愛護動物的態度去愛護百姓。

理氏引用《喪大記》解釋《孟子・公孫丑下》第七章第二節所講的棺椁尺寸，作喪葬制度探討。理氏認《喪大記》與《孟子》所講不同。事實上，棺椁制度不斷轉變，《孟子》所載與古代不同，是正常的事。

理氏一共引用了《祭義》兩次以解釋《孟子》。

第一是理氏引用《禮記》與及《月令》剖析《孟子・滕文公下》第三章第三節的士人從政的言論。孟子是藉《禮記》之經文，解釋士人失去祿位，就失去祭祀神明用的田地，不能舉行祭祀。

第二次是解釋《孟子・離婁上》第十九章第四節所載曾子的孝行，作歷史人物言行考查。曾子孝行有兩方面，第一是先意承志，先意就是在父母有任何表示之前，就已經知道父母需要，而且作出符合父母心意和志向的事；第二是以身作則以勸父母做事合禮。孟子是藉曾子的孝義說明人要孝順父母與培養個人節操。

理氏引用《坊記》解釋《孟子・告子下》一章第三節「以禮食」和「親迎」的意思，作社會禮制探討。這是有一個任國人向孟子的學生屋廬子的問難，目的是挑戰禮制。孟子教其弟子回答，禮是讓人可以守法，若因食、色而破壞法治，就寧可守法。

理氏一共引用了《中庸》十八次以解釋《孟子》。

第一次是解釋《孟子》《梁惠王上》第四章第六節使用「仲尼」的原因，屬訓詁解釋。理氏認為學生對老師或者孫兒稱呼祖父可用「別字」。實際上，名字是父母取的，「別字」是賓客為成年的年青人取的。所以，只有父母與君王才可以直呼人的名字，其他人都稱呼人的「別字」。《孟子》稱呼「孔子」一共八十一次，而稱呼仲尼則有六次。

第二次是解釋《孟子・梁惠王下》第五章第五節所載「太王」此人，作歷史人物考查。太王是古公亶父，周室的祖先。孟子藉古公亶父勸齊宣王，將愛妃子之心推廣到社會，使人人都愛其妻子。

第三是與《孟子．梁惠王下》第七章第三節作政治思想的比較。但《中庸》所講是任用賢人，而孟子則主張君王用人，開始時就要小心選擇，不可因個人喜好而尊卑不分。

第四是比較《孟子．公孫丑上》第二章第二十六至二十八節所載的孔子作歷史人物比較。《中庸》贊美孔子就如天道對宇宙的影響，孔子的偉大可以配天，只有至聖的人才可到這地步。《孟子》所講的孔子是人類中最偉大的，過於堯舜，孔子之道可以永傳。

第五次是與《孟子．公孫丑上》第四章第二節作修身思想對比。《中庸》的九種修身方式，是由個人脩養開始而至治理國家，會使國家太平強盛。而《孟子》卻集中在人才選用與人才提拔的思想，推動文化教育，注重社會意義。

第六次是用《中庸》講天地人三才的觀念，對《孟子．公孫丑下》的「天時、地利、人和」的戰爭理論作思想上的比較。實際上天地人三才的講法沒有在《中庸》出現，是在《易經》出現，與《孟子》的「天時、地利、人和」也毫不關涉。

第七次是先後兩度用《中庸》之「不肖」解《孟子》。第一是《孟子．公孫丑下》第七章第一節的「不肖」，是訓詁的解說。理氏認為兩者同義。但《中庸》所講「不肖」，是指不似孔門之徒。而《孟子》所講的「不肖」是自謙之辭，表示自已能力不及。理氏理解不足。第二是引《中庸》解釋《孟子．離婁下》第七章的「賢、不肖之相去」的不肖，作語言訓詁。《中庸》的不肖是指不似孔門中人。《孟子》的「不肖」指德行與人品都不肖的人，與「賢」相對。廣義來說，二者可意義相通。但狹義而言，兩者的「不肖」有基本上的差異。理雅各對兩者的理解都不夠深度。

第八次是用《中庸》之「道」解《孟子．滕文公》上第一章第三節「夫道一而已」之道。是訓詁學之研讀。《中庸》之道，是形而上之道，不可見聞，但又存在宇宙萬事萬物之中，並且存於人心之內。而《孟子》之道是指性善之道。《中庸》之道是廣義性的，《孟子》之道是狹義性的。但都是可以使人成善之道。

第九次是引《中庸》之道解釋《孟子．離婁上》第十一章「道在邇而求諸遠」之道，屬天道思想探討。《中庸》之道是形而上之道。《孟子》「道在邇」

與「事在易」的意義是可以互相發明，所以孟子所講者乃是人事之道，以至天下太平之道。《孟子》與《中庸》二者所講不太吻合。

第十次是引用《中庸》解釋《離婁上》第十二章的「誠」，作字義訓詁。若單講「誠」字，二者意義或可相通，但《中庸》卻認為聖人可以不勉而中道，即聖人是天生至誠。但孟子認為聖人不是天生的，是藉修養而得的，所以人皆可以為聖人。

第十一次解釋《孟子・離婁下》第十章：「仲尼不為已甚者。」之「已甚」，作語言訓詁。理氏認為已甚是「過份」。《中庸》是指孔子不用奇言怪行來博取名聲。但《孟子》的意思是指，孔子作事是按其位份與身份而行。二者所講的意思有差異。

第十二次是引《中庸》解釋《孟子・告子上》第五章第四節的「斯須」，作詞語訓詁。單以詞意而言，《中庸》的「須臾」與《孟子》的「斯須」都可解作片刻、暫時的意思。但在運用上則有不同的思想。《中庸》是指人不能片刻離開「道」，而《孟子》就表示出因時制宜、通變之權的思想。

第十三次，解釋《孟子・告子上》第十五章所講的「人性觀」，作哲學討論。《中庸》有聖人與賢人之分，聖人是天生向善的，賢人是藉學習修養向善的。《孟子》有大人小人之分，人心思用於善道，就會成為大人，若被物欲障蔽耳目之官，就是小人，做聖人在乎人之立志，不在乎天生。這是二者不同處。

第十四次是引用《中庸》「天命之謂性」解釋《孟子・盡心上》第一章第三節「殀壽不貳，修身以俟之，所以立命也。」作天命思想比較。《中庸》之天命之命，是指天的賦予，或天所命定。而《孟子》之「命」是生命的長短的「命」，此命之長短，不是人可以控制的。二者的命本質是不同的。

第十五次是用《中庸》之「誠」解釋《孟子・盡心上》第四章第二節「反身而誠」。理氏認為兩者同一意義。《中庸》之「誠」字共出現了二十五次，可形容天道，人實踐天道之誠而使此誠變成人道之誠，這誠有天人合一的意義。《孟子》之「誠」是指真實無妄之道存於人性中，人可從自身發現。這也是天人合一的思想，藉著「誠」而使人道與天道合一起來。二者可以互通。

第十六次是引《中庸》的「恕」比較《孟子・盡心上》第四章第三節的「恕」，作倫理思想比較。《中庸》之「恕」是指「推己及人」，《孟子》之恕也有待人如己的精神。

第十七次是引《中庸》比較《孟子・盡心下》第廿五章的「神」，作文字訓詁。《中庸》是指至誠的人有神妙的能力，藉占卜或國家氣象而預先知道國家興亡。《孟子》的「神」是指有聖知之明，有特殊的智慧，不是普通人可以理解的，但《孟子》所講的聖人，是可以藉培養而達到的。二者所講的「神」有差別。

理氏一共引用《大學》五次解釋《孟子》。

第一次是引《大學》解釋《孟子．梁惠王下》第七章第五至六節的「為民父母。」作政治思想比較。《大學》引用《詩經．南山有臺》來講「為民父母」，民眾的喜好就是自己的喜好，民眾的憎惡就是自己的憎惡，才算是為民父母。是一種以民心為己心的政治思想，與儒家的政治主張是一致的，也與《梁惠王下》第七章之意相符合。

第二次是引《大學》解釋《孟子．滕文公上》第五章第三節所講的「若保赤子」，作政治思想比較。《大學》是引《尚書．康誥》「如保赤子」，其意是人要首先從自身立教開始，再推而廣之及於他人，才可以齊家後治國。《孟子》的「若保赤子」是墨家的夷之駁斥孟子之言論，表示儒家亦有，「愛無等差，施由親始」的主張，不是孟子本人之言。而且《大學》與《孟子》所講不能相通。

第三次是引《大學》解釋《孟子．離婁下》第十八章第三節「故聲聞過情」之「情」字，作文字訓詁。《大學》第四章的「情」字即是「實」。與《孟子》此章之「情」字通解。但理氏有些迂迴，不夠直接。

第四次是引《大學》解釋《孟子．萬章下》第三章第二節所載的「孟獻子」，作歷史人物溯源。二者所講的「孟獻子」是同一人，但《大學》與《孟子》想表達的思想卻完全不同，《大學》所講孟獻子的思想是治理國家不應將財富作治道之本，應以為民伸張正義為主，治國的目標與原則，是謀求人民的幸福。《孟子》則用孟獻子說明交友之道，以德行作準則。

第五次是認為《孟子．盡心下》第三十二章第二節「君子之守，脩其身而天下平。」是《大學》篇的思想最好的總結，作思想對比。孟子原本無解釋《大學》之意。但是研究《孟子》的學者，卻有以兩者互相解釋的。

理氏運用經典對觀的文學手法，對照《禮記》與《孟子》所載的有若，突顯了有若鮮明的謙虛性格。又用民間傳說人物闡述的文學手法考釋公輸般，顯示出公輸般由歷史人物漸漸變成神話人物，突顯公輸般在民間文學的形象。

綜觀理雅各引用《禮經》解釋《孟子》可分幾個方式，一是文字訓詁例如解「因」字，二是政治制度的考查如「山虞」之類，三是禮制的查究如「仲尼」

別字的使用，四是人物言行的探討如曾子的孝行。政治思想的比較，如政壇上的尊卑不可錯致。對同一個歷史人物比較，如《中庸》與《孟子》所講的孔子。

第六章引用《春秋左傳》文獻考述

理雅各翻譯《春秋》的英文名稱是 *Ch'un Ch'iu*，但是在其翻譯的《中國經典》，《春秋左傳》的英文名稱卻是 *The CH'UN TS'EW with The TSO CHUEN*。

第一節引用《襄公十四年》經文考

理雅各一共引用了《襄公十四年》兩次以解釋《孟子》。

第一次是引用《左傳》解釋《孟子·離婁上》第一章第一節所載「師曠」此人，作歷史人物考查。理氏引用《左傳》此段經文，只說明了師曠是晉平公的智囊，而且是敢言直諫之士。不足以解釋《孟子·離婁上》此段經文的意義，孟子所講是師曠之耳朵靈敏，審音準確分明。

第二次是引《左傳》解釋《孟子·離婁下》第廿四章所講庾公之斯追子濯孺子之事，作人物考查。但《孟子》與《左傳》兩段經文所載，差別亦頗多，而《孟子》的目的，是講人的交友之道。

第二節引用《昭公二十年》經文考

理氏用《左傳》指出《孟子·滕文公下》第一章第二節所載「招虞人，不至」的例子，是政制名物的考釋。《滕文公下》第一章是「招虞人以旌」而《左傳·昭公二十年》則是「招虞人以弓」，二者不同，只可以說二者所據資料有所不同。孟子目的不是解釋制度典故，孟子藉此教導他的學生陳代，不可以忽略與諸侯見面的禮節。

第三節引用《春秋》「義戰」觀念考

理氏用《左傳》解釋《孟子·盡心下》第二章第一節所講「春秋無義戰」，作訓詁與義理考究。理氏認為義戰是公義之戰。但《春秋》無義戰實際的意思，是指征伐之戰已經不是由天子號令，由諸侯自由發動戰爭，這些戰爭因為沒有天子的同意，所以不是義戰。

理氏使用譯注互補的文學技巧，特出師曠的精神面貌，敢言直陳的性格。

理雅各用三個方式引用《春秋左傳》解《孟子》，歷史人物探究，職官制度探討，文字訓詁考查。

綜觀理雅各引用儒家《五經》文獻的方法，可以分八個方向。第是一歷史人物生平或言行溯源，第二是文字訓詁，第三是歷史事件探索，第四是政治思想尋源，第五是社會與家庭倫理探索，第六是政治制度淵源探討，第七是禮制，第八是人性論哲學思想探討。

理氏來自英國，沒有受到學派觀念的影響，王韜說其「于漢、宋之學兩無偏袒」。〔註 1〕以西方人的治學精神尋根究底，對歷史人物追源溯始，甚至對一些多音字，也考查出適當的音義作注解。這種治學態度，值得國人欣賞。

理氏以其西方基督教神學立場作《孟子》譯注，遇到《孟子》的思想與基督教有所衝突，便採取批評與否定的態度，存有基督教神學優越感的心態。對歷史名物，政治制度，以及文字訓詁都力求客觀真實，但對哲學思想則客觀程度不足。

從這個研究之中，也可以發現，孟子無論引用《易經》、《書經》、《詩經》、《周禮》、《儀禮》《禮記》及《春秋左傳》的經文，目的不是解說經典，而是引用經典支持其理論，強化其議論的說服力。所以，不能用引文的原意來解釋《孟子》，而是按《孟子》的上下文來理解其引述是甚麼意思。理雅各只能做到為《孟子》的引文作溯源工夫，但沒有解釋《孟子》為甚麼要引述這些經文或歷史事件等。據此可以證明，理氏研究儒家經典不夠深入，未能深入肌理剖析《孟子》與其引用《五經》經文思想上的關係。對《五經》與《孟子》兩者研究不太深入。

理雅各的英譯《孟子》，也有一些誤解與誤譯的地方。例如《孟子・滕文公》下第六章，的「大夫」譯作「great officer」是一誤譯，應該譯作「high ranking officer」或「minister」。而「齊語」之「語」譯作「speech」或「language」也是誤譯，應譯作「dialect」。這是對《孟子》原文誤解而造成誤譯。

理氏引用基督教的神學思想的「善」（good）解釋《孟子・離婁下》二十章一節：「禹惡旨酒而好善言」之「善」。又引用基督教神學思想比較《中庸》的思想。為中西思想交流作出貢獻。

《萬章上》第四章曾說過，「故說詩者，不以文害辭，不以辭害志；以意逆志，是為得之。」〔註 2〕其意是讀《詩經》的人，不應拘於文字而誤解詞句，也不應拘於詞句而誤解詩意，用自己切身體會去理解去揣摩詩的意思。綜觀孟子引述《五經》的文字與使用方式，都貫徹著這重精神。焦循《孟子正義》云：「古人援引文字，不必屑屑章句，而孟子為甚。」〔註 3〕此句可以作《孟

〔註 1〕〔清〕王韜：《弢園文錄外編》，第 181 頁。

〔註 2〕《孟子注疏》，北京：中華書局影印〔清〕阮元刻《十三經注疏》本，第九卷上，第十頁，總第 5950 頁。

〔註 3〕〔清〕焦循：《孟子正義》，北京：中華書局，上冊，第 442 頁。

子》引用經書文字的方式作總結。

從這篇論文展望未來的研究，是積極和樂觀的。本書限於篇幅關係，只能討論理雅各《孟子》英譯本注引用儒家五經的情況，但關於這方面的研究，仍然有很大的空間，供學者們鑽研探討，例如引述《論語》、《孟子》及其他子史之書之考查，是一片相當廣濶的和有價值的研究範圍。除了《孟子》之外，理氏翻譯的《中國經典》尚有《書經》、《詩經》、《春秋左傳》、《論語》四個英譯本的注解，都有頗為詳細的英文注釋，值得學者與同道們發掘這塊園地，讓我國學者知道西方漢學家研究中國經典的苦心孤詣。也可以借鏡他們的研究成果，使中國經典研究更加豐富多彩。

參考文獻

一、古籍

（一）經部

1.《周易正義》，北京：中華書局影印〔清〕阮元刻《十三經注疏》本，嘉慶二十年江西南昌府學開雕版，2009 年。

2.〔唐〕李鼎祚：《周易集解》，北京：北京市中國書店，1984 年。

3.〔宋〕司馬光：《溫公易說》，上海：上海古籍出版社，1989 年。

4.〔宋〕張載：《橫渠易說》，上海：上海古籍出版社，1989 年。

5.〔宋〕程頤：《伊川易傳》，上海：上海古籍出版社，1989 年。

6.〔宋〕蘇軾：《東坡易傳》，上海：上海古籍出版社，1989 年。

7.〔宋〕鄭汝諧：《易翼傳》，上海：上海古籍出版社，1989 年。

8.〔宋〕朱熹：《周易本義》，北京：中國書店，1987 年。

9.〔宋〕朱熹：《易經集註》，臺北：文化圖書公司，1977 年。

10.〔宋〕朱震：《漢上易傳》，上海：上海古籍出版社，1989 年。

11.〔清〕孫星衍：《周易集解》，臺北：鼎文書局，楊家駱編：《周易集解之補正》本，1975 年。

12.〔清〕李道平：《周易集解纂疏》，臺北：鼎文書局，楊家駱編：《周易集解之補正》本，1975 年。

13.〔清〕姚配中：《周易姚氏學》，臺北：鼎文書局，楊家駱編：《周易集解之補正》本，1975 年。

14. 于省吾：《易經新證》，臺北：鼎文書局，楊家駱編：《周易集解之補正》本，1975 年。

15. 錢基博：《周易解題及其讀法》，臺北：商務印書館，1989 年。
16. 黄壽祺著，張善文點校，《易學羣書平議》，北京：北京師大學出版社，1988 年。
17. 南懷瑾、徐芹庭：《周易今註今譯》，臺灣商印書館，1977 年。
18. 孫振聲：《白話易經》，臺北：星光出版社，1995 年。
19.《尚書正義》，北京：中華書局影印〔清〕阮元刻《十三經注疏》本，嘉慶二十年江西南昌府學開雕版，2009 年。
20.〔宋〕蔡沈：《書經集傳》，上海：上海古籍出版社影印《四庫全書》本，1987 年。
21.〔宋〕蔡沈：《書經集傳》，北京：北京大學出版社，《儒藏》本，精華編第十三冊，2014 年。
22.〔清〕孫星衍：《尚書今古文注疏》，北京：中華書局，1986 年。
23. 屈萬里：《尚書今註今譯》，臺北：商印書館，1969 年。
24. 曾運乾：《尚書正讀》，臺北：洪氏出版社，1975 年。
25. 尚秉鈞：《尚書易解》，湖南：嶽麓書社，1984 年。
26. 李振聲編撰：《尚書：華夏的曙光》，臺北：時報文化出版社，1987 年。
27. 張道勤：《書經直解》，浙江：浙江文藝出版社，1997 年。
28. 陳夢家：《尚書通論》，北京：中華書局，2005 年。
29. 慕平：《尚書譯注》，北京：中華書局，《中華經典藏書》本，2009 年。
30. 黄懷信：《尚書注訓》，山東：齊魯書社，2009 年。
31. 陸健初：《〈尚書〉史詩考》，上海：學林出版社，2010 年。
32. 喻中：《風與草——〈尚書〉》，香港：中和出版有限公司，2012 年。
33.《毛詩正義》，北京：中華書局影印〔清〕阮元刻《十三經注疏》本，嘉慶二十年江西南昌府學開雕版，2009 年。
34.〔宋〕朱熹：《詩集傳》，香港：中華書局，1961 年。
35.〔宋〕朱熹：《詩集傳》，臺北：藝文印書館，1967 年。
36.〔清〕陳奐：《詩毛氏傳疏》，臺北：學生書局影印文瑞樓藏版鴻章書局石印本，1981 年。
37.〔清〕方玉潤：《詩經原始》，臺北：藝文印書館影印本，1981 年。
38.〔清〕方玉潤撰，李先耕點校：《詩經原始》，北京：中華書局，1986 年。
39.〔清〕馬瑞辰：《毛詩傳箋通釋》，臺北：廣文書局，1971 年。

40.〔清〕王先謙撰，吳格點校：《詩三家義集疏》，北京：中華書局，1987 年。
41.〔清〕姚際恒：《詩經通論》，臺北：廣文書局，1961 年。
42.〔清〕牟廷：《詩切》，山東：齊魯書社，1983 年。
43. 江陰香：《詩經譯注》，北京：中國書店，1983 年。
44. 佚名：《詩經白話新解》，臺北：文化圖書公司，1978 年。
45.《周禮注疏》，北京：中華書局影印〔清〕阮元刻《十三經注疏》本，嘉慶二十年江西南昌府學開雕版，2009 年。
46.〔宋〕王安石：《周官新義》，臺北：商務印書館，1969 年。
47.《儀禮注疏》，北京：中華書局影印〔清〕阮元刻《十三經注疏》本，嘉慶二十年江西南昌府學開雕版，2009 年。
48.《禮記正義》，北京：中華書局影印〔清〕阮元刻《十三經注疏》本，嘉慶二十年江西南昌府學開雕版，2009 年。
49.〔清〕孫希旦：《禮記集解》，北京：中華書局，1989 年。
50. 姜義華：《新譯禮記讀本》，臺北：三民書局，2007 年。
51. 劉志輝、胡平輝、陳美蘭：《〈禮記〉、〈孝經〉譯注》香港：中華書局，2013 年。
52.《春秋穀梁傳注疏》，北京：中華書局影印〔清〕阮元刻《十三經注疏》本，嘉慶二十年江西南昌府學開雕版，2009 年。
53.《春秋左傳正義》，北京：中華書局影印〔清〕阮元刻《十三經注疏》本，嘉慶二十年江南昌府學開雕版，2009 年。
54. 楊伯峻：《春秋左傳注》，北京：中華書局，1981 年。
55.《論語注疏》，北京：中華書局影印〔清〕阮元刻《十三經注疏》本，嘉慶二十年江西南昌府學開雕版，2009 年。
56.〔梁〕皇侃：《論語集解義疏》，臺北：世界書局，《論語注疏及補正》本，1963 年。
57.〔清〕劉寶楠：《論語正義》，上海：上海書店《諸子集成》本，1986 年。
58. 錢穆：《論語新解》，四川：巴蜀書社，1985 年。
59. 錢穆：《論語新解》，臺北：東大圖書公司，2000 年。
60. 楊伯峻：《論語譯注》，上海：中華書局，1965 年。
61. 毛子水：《論語今註今譯》，臺北：商務印書館，1975 年。

62.《孝經注疏》，北京：中華書局影印〔清〕阮元刻《十三經注疏》本，嘉慶二十年江西南昌府學開雕版，2009 年。
63.《爾雅注疏》，北京：中華書局影印〔清〕阮元刻《十三經注疏》本，嘉慶二十年江西南昌府學開雕版，2009 年。
64.《孟子注疏》，北京：中華書局影印〔清〕阮元刻《十三經注疏》本，嘉慶二十年江西南昌府學開雕版，2009 年。
65.〔清〕戴震：《孟子字義疏證》，北京，中華書局，1982 年。
66.〔清〕焦循：《孟子正義》，臺北：中華書局影印四部備要版，1979 年。
67.〔清〕焦循著，沈文倬點校：《孟子正義》，北京：中華書局標點本，1987 年。
68. 楊伯峻：《孟子譯注》，北京：中華書局，1984 年。
69. 傅佩榮：《孟子新解》，南京：譯林出版社，2012 年。
70. 傅佩榮：《解讀孟子》，臺北：立緒文化事業有限公司，2004 年。
71.〔宋〕朱熹：《四書集註》，臺北：藝文印書館影印吳志忠校刊本，1980 年。
72.〔宋〕朱熹：《四書集註》，成都：巴蜀書店影印怡府藏板，1985 年。
73.〔宋〕朱熹：《四書集註》，臺北：大孚書局有限公司，1991 年。
74.〔宋〕朱熹：《四書章句集註》，上海：上海古籍出版社，《朱子全書》本，2002 年。
75.〔宋〕朱熹：《四書或問》，上海：上海古籍出版社，《朱子全書》本，2002 年。
76.〔宋〕朱熹：《孟子精義》，上海：上海古籍出版社，《朱子全書》本，2002 年。
77.〔明〕張居正：《四書集註闡微直解》，北京：北京出版社，四庫未收書輯刊編纂委員會編：《四庫未收書輯刊》本，第二輯，第十二冊，2000 年。
78.〔明〕張居正：《張居正講解〈孟子〉》，北京：中國華僑出版社，2009 年。
79.〔明〕鄧退庵：《新訂四書補註備旨》，香港：道光道德會，2003 年。
80.〔清〕閻若璩：《四書釋地》，臺北：藝文印書館影印《皇清經解》本，1961 年。
81.〔清〕李沛霖：《增訂四書諸儒輯要》，三樂齋梓行，乾隆五年（1740）重刻本。

82.〔清〕王步青：《四書匯參：孟子集註本義匯參》，臺北：莊嚴文化事業有限公司，影印《四庫全書存目叢書．經》乾隆十年（1745）敦復堂刊本，1997 年。
83.〔清〕喇沙里、陳廷敬：《日講四書解義》，上海：上海古籍出版社影印文淵閣《四書全書》本，1987 年。
84.〔清〕吳昌宗撰、汪廷機刻：《四書經註集證》，上海：上海古籍出版社影印《續修四庫全書》本，清嘉慶三年（1798）汪廷機刻本，1995 年。
85.〔清〕曹之升：《四書摭餘說》，蕭山曹氏家塾本，嘉慶戊午年（1798）刊本。
86.〔清〕翁克夫：《四書遵註合講》，振賢堂藏版，嘉慶庚辰年（1820）刊本。
87.〔清〕金瀓：《四書味根錄》，綠芸書舍刊刻，梨花吟館藏版，咸豐庚申年（1860 年）刊本。
88.〔清〕張甄陶：《四書翼註論文》，敦化堂刊本。
89. 錢穆：《四書釋義》，臺北：學生書局，1978 年。
90. 高正一：《四書讀本》，臺北：大孚書局，2013 年。
91. 史次耘、毛子水、宋天正：《四書今註今譯》，臺北：商務印書館，1979 年。
92. 謝冰瑩、李鍌等編譯：《新譯四書讀本》，臺北：三民書局，2014 年。
93.〔唐〕陸德明：《經典釋文》，上海：上海古籍出版社，1985 年。
94.〔宋〕孫奭：《孟子音義》，臺北：大通書局影印〔清〕徐乾學輯：《通志堂經解》本，同治十二年粵東書局刊本，第卅五冊，1969 年。
95.〔清〕朱彝尊：《經義考》，北京：中華書局影印《四部備要》本，1998 年。
96.〔清〕阮元：《經籍籑詁》，臺北：宏業書店，1974 年。
97.〔清〕皮錫瑞：《經學通論》，北京：中華書局，1982 年。
98.〔清〕皮錫瑞著、周予同注釋：《經學歷史》，香港：中華書局，1961 年。
99. 黃侃：《黃侃手批白文十三經》，上海，上海古籍出版社，1983 年。
100. 蔣伯潛：《十三經概論》，上海：上海古籍出版社，1983 年。
101. 徐復觀：《中國經學史的基礎》，臺北：學生書局，1982 年。
102. 朱維錚：《中國經學史十講》，上海：上海復旦大學出版社，2002 年。
103. 吳雁南、秦學頎、李禹階編：《中國經學史》，臺北：五南圖書出版公司，2005 年。

104. 鄧國光：《經學義理》上海：上海世紀出版股份有限公司，2011 年。
105.〔漢〕許慎著，〔清〕段玉裁注：《說文解字注》，上海：上海古籍出版社影印經韻樓藏版，1981 年。
106.〔明〕張自烈：《正字通》，安徽：合肥教育出版社影印清康熙清畏堂刊本，2002 年。
107.〔清〕朱駿聲：《說文通訓定聲》，湖北：武漢市古籍書店影印臨嘯閣藏版，1983 年。
108.〔清〕康熙御撰，漢語大詞典編纂處標點整理：《康熙字典》，上海：漢語大詞典出版社標點整理本，2002 年。
109.〔清〕王引之：《經傳釋詞》，香港：太平書局，1966 年。

（二）史部

1.〔漢〕司馬遷：《史記》，臺北：藝文印書館影印《乾隆武英殿刻本二十五史》本，1956 年。
2.〔漢〕司馬遷：《史記》，香港：中華書局，標點本，1975 年。
3.〔清〕梁玉繩：《史記志疑》，上海：上海古籍出社影印《續修四庫全書》，清乾隆刻本，第 948 冊，1995 年。
4.〔漢〕班固著，〔清〕王先謙補注：《漢書補注》，北京：中華書局影印虛受堂刻本，1983 年。
5.〔清〕趙爾巽等撰：《清史稿》，北京：中華書局，1977 年。
6.〔東周〕左丘明：《國語》，上海：掃葉山房，天聖明道本，1930 年。
7.〔東周〕左丘明：《國語》，上海：上海古籍出版社標點本，1978 年。
8.〔西漢〕劉向編，〔東漢〕高誘注：《戰國策》，臺北：藝文印書館影印本，1974 年。
9.〔西漢〕劉向編：《戰國策》，上海：上海古籍出版社標點本，1985 年。
10.〔清〕永瑢：《四庫全書總目》，北京：中華書局，1965 年。
11.〔清〕張之洞著、范希曾補正：《書目答問補正》，臺北：新興書局有限公司，1980 年。
12.〔清〕張之洞著、范希曾編：《書目答問補正》，上海：上海古籍出版社標點本，1982 年。
13. 陳登原：《古今典籍聚散考》，上海：上海書店，1983 年。
14. 郭伯恭：《四庫全書纂修考》，臺北：商務印書館，1984 年。

（三）子部

1.〔戰國〕荀卿著，〔清〕王先謙集解：《荀子集解》，臺北：藝文印書館影印本，1967 年。

2.〔戰國〕荀卿著，〔清〕王先謙集解：《荀子集解》，上海：上海書店，《諸子集成》本，1986 年。

3.〔戰國〕荀卿著，李滌生集釋：《荀子集釋》，臺北：學生書局，2000 年。

4.〔秦〕呂不韋編，〔漢〕高誘注，《呂氏春秋》，上海：上海印書館《諸子集成》本，1986 年。

5.〔魏〕王肅：《孔子家語》，浙江：浙江人民出版社，《百子全書》本，1984 年。

6.〔東周〕莊周著，〔晉〕郭象注：《莊子》，臺北：中華書局影印《四部備要》本，1984 年。

7.〔東周〕莊周著，〔清〕王先謙集解：《莊子集解》，上海：上海書店，《諸子集成》本，1986 年。

8.〔東周〕莊周著，〔清〕郭慶藩集釋：《莊子集釋》，臺北：中華書局影印本，1980 年。

9.〔東周〕莊周著，〔清〕郭慶藩集釋：《莊子集釋》，上海：上海書店，《諸子集成》本，1986 年。

10.〔東周〕墨翟撰，〔清〕孫詒讓閒詁：《墨子閒詁》，臺北：藝文印書館影印本，1981 年。

11.〔東周〕列子撰，張湛注：《列子集注》，上海：上海書店，《諸子集成》本，1986 年。

12.〔西漢〕劉安著，高誘注：《淮南子注》，上海：上海書店，《諸子集成》本，1986 年。

13.〔西漢〕楊雄著，李軌注：《法言》，上海：上海書店，《諸子集成》本，1986 年。

14.〔東漢〕王充：《論衡》，上海：上海書店，《諸子集成》本，1986 年。

15.〔宋〕張載著、章錫森點校：《張載集》，北京：中華書局，1987 年。

16.〔宋〕程顥、程頤著，王孝魚點校：《二程集》，北京：中華書局，1984 年。

17.〔宋〕朱熹：《朱子語類》，上海：上海古籍出版社，《朱子全書》本，2002 年。

18.〔宋〕陸九淵：《象山全集》，臺北：中華書局影印《四部備要》本，1970 年。
19.〔明〕凌迪志：《萬姓統譜》，臺北：新興書局，1971 年。
20.〔清〕黃宗羲：《宋元學案》，浙江：浙江古籍出版社，《黃宗羲全集》本，1985 年。
21. 梁啟超：《管子評傳》，上海：上海書店，《諸子集成》本，1986 年。
22. 戴望校正：《管子校正》，上海：上海書店，《諸子集成》本，1986 年。
23. 章太炎：《國學略說》，香港：寰球文化服務社，1972 年。
24. 蔣伯潛：《諸子學纂要》，臺北：正中書局，1948 年。
25. 蔣伯潛：《諸子通考》，臺北：正中書局，1948 年。
26. 錢穆：《朱子新學案》，臺北：三民書局，1989 年。
27.〔宋〕王應麟：《小學紺珠》，上海古籍出版社影印《文淵閣四庫全書》本，第 948 冊，1987 年。
28.〔宋〕李昉編：《太平廣記》，北京：中華書局，1986 年。
29.〔明〕馮夢龍著，蔡元放改撰：《東周列國志》，臺北：三民書局，2012 年。

（四）集部

1.〔梁〕劉勰著，范文瀾註：《文心雕龍註》，香港：商務印書館，1986 年。
2.〔唐〕韓愈著，馬通伯校注：《韓昌黎文集校注》，香港，中華書局，1984 年。
3.〔北宋〕蘇軾：《蘇軾文集》，北京：語文出版社，《三蘇全書》本，2001 年。
4.〔清〕吳楚材輯、宋晶如註譯：《考正古文觀止》，香港：鴻光書店，19？年。

二、今人編著

（一）中文著作

A

1.〔法〕安田樸著，耿昇譯：《中國文化西傳歐洲史》，北京：商務印書館，2000 年。

C

1. 蔡仁厚：《孔孟荀哲學》，臺北：學生書局，1985 年。
2. 陳顧遠：《中國婚姻史》上海：上海文藝出版社，1987 年。
3. 陳昇編注，楊雪翠英譯：《孟子初級讀本》，北京：商務印書館，2015 年。

4. 陳生璽編：《張居正講評〈孟子〉皇家讀本》，上海：上海辭書出版社，2007 年。

5. 陳生璽編：《張居正講評〈詩經〉皇家讀本》，上海：學林出版社，2009 年。

D

1. 杜維明著，段德智譯：《〈中庸〉論儒學的宗教性》，北京：三聯書店，2013 年。

F

1. 方東美：《生生之德》，臺北：黎明文化事業股份有限公司，1980 年。

2. 傅佩榮：《儒道天論發微》，臺北：學生書局，1975 年。

3. 傅佩榮：《孟子新解》，南京：譯林出版社，2012 年。

4. 費樂仁（Lauren F. Pfister）：《王韜與理雅各對新儒家憂患意識的回應》，林啟彥、黃文江編：《王韜與近代世界》本，香港：香港教育圖書公司，2000 年。

5.〔法〕弗朗索瓦·于連著，張放譯：《(經由中國) 從外部反思歐洲——遠西對話》，鄭州：大象出版社，2005 年。

6.〔法〕費賴之著，馮承鈞譯：《在華耶穌會士列傳及書目》，北京：中華書局，1995 年。

G

1. 顧長聲：《從馬禮遜到司徒雷登》，上海：上海書店出版社，2005 年。

2.（臺北）「國立」編譯館編：《新集四書註解群書備要》，臺北：華泰文化事業股份有限公司，2000 年。

H

1. 何文匯、朱國藩編：《粵音正讀字彙》，香港：香港教育圖書公司，2001 年。

2. 何寅·許光華編：《國外漢學史》，上海：上海外語教育出版社，2002 年。

3. 胡瑞琴：《晚清傳教士與儒家經典研究》，濟南：齊魯書店，2011 年。

J

1.〔美〕吉瑞德（Norman J. Girardot）著，段懷清、周俐玲譯：《朝覲東方：理雅各評傳》，桂林：廣西師範大學出版社，2011 年。

L

1. 李峻岫：《漢唐孟子學術論》，濟南：齊魯書店，2010 年。

2. 李零：《上博楚簡三篇校讀記》，北京：中國人民大學出版社，2007 年。
3. 李零：《郭店楚簡校讀記》，北京：中國人民大學出版社，2007 年。
4. 林夢生、史良昭譯注：《古文觀止》，上海：上海古籍出版社，注音版，2005 年。
5. 李學勤編：《清華大學藏戰國竹簡》，第伍輯，上海：中西書局，2015 年。
6. 雷雨田編：《近代來粵傳教士評傳》，上海：百家出版社，2004 年。
7. 劉謹輝：《清代〈孟子〉學研究》，北京：社會科學出版社，2007 年。
8. 劉守華、陳建憲主編：《民間文學教程》，武漢：華中師範大學出版社，2013 年。
9. 劉大杰：《中國文學發展史》，香港：學林有限公司，1979 年。
10. 理雅各（Legge，James）譯：《中英對照四書》，中國：商務印書館，無出版年份。
11. 理雅各（Legge，James）譯：《中英對照四書》，臺北：文化圖書公司，1997 年。
12. 理雅各（Legge，James）譯：《孟子》，北京：外語教學與研究出版社，2012 年。
13. 陸侃如、牟世金：《文心雕龍譯注》，濟南：齊魯書社，1984 年。
14. 勞思光著，黃慧英編：《大學中庸譯註新編》，香港：中文大學出版社，2000 年。

M

1. 馬祖毅．任榮珍：《漢藉外譯史》，湖北：湖北教育出版社，2003 年。
2. 馬約瑟：《儒家實義》，鄭安德編：《明末清初耶穌會思想文獻》本，北京：北京大學宗教研究所，2000 年。
3. 馬禮遜：《華英字典》，鄭州：大象出版社，影印本，2008 年。
4. 馬禮遜夫人編、顧長聲譯：《馬禮遜回憶錄》，桂林：廣西師範大學出版社，2004 年。
5. 《牛津高楷英漢雙解詞典》，香港：牛津大學出版社，第四版修訂增補本，2002 年。

P

1. 裴溥言：《先民的歌唱——詩經》，臺北：時報文化出版企業股份有限公司，1998 年。

Q

1. 錢穆：《中國學術思想史論叢》，臺北：東大圖書公司，1980 年。
2. 錢穆：《國史大綱》，臺北：商務印書館，修訂本，1977 年。
3. 錢穆：《中國學術通義》，臺北：學生書局，增訂本，1984 年。
4. 錢穆：《國學概論》，臺北：素書樓文教基金會，2001 年。
5. 錢穆：《史記地名考》，北京：商務印書館，2001 年。
6. 錢穆：《中國史學名著》，臺北：三民書局，2002 年。

S

1. 沈福偉：《西方文化與中國（1793～2000）》，上海：上海世紀出版集團，2003 年。
2. 沈清松：《從利瑪竇到海德格——跨文化脈絡下的中西互動哲學》，臺北：商務印書館，2014 年。
3. 《聖經——新舊約全書》，香港：聖經公會，第 2609 版，無出版日期。
4. 舒新城等編：《辭海》，香港：中華書局，1979 年。

T

1. 唐君毅：《中國哲學原論》，臺北：學生書局，1983 年。
2. 唐端正：《先秦諸子論叢：續編》，臺北：東大圖書公司，1983 年。

W

1. 〔法〕維吉爾．畢諾著，耿昇譯：《中國對法國哲學思想形成的影響》，2000 年。
2. 〔清〕王韜：《弢園文新編》，香港：三聯書店，1998 年。
3. 〔清〕王韜：《弢園文錄外編》，上海：上海古籍出版社，2002 年。
4. 黃侃：《文心雕龍札記》，香港：典文出版社，1970 年。
5. 王邦雄、曾昭旭、楊漢祖：《孟子義理疏解》，臺北：鵝湖出版社，2007 年。
6. 王天海：《荀子校釋》，上海，上海古籍出版社，2005 年。
7. 王孝廉：《中國的神話與傳說》，香港：文化社，1976 年。
8. 王運熙、顧易生主編：《中國文學批評史》，上海：上海古籍出版社，1979 年。
9. 吳康等著：《孟子思想研究論集》，臺北：黎明文化事業有限公司，1982 年。
10. 吳國珍譯：《〈孟子〉最新英文全譯全注本》，福建：海峽出版社，2015 年。

X

1. 徐宗澤：《明清間耶穌會士譯著提要》，北京：中華書局，1989 年。
2. 熊文華：《英國漢學史》，北京：學苑出版社，2007 年。

Y

1. 楊國榮：《孟子評傳——走向內聖之境》，廣西：廣西教育出版社，1994 年。
2. 楊慶球：《會遇系統神學》，香港：中國神學研究院，2011 年。
3. 楊伯峻、何樂士：《古漢語語法及其發展》，北京：語文出版社，2001 年。
4. 袁珂：《中國神話傳說》，北京：世界圖書出版公司，2014 年。
5. 佚名：《古文評註全集》，香港：鴻榆出版社，200？年。
6. 游國恩、王起編：《中國文學史》，北京：人民文學出版社，1985 年。
7. 余新華：《孟子》，香港：中華書局，2001 年。
8. 袁行霈主編：《中國文學史》，北京：高等教育出版社，2005 年。

Z

1. 張三夕：《批判史學的批判——劉知幾及其史通研究》，武漢：華中師範大學出版社，2010 年。
2. 張三夕編：《中國古典文獻學》，武漢：華中師範大學出版社，2008 年。
3. 張西平：《中國歐洲早期宗教和哲學交流史》，北京：東方出版社，2001 年。
4. 張西平：《傳教士漢學研究》，鄭州：大象出版社，2005 年。
5. 張子維：《孟子的大智慧》，福建：福建人民出版社，2010 年。
6. 章行：《尚書：原始的史冊》，香港：中華書局，1996 年。
7. 趙甄陶英譯，楊伯峻今譯：《孟子》，湖南：湖南人民出版社，《大中華文庫》本，1999 年。
8. 周聯華：《神學綱要》，臺北：道聲出版社，1986 年。
9. 周淑萍：《兩宋孟學研究》，北京：人民出版社，2007 年。
10. 周振甫：《文心雕龍注釋》，北京：人民文學出版社，1983 年。
11. 朱光潛：《談文學》，桂林：廣西師範大學出版社，2004 年。

（二）英文著作

1. *The Holy Bible* (King James Version), New York: Thomas Nelson Publishers, 1977.

2. *The Holy Bible* (New International Version), Michigan: Zondervan Bible Publishers, 1984.
3. Lau, D. C. trans. *Mencius, A Bilingual Edition*, Hong Kong: The Chinese University Press, 2003.
4. Legge James, *Confucian Analects, The Great Learning, and The Doctrine of The Mean*, in *The Chinese Classics* Vol. I., Hong Kong: The Authors, 1861.
5. Legge James, *The Works of Mencius*. In *The Chinese Classics* vol. I. Hong Kong: The Authors, 1861.
6. Legge James, *The Live and Work of Mencius*. In *The Chinese Classics* vol. II. London: Trübner & Co, 1875.
7. Legge James, trans. *The Yî King*. In *The Sacred Books of the East* Vol. XVI, Oxford, Clarendon Press, 1882.
8. Legge James, trans. *The Lî kî I-X*. In *The Sacred Books of the East*, Oxford: Clarendon Press, 1885, vol. XXVII.
9. Legge James, trans. *The Lî kî XI-XLVI*. In *The Sacred Books of the East*, Oxford: Clarendon Press, 1885, vol. XXVIII.
10. Legge James, trans. *Confucian Analects, The Great Learning, and The Doctrine of The Mean*. In *The Chinese Classics* Vol.I. Re-printed 1893 version by Taipei: SMC Publishing Inc., 2011.
11. Legge James, trans. *The Works of Mencius*. In *The Chinese Classics* vol. I. Re-printed 1895 version by Taipei: SMC Publishing Inc., 2011.
12. Legge James, trans. *The Shoo King*. In *The Chinese Classics* vol. II. Re-printed 1865 version by Taipei: SMC Publishing Inc., 2011.
13. Legge James, trans. *The She King*, In *The Chinese Classics* Vol. III. Re-printed 1871 version by Taipei: SMC Publishing Inc. 2011.
14. Legge James, trans. *The Ch'un Ts'ew with The Tso Chuen*. In *The Chinese Classics* Vol. IV. Re-printed 1872 version by Taipei: SMC Publishing Inc. 2011.
15. Legge James, *Confucianism in relation to Christianity: a paper read before the Missionary Conference in Shanghai at May 11th, 1877*, Shanghai: Kelley & Walsh, 1877.

16. Legge James, *God and Spirits: An Examination of the Defence of an Essay, on the Proper Rendering of the words Elohim and Theos, into the Chinese Language*, Taipei: Ch'eng Wen Publishing Company, 1971.
17. Legge James, trans. *The Philosophy of Confucius*, New York: Crescent Books, 197?.
18. Medhurst trans. *The Shoo King*, Shanghai: Mission Press, 1846.
19. *The New Oxford Annotated Bible* (Revised Standard Version), New York: Oxford University Press, 1977.
20. Pearsall Judy, ed. *The Concise Oxford English Dictionary*, Beijing: Foreign Language Teaching and Research Press, 2004.
21. Pfister Lauren, *Classics or Sacred Books? Grammatological and Interpretation Problems of Ruist and Daoist Scriptures in the Translation Corpora of James Legge (1815~1897) and Rivhard Wihelm (1873~1930)*, in Max Deeg, Oliver Frieberger, and Christoph Kline, eds., *Kanonizierung und Kanonbildung in der asiatischen Religionsgeschichte*, Vienna: Austrian Academy of Sciences, 2011.
22. Pfister Lauren, *Linking Chinese Evangelical Spirituality with Cross-cultural Engagement*, in Doyle, G. Wright, ed., *Builders of the Chinese Church: Pioneer Protestant Missionaries and Chinese Church Leaders*. Oregon: Pickwick, 2015.
23. Pfister Lauren, *Striving for "The Whole Duty of Man" James Legge and the Scottish Protestant Encounter with China*, Frankfurt am Main: Peter Lang, 2004.
24. Wylie Alexander, *Memorials of Protestant Missionaries to the Chinese*, Taipei: Chung-Wen Publishing Company, 1967.

三、論文

（一）學位論文

1. 岳峰：《架設東西方的橋梁——英國漢學家理雅各研究》，福建師範大學，博士論文，2003 年。
2. 卞浩宇：《晚清來華西方人漢語學習研究》，蘇州大學，博士論文，2010 年。

3. 沈嵐：《跨文化經典闡釋：理雅各〈詩經〉譯介研究》，蘇州大學，博士論文，2013 年。
4. 胡美馨：《西儒經注中的經義重構——理雅各〈詩經〉注疏話語研究》，浙江大學，博士論文，2014 年。
5. 余敏：《從理雅各英譯〈孟子〉看散文風格的傳譯》（*The Transfer of Prose Style —— A Tentative study of James Legge's, English Version of Mencius*），華中師範大學，碩士論文，2001 年。
6. 陳良中：《〈今文尚書〉文學藝術研究》，安徽大學，碩士論文，2004 年。
7. 任偉：《試論中國譯者在漢籍翻譯中的角色——以孟子為例》（*On the Role of Native Chinese Translators of Chinese Classics: A Case Study on Mencius*），四川大學，碩士論文，2005 年。
8. 陳琳琳：《理雅各英譯〈孟子〉研究》（*Studies on James Legge's Translation of Mencius*），福建師範大學，碩士論文，2006 年。
9. 蔡如雅：《王韜的新人才觀及其文教實踐與影響》，臺灣師範大學，碩士論文，2007 年。
10. 張靜：《理雅各〈孟子〉翻譯研究》，山東大學，碩士論文，2008 年。
11. 林寧：《理雅各與王韜的對比研究》，華東師範大學，碩士論文，2008 年。
12. 滕銳：《理雅各中譯經典研究》（*On James Legge's Translation of Chinese Classics: A Study on Lefevere's Theory*），外交學院，碩士學位論文，2008 年。
13. 張宜斌：《〈尚書〉論說文研究》，中南民族大學，碩士論文，2009 年。
14. 賈清宇：《孟子引〈書〉論〈書〉考論》，遼寧師範大學，碩士論文，2010 年。
15. 楊樺：《〈尚書〉德政思想及其文學表述》，東北師範大學，碩士論文，2010 年。
16. 朱冬梅：《評價理論視角下〈孟子·盡心下〉研究》（*The Study on Jin Xin (Part B) in Mencius in the Perspective of Appraisal Theory*），河南大學，碩士論文，2012 年。
17. 李亞麗：《〈孟子〉英譯研究——兩個譯本的個案分析》（*A Study of Translating Mencius into English —— Exemplified by Two English Version*），上海外國語大學，碩士論文，2012 年。

18. 唐文璐：《被操控的主體：以理雅各譯介〈孟子〉為例》（*A Manipulated Subject: Illustrated with James Legge's The Works of Mencius*）湖南師大學，碩士論文，2012 年。
19. 付平平：《〈孟子〉兩部英譯本的比較研究》（*A Comparative Study on Two English Versions of Mencius*），福建師範大學，碩士論文，2012 年。
20. 李曉春：《目的理論視覺下的理雅各〈孟子〉英譯本研究》（*A Study of James Legg's Translation of Mencius from the Perspective of Skopos Theory*），東華大學，碩士論文，2012 年。
21. 劉張松：《操控理論視覺下的理雅各〈孟子〉研究》（*A Study of James Legge's Translation of Mencius from The Perspective of Manipulation Theory*），上海師範大學，碩士論文，2013 年。
22. 干敏：《析〈孟子〉理雅各英譯本中的語篇銜接手段》（*Analysis of Cohesive Devices in the English Version of James Legge's Mencius*），西南交通大學，碩士論文，2014 年。
23. 鍾雲瑞：《戰國尚書學研究》，曲阜師範大學，碩士論文，2016 年。

（二）期刊論文

1. 羅香林：《王韜在港與中西文化交流之關係》，《清華學報》，臺灣清華大學，1961 年，新 1 卷第 2 期。
2. 山青：《漢英四書讀後》，《上海科技翻譯》，1993 年，第 1 期。
3. 李玉昆：《試談〈易經〉的文學價值》，《河北師範大學學報》，1994 年，第 3 期。
4. 楚至大：《難能可貴與美中不足——評理雅各兩段〈孟子〉的譯文》，《中國翻譯》，1995 年，第 6 期。
5. 宋新：《理雅各——從傳教士到傳播中國文化的使者》，《國際關係學院學報》，1997 年，第 2 期。
6. 廖名春：《郭店楚簡〈成之聞之〉、〈唐虞之道〉篇與〈尚書〉》，《中國史研究》，1999 年，第 3 期。
7. 王世舜：《略論〈尚書〉的整理與研究》，《聊城師範學院學報》，2000 年，第 1 期。
8. 洪濤：《〈孟子〉英譯所涉及的字義問題和文化問題》，《聊城大學學報》，2002 年，第 1 期。

9. 洪濤：《〈孟子〉辯辭的英譯》，《聊城大學學報》，2003 年，第 3 期。
10. 王輝：《理雅各英譯儒經的特色與得失》，《深圳大學學報》，2003 年，第 20 卷第 4 期。
11. 王輝：《理雅各與〈中國經典〉》，《中國翻譯》，2003 年，第 24 卷第 2 期。
12. 岳峰：《理雅各與牛津大學最早的漢語教學》，《世界漢語教學》，2003 年，第 4 期。
13. 岳峰：《理雅各宗教思想中的中西融合傾向》，《世界宗教》，2004 年，第 4 期。
14. 岳峰：《關於理雅各英譯中國古經的研究綜述——兼論跨學科研究翻譯的必要性》，《集美大學學報》，2004 年，第 7 卷第 2 期。
15. 段懷清：《理雅各〈中國經典〉翻譯源起及體例考略》，《浙江大學學報》，2005 年，第 35 卷第 3 期。
16. 費樂仁（Pfister Lauren）著，陳京英譯：《攀登漢學中喜瑪拉雅山巨擘——從比較理雅各（1815～1897）和尉禮賢（1873～1930）翻譯及詮釋儒教古典經文中所得之啟迪》，《（臺灣）中央研究院：中國文哲研究通訊》，2005 年 6 月，第 15 卷第 12 期。
17. 段懷清：《對異邦文化的不同態度：理雅各與王韜》，《二十一世紀雙月刊》，2005 年 10 月，總第 91 期。
18. 段懷清：《理雅各與儒家經典》，《孔子研究》，2006 年，第 06 期。
19. 潘琳：《比較宗教學的先期實踐——理雅各與〈中國信仰之旅〉》，《雲南師範大學教育學報：對外漢語教學與研究版》，2006 年，第 4 卷第 1 期。
20. 章亞琼、斯洪橋：《從儒家術語「仁」的翻譯論意義的播撒》，《成都大學學報》，2007 年，第 21 卷第 5 期。
21. 陳可培：《理雅各研究綜述》，《上海翻譯》，2008 年，第 2 期。
22. 盧靜：《〈禮記〉文學研究綜述》，《社會科學評論》，2008 年，第 4 期。
23. 吳志剛：《准確理解原作是典籍英譯的關鍵——理雅各英譯〈孟子〉指瑕》，《重慶科技學院學報》，2009 年，第 5 期。
24. 姜新：《走向歐洲的〈孟子〉——譯介〈孟子〉的西文圖書略述》，《徐州師範大學學報》，2009 年，第 35 卷第 5 期。
25. 劉單平：《〈孟子〉西譯史述評》，《理論學刊》，2010 年 8 月，第 8 期，總第 198 期。

26. 楊穎育：《百年〈孟子〉英譯研究綜述》，《西昌學院學報》，2010 年 9 月，第 22 卷第 3 期。
27. 金培懿：《作為帝王教科書的〈論語〉——宋代〈論語〉經筵講義探析》，《成大中文學報》，2010 年，第 31 期。
28. 廖名春：《清華簡與〈尚書〉研究》，《文史哲》，2010 年，第 6 期。
29. 李學勤：《清華簡與〈尚書〉、〈逸周書〉的研究》，《史學研究》，2011 年，第 2 期。
30. 廖名春：《清華簡〈尹誥〉研究》，《史學研究》，2011 年，第 2 期。
31. 季紅琴：《〈孟子〉及其英譯》，《外語學刊》，2011 年，第 1 期，總第 158 期。
32. 季紅琴：《〈孟子〉英譯方法解讀——全譯與變譯》，《湖南師範大學社會科學學報》，2011 年，第 4 期。
33. 王佐杰：《〈孟子〉中虛詞「焉」的翻譯》，《宜春學院學報》，2011 年，第 33 卷第 5 期。
34. 劉單平、曾振宇：《他者視域下的儒家經典：〈孟子〉英譯本比較研究》，《孔子研究》，2011 年，第 4 期。
35. 劉光勝：《清華簡與先秦〈書經〉傳流》，《史學集刊》，2012 年，第 1 期。
36. 潘琳：《孟子與巴特勒：從中英近代思想史看理雅各「性善論」的再詮釋》，《國際漢學》，2012 年，第 1 期。
37. 沈俊平：《清代坊刻考試用書的影響與朝廷的回應》，《香港中文大學：中國文化研究所學報》，2012 年，第 54 期。
38. 虞萬里：《由清華簡〈尹誥〉論〈古文尚書．咸有一德〉之性質，《史林》，2012 年 2 月。
39. 傅惠生：《〈漢英對照大中華文庫〉英譯文語言研究》，《外語教學理論與實踐》，2012 年，第 3 期。
40. 陳振慧：《信於本，傳以真——論理雅各的儒經翻譯觀》，《河北工程大學學報》，2012 年，第 29 卷第 4 期。
41. 沈俊平：《清代坊刻四書舉業用書的生產活動》，（臺灣）《漢學研究》，2012 年 9 月，第 30 卷第 3 期。
42. 楊善群：《清華簡〈尹誥〉引發古文〈尚書〉真偽之辯》，《學習與探索》，2012 年，第 9 期。

43. 楊曉斌：《大中華文庫〈孟子〉的英譯問題舉隅》，《黃岡師範學院學報》，2012 年 10 月，第 32 卷第 5 期。
44. 黄懷信：《由清華簡〈尹誥〉看〈古文尚書〉》，《魯東大學學報》，2012 年 11 月，第 29 卷第 6 期。
45. 陳琳琳：《〈孟子〉外譯本概況探析》，《重慶三峽學院學報》，2013 年，第 29 卷第 2 期，總第 144 期。
46. 羅軍風：《理雅各的〈中國經典〉與清代帝王御纂經籍》，《學術論壇》，2013 年，第 8 期，總第 271 期。
47. 陳以風：《近三十年的晚出古文〈尚書〉及〈孔傳〉研究述議》，《古籍整理研究學刊》，2013 年 3 月，第 2 期。
48. 沈俊平：《晚清石印舉業用書生產與流通：以 1880～1905 年的上海民營石印書局為中心的考察》，《香港中文大學：中國文化研究所學報》，2013 年 7 月，第 57 期。
49. 黃正謙：《論耶穌會士衛方濟的拉丁文〈孟子〉翻譯》，《香港中文大學：中國文化研究所學報》，2013 年 7 月，第 57 期。
50. 張菊霞：《從奈達功能對等論看〈孟子〉的翻譯》，《海外英語》，2013 年 11 月。
51. 費樂仁（Pfister Lauren）著，衷鑫恣譯：《傳教士漢學家的中國經典出版比較：理雅各、顧賽芬、衛禮賢》，《國際漢學》，2013 年 11 月，第 24 期。
52. 陳樹千：《理雅各西傳「四書」研究的回顧與展望》，《綏化學院學報》，2013 年 12 月，第 13 卷第 12 期。
53. 韓振華：《孟子是個講「邏輯」的人嗎？——基於對西方漢學視角的考察》，《復旦學報》，2014 年，第 1 期。
54. 陳琳琳：《功能對等視域下中國典籍英譯本探析——以〈孟子〉為例》，《福建江夏學院學報》，2014 年 2 月，第 4 卷第 1 期。
55. 韓振華：《「他鄉有夫子」——十九世紀新教傳教士的〈孟子〉詮釋》，《浙江工商大學學報》，2014 年 5 月，第 3 期，總第 126 期。
56. 楊穎育：《〈孟子〉文學風格翻譯研究》，2014 年 5 月，第 41 卷第 3 期。
57. 張華：《雜合理論視覺下的理雅各〈孟子〉英譯本研究》，《重慶科技學院學報》，2014 年，第 6 期。
58. 吳月珍：《從語域角度看〈孟子〉的英譯》，《遼寧醫學院學報》，2014 年

8 月，第 12 卷第 3 期。

59. 包通法、劉翌：《〈孟子〉譯本與其翻譯研究識度》，《燕山大學學報》，2014 年 12 月，第 15 卷第 4 期。
60. 晁福林：《從清華簡〈說命〉看〈尚書〉學史的一樁公安》，《人文雜誌》，2015 年，第 2 期。
61. 李學勤：《清華簡專題研究：清華簡〈厚父〉與〈孟子〉引〈書〉，《深圳大學學報》，2015 年 5 月，第 32 卷第 3 期。
62. 盧靜：《從古代評點看〈檀弓〉的文學闡釋》，《求索》，2016 年 6 月。
63. 劉秀玲、高曉華：《〈易經〉文學化品質的三維結構》，《北方論叢》，2016 年，第 1 期，總第 255 期。
64. Pfister Lauren F., *The Legacy of James Legge*, in the *International Bulletin of Missionary Research* 22：2, April, 1998.
65. Pfister Lauren F., *From Derision to Respect: The Hermeneutic Passage within James Legge's (1815~1897) Ameliorated Evaluation of Master Kong* (Confucius), *Bochumer Johrbuch Zur Ostasienforschung* 26, 2002.
66. Pfister Lauren F., *Evaluating James Legge's (1827~1897) Assessment of Master Mèng's Theory of the Goodness of Human Nature: Comparative Philosophical and Culture Explorations, in the Universitas: Menthly Review of Philosophy and Culture Explorations*, Vol. 40, No. 3, March, 2013.

附錄一　理雅各《孟子》英譯本注引用中國古典文獻目錄

一、引用經學類文獻

1.《周易》
2.《尚書》
3.《詩經》
4.《周禮》
5.《儀禮》
6.《禮記》
7.《春秋左傳》
8.《論語》
9.《孝經》
10.《孟子》
11.〔南宋〕朱熹：《四書章句集注．孟子集注》
12.〔南宋〕朱熹：《四書或問．孟子或問》
13.〔明〕鄧林、杜定基：《四書補註備旨》
14.〔清〕閻若璩：《四書釋地》
15.〔清〕喇沙里、陳廷敬：《日講四書解義》
16.〔清〕李沛霖：《四書諸儒輯要》
17.〔清〕王步青：《四書朱子本義匯參》

18.〔清〕翁復：《四書遵註合講》
19.〔清〕張甄陶：《四書翼註論文》
20.〔清〕曹之升：《四書摭餘說》
21.〔清〕吳昌宗撰、汪廷機刻：《四書經註集證》
22.〔清〕金澂：《四書味根錄》
23.〔西漢〕許慎：《說文解字》
24.〔明〕張自烈：《正字通》
25.〔清〕康熙：《康熙字典》
26.〔清〕王引之：《經傳釋詞》

二、引用歷史類文獻

1.〔東周〕左丘明：《國語》
2.〔西漢〕司馬遷：《史記》
3.〔西漢〕劉向編：《戰國策》
4.〔東漢〕班固：《漢書》

三、引用諸子類文獻

1.〔戰國〕《墨子》
2.〔戰國〕《莊子》
3.〔戰國〕《管子》
4.〔戰國〕《列子》
5.〔戰國〕荀卿：《荀子》
6.〔西漢〕楊雄：《法言》
7.〔魏〕王肅：《孔子家語》
8.〔南宋〕朱熹：《朱子語類》
9.〔明〕凌迪志：《萬姓統譜》
10.〔明〕馮夢龍：《東周列國志》

四、引用集部文獻

1.〔唐〕韓愈：《韓昌黎集》

附錄二　理雅各《中國經典》英譯本引用中國古典文獻目錄

一、理雅各《中國經典・四書》英譯本引用中國古典文獻目錄

（一）1861 年版《中國經典・四書》〔註 1〕

1. 阮元：《十三經注疏》〔註 2〕
2. 高琳：《新刻批點四書讀本》
3. 王步青：《四書朱子本義匯參》
4. 汪廷機：《四書經註集證》
5. 李沛霖：《四書諸儒輯要）
6. 張甄陶：《四書翼註論文》
7. 翁復：《四書遵註合講》
8. 鄧林撰、杜定基修訂：《新增四書補註附考備旨》
9. 金澂：《四書味根錄》
10. 《日講四書義解》〔註 3〕
11. 《御製周易折中》
12. 《書經傳說彙纂》
13. 《詩經傳說彙纂》
14. 《禮記義疏》

〔註 1〕 James Legge, *The Chinese Classics Vol. I.: Confucian Analects, The Great Learning, and The Doctrine of The Mean*. prolegomena, 1861, p.129~135.

〔註 2〕 理氏作《十三經註疏》，今改之。

〔註 3〕 理氏作《日講書四義解》，今改之。

15.《春秋傳說彙纂》
16. 毛奇齡：《毛西河先生生全集》
17. 曹之升：《四書摭餘說》
18. 江永：《鄉黨圖考》
19. 閻若璩：《四書釋地》
20.《四書釋地續》〔註4〕
21.《四書釋地又續》
22.《四書釋地三續》
23. 阮元編：《皇清經解》
24. 王肅：《孔子家語》
25. 顧沅：《聖廟祀典圖考》
26.《十子全書》（理氏謂只引用了《莊子》、《列子》，1804年版）
27. 蕭智漢：《歷代名賢列女氏姓譜》
28. 馬端臨：《文獻通考》
29. 王圻：《續文獻通考》
30.《二十三史》（由《史記》至《明史》主要引用《史記》《漢書》）
31. 御製：《歷代統紀表》
32. 御製：《歷代疆域表》
33. 畢元編：《墨子》十五卷，《目》一卷
34. 許道基編：《五百家註音辯韓昌黎先生全集》

（二）1895年版《中國經典‧四書》〔註5〕

1. 阮元：《十三經注疏》〔註6〕
2. 高琳：《新刻批點四書讀本》
3. 王步青：《四書朱子本義匯參》
4. 汪廷機：《四書經註集證》
5. 李沛霖：《四書諸儒輯要）
6. 張甄陶：《四書翼註論文》

〔註 4〕理氏將《四書釋地續》、《四書釋地二續》、《四書釋地三續》俱誤作閻若璩所撰。

〔註 5〕James Legge, *The Chinese Classics Vol. I.: Confucian Analects, The Great Learning, and The Doctrine of The Mean.* Prolegomena, p.128~135.

〔註 6〕理氏作《十三經註疏》，今改之。

7. 翁復：《四書遵註合講》
8. 鄧林撰、杜定基修訂：《新增四書補註附考備旨》
9. 金澂：《四書味根錄》
10.《日講四書義解》
11.《御製周易折中》
12.《書經傳說彙纂》
13.《詩經傳說彙纂》
14.《禮記義疏》
15.《春秋傳說彙纂》
16. 毛奇齡：《毛西河先生生全集》
17. 曹之升：《四書拓餘說》〔註 7〕
18. 江永：《鄉黨圖考》
19. 閻若璩：《四書釋地》
20.《四書釋地續》
21.《四書釋地又續》
22.《四書釋地三續》
23. 阮元編：《皇清經解》
24. 王肅：《孔子家語》
25. 顧沅：《聖廟祀典圖考》
26.《十子全書》(理氏謂只引用了《莊子》、《列子》，1804 年版)
27. 蕭智漢：《歷代名賢列女氏姓譜》
28. 馬端臨：《文獻通考》
29. 朱彝尊：《經義考》
30. 王圻：《續文獻通考》
31.《二十四史》(由《史記》至《明史》主要引用《史記》《漢書》)
32. 御製《歷代統紀表》
33. 御製《歷代疆域表》
34. 御製《歷代沿革表》
35. 許慎撰，徐鍇繫傳：《說文繫傳》
36. 戴侗：《六書故》

〔註 7〕理氏作《四書拓餘說》，今改之。

37.《字彙》(萬曆年面世)
38. 康熙御製:《康熙字典》
39.《藝文備覽》
40.《佩文韻府》
41. 阮元:《經籍纂詁并補遺》
42. 畢元:《墨子》十五卷,《目》一卷
43. 許道基編:《五百家註音辯韓昌黎先生全集》

二、理雅各譯《中國經典·書經》英譯本引用中國古典文獻目錄〔註8〕

1. 阮元刻:《十三經注疏·尚書正義》〔註9〕
2. 阮元刻:《十三經注疏·爾雅註疏》〔註10〕
3. 御製:《欽定書經傳說彙纂》
4. 御製:《春秋傳說彙纂》
5. 御製:《欽定周官疏義》
6. 御製:《日講書經解義》
7. 林之奇:《三山拙齋林先生尚書全解》
8. 吳澄:《今文尚書纂言》
9. 陳師凱:《書蔡傳旁通》
10. 王耕野:《讀書管見》
11. 王魯齋:《書疑》
12. 江聲:《尚書集註音疏》
13. 王鳴盛:《尚書後案》
14. 孫星衍:《尚書今古文註疏》
15. 段玉裁:《古文尚書撰異》
16. 古渭:《禹貢錐指》
17. 閻若璩:《古文尚書疏證》
18. 毛奇齡:《古文尚書冤詞》〔註11〕

〔註8〕James Legge, *The Shoo King*, prolegomena, pp.201~207.
〔註9〕理氏作《十三經註疏》,今改之。
〔註10〕理氏作《十三經註疏》,今改之。
〔註11〕理氏寫作「寃」,今改之。

19. 毛奇齡：《尚書廣聽錄》
20. 毛奇齡：《禹典補亡》
21. 胡渭：《洪範正論》
22. 朱彝尊：《經義考》
23. 康熙御製：《御纂朱子全書》
24. 趙翼：《陔餘叢考》
25. 馬端臨：《文獻通考》
26. 蕭智漢：《歷代名賢列女氏姓譜》
27. 《十子全書》
28. 畢沅校刻：《墨子》十五卷，《目》一卷
29. 許道基編：《五百家註音辯韓昌黎先生全集》
30. 許慎：《說文解字》
31. 劉熙：《釋名》
32. 陸德明：《經典釋文》
33. 御製：《康熙字典》
34. 熊守謙：《經韻集字析解》〔註12〕
35. 段諤廷：《四書羣經字詁》，《羣經字詁》〔註13〕
36. 阮元：《經籍籑詁》〔註14〕
37. 《國語》，韋昭注
38. 《戰國策》，高誘注
39. 《呂氏春秋》
40. 《吳越春秋》
41. 《昭明文選》，李善注
42. 《二十四史》
43. 《御批通鑑輯覽》一百六十卷，附明唐桂二王本末三卷
44. 《資治通鑑綱目》
45. 吳乘權：《綱鑑易知錄》
46. 吳璯編注：《竹書紀年》

〔註12〕理雅各譯《中國經典·書經》，第734頁。
〔註13〕理雅各譯《中國經典·書經》，第734頁。
〔註14〕理雅各譯《中國經典·書經》，第735頁。

47. 徐文靖：《竹書紀年統箋》
48. 陳逢衡：《竹書紀年集證》
49. 王鳴盛：《十七史商榷》
50.《大清一統志》
51.《歷代統紀表》
52.《歷代疆域表》
53. 顧炎武：《日知錄》
54.《太平御覽》
55. 陳元龍：《格致鏡原》
56.《事物紀原》
57.《丹鉛總錄》

三、理雅各譯《中國經典・詩經》引用中國古典文獻目錄〔註 15〕

1. 阮元刻：《十三經注疏・毛詩正義》
2. 阮元刻：《十三經注疏・爾雅注疏》
3. 御製：《欽定詩經傳說彙纂》
4. 御製：《春秋》
5. 御製：《禮記》
6. 御製：《周禮》
7. 御製：《儀禮》
8. 呂祖謙：《呂氏家塾讀書記》
9. 范處義：《詩補傳》
10. 李樗、黃櫄、李泳：《毛詩集解》
11. 嚴粲：《詩緝》
12. 朱鑑：《詩傳遺說》
13. 張耒：《詩說》
14. 王柏：《詩疑》
15. 豐坊：《詩傳》
16. 豐坊：《詩說》
17. 徐光啟：《毛詩六帖講意》

〔註 15〕James Legge, "Prolegomena", in *The She King*, pp.172~181.

18. 姜炳章：《詩序廣義》（《詩序補義》）
19. 王韜：《毛詩集釋》
20. 鄒聖脈：《新增詩經補註備旨詳解》
21. 沈李龍：《增補詩體註衍義合參》
22. 薛嘉穎：《詩經精華》
23. 李光地：《詩所》
24. 毛奇齡：《毛西河先生生全集．國風省篇》
25. 毛奇齡：《毛西河先生生全集．毛詩寫官記》
26. 毛奇齡：《毛西河先生生全集．詩札》
27. 毛奇齡：《毛西河先生生全集．詩傳詩說駁義》
28. 毛奇齡：《毛西河先生生全集．白鷺洲主客說詩》
29. 毛奇齡：《毛西河先生生全集．續詩傳鳥名》
30. 陳啟源：《毛詩稽古篇》
31. 戴震：《毛鄭詩考》
32. 戴震：《詩經補註》
33. 段玉裁：《毛詩故訓傳》
34. 段玉裁：《詩經小學》
35. 阮元：《毛詩校勘記》
36. 焦循：《毛詩補疏》
37. 王引之：《詩述聞》
38. 王引之：《經傳釋詞》
39. 李黼平：《毛詩紬義》
40. 曾釗：《詩毛鄭異同辨》
41. 馮登府：《三家詩異文疏證》
42. 范家相撰，葉鈞訂：《重訂三家詩拾遺》
43.《韓詩外傳》
44. 陸機：《毛詩草木鳥蟲魚疏》
45. 蔡卞：《毛詩名物解》
46. 陸佃：《埤雅》
47. 許謙：《詩集傳名物鈔》
48. 朱垣：《毛詩名物略》

49. 徐鼎：《毛詩名物圖說》
50.〔日〕岡元鳳：《毛詩品物圖考》
51. 顧炎武：《音論》
52. 顧炎武：《易音》
53. 顧炎武：《詩本音》
54. 段玉裁：《六書音韻表》
55. 江永：《古韻標準》
56.《守山閣叢書》
57. 許慎：《說文解字》
58. 劉熙：《釋名》
59. 陸德明：《經典釋文》
60. 御製：《康熙字典》
61. 熊守謙：《經韻集字析解》
62. 段諤廷：《四書羣經字詁》
63. 段諤廷：《羣經字詁》
64. 阮元：《經籍籑詁》
65.《玉篇》
66.《六書故》
67. 羅願：《爾雅翼》
68. 林昌彝：《三禮通釋》

四、理雅各譯《中國經典・春秋左傳》英譯本引用中國古典文獻目錄〔註16〕

1. 阮元刻：《十三經注疏・春秋左傳正義》
2. 阮元刻：《十三經注疏・春秋公羊傳注疏》
3. 阮元刻：《十三經注疏・春秋穀梁傳注疏》
4. 御製：《欽定春秋傳說彙纂》
5. 胡安國：《春秋集說》
6. 劉敞：《春秋傳》

〔註16〕Legge James, trans. *The Ch'un Ts'ew with The Tso Chuen*, in *The Chinese Classics* Vol. IV. Re-printed 1872 version by Tai Wan: SMC Publishing Inc. 2011, pp. 136~146.

7. 葉夢得：《春秋傳》
8. 黃仲炎：《春秋通說》
9. 張洽：《春秋集註》
10. 呂大圭：《春秋或問》
11. 陳深：《讀春秋編》
12. 齊履謙：《春秋諸國統紀》
13. 程端學：《春秋或問》
14. 程端學：《春秋本義》
15. 李廉：《春秋諸傳會通》
16. 趙汸：《春秋師說》
17. 趙汸：《春秋屬辭》
18. 趙汸：《春秋左氏傳補註》
19. 杜預：《春秋釋例》
20. 邵寶：《左傳杜解補正》
21. 萬斯大：《學春秋隨筆》
22. 毛奇齡：《春秋毛氏傳》
23. 毛奇齡：《春秋簡書刊誤》
24. 毛奇齡：《春秋屬辭比事記》
25. 惠士奇：《春秋說》
26. 江永：《春秋地理考實》
27. 沈彤：《春秋左傳小疏》
28. 惠棟：《春秋左傳補註》
29. 莊存與：《春秋正辭》
30. 焦循：《春秋左傳補疏》
31. 馬宗璉：《春秋左傳補註》
32. 劉逢祿：《公羊何氏釋例》
33. 劉逢祿：《公羊何氏解詁箋》
34. 劉逢祿：《發墨守評》
35. 劉逢祿：《穀梁廢疾申何》
36. 劉逢祿：《左氏春秋考證》
37. 劉逢祿：《箴膏肓評》

38. 趙坦：《春秋異文箋》
39. 凌曙：《公羊禮說》
40. 王引之：《經義述聞》
41. 高士奇：《春秋地名考略》
42. 顧棟高：《春秋大事年表》
43. 嚴蔚：《春秋內傳古註輯存》
44. 朱鶴齡：《左氏春秋集說》
45. 毛奇齡：《春秋占筮書》
46. 毛奇齡：《春秋條貫編》
47. 李式穀：《春秋衷要》
48. 常茂徠：《讀左漫筆》
49. 俞越：《春秋左傳平議》
50. 馮李驊、陸浩：《左繡》
51. 姜炳章：《讀左補義》
52. 王韜：《春秋左氏傳集釋》
53. 王韜：《春秋朔閏考辨》
54. 王韜：《春秋日食圖說》
55. 王韜：《春秋問答》
56. 魏禧：《左傳經世鈔》
57. 林雲銘：《古文析義》

附錄三　理雅各《孟子》英譯本三個版本書影

一、1861 年版

THE WORKS OF MENCIUS.

BOOK I.

KING HWUY OF LEANG. PART I.

孟子

梁惠王

章句上

孟子見梁惠王。王曰，叟，不遠千里而來，亦將有以利吾國乎。

CHAPTER I. 1. Mencius went to see king Hwuy of Leang.

2. The king said, "Venerable sir, since you have not counted it far to come here, a distance of a thousand *le*, may I presume that you are likewise provided with counsels to profit my kingdom?"

TITLE OF THE WORK. 孟子,—'The philosopher Mang.' The Work thus simply bears the name, or surname rather, of him whose conversations, and [illegible] it relates, and is said to have been compiled in its present form by the author himself. [illegible] the use of 子, after the surname, see on Ana. I. i. The surname and this 子 were combined by the Romish Missionaries, and latinized into Mencius, which it is well to adopt throughout the translation, and thereby avoid the constant repetition of the word 'philosopher.' Mang [illegible] being distinguished, like K'ung (Confucius), by the [illegible] epithet of 'The Master.'

TITLE OF THIS BOOK. 梁惠王章句上.—'King Hwuy of Leang, in chapters and sentences. Part I.' Like the books of the Confucian Analects, those of this Work are headed by two or three characters at or near their commencement. Each Book is divided into two parts, called 上下, 'Upper and Lower.' This arrangement was made by Chaou K'e (趙岐), a scholar of the eastern Han dynasty (died A. D. 201), by whom the chapters and sentences were also divided, and the 章句上, 章句下, [illegible] to the present day, a memorial of his work.

CH. 1. BENEVOLENCE AND RIGHTEOUSNESS MENCIUS' ONLY TOPICS WITH THE PRINCES OF HIS TIME; AND THE ONLY PRINCIPLES WHICH CAN MAKE A COUNTRY PROSPEROUS. 1. 'King Hwuy of Leang.'—In the time of Confucius, Tsin (晉) was one of the great States of the empire, but the power of it was usurped by six great families. By B. C. 452, three of these were absorbed by the other three, viz. Wei, Chaou, and Han (魏, 趙, and 韓), which continued to encroach on the small remaining power of their prince, until at last they extinguished the royal house, and divided the whole territory among themselves. The emperor Wei Lee (威烈), in his 23rd year, B. C. 403, conferred on the chief of each family the title of *Prince* (侯). Wei, called likewise, from the name of its capital, Leang, occupied the south-eastern part of Tsin, Han and Chaou lying to the west and north-west of it. The [illegible], when Mencius visited king Hwuy, is said to have been in the present department of K'ae-fung. Hwuy—'The Kindly'—is the posthumous epithet of the king, whose name was Yung (罃). The title of *king* had been usurped by Ying, or some time before. Mencius first visited him, which, it is said, he did in the [illegible] year of his government, B. C. [illegible]. Mencius visited him on invitation, it must be supposed, and the simple 見 [illegible] 往見.

2. Mencius was a native of Tsow (鄒), in Loo, the name of which is still retained in the [illegible]

二、1875年版

THE WORKS OF MENCIUS.

BOOK I.

KING HWUY OF LĒANG. PART I.

CHAPTER I. 1. Mencius [went to] see king Hwuy of Leang.

The *title of the Work* in Chinese is simply Măng-tsze, or "The Philosopher Măng," thus simply bearing the name, or surname rather, of him whose conversations and opinions it relates, and which, it is said, were compiled in their present form by himself. He is always called Máng-tsze, or Mencius, throughout the work, and not "the Master," which epithet is confined to Confucius. See on the Analects, I. i. See also the sketch of Mencius' life in the Prolegomena.

The *title of this Book* in Chinese is—"King Hwuy of Léang: in chapters and sentences. Parts I. and II." Like the Books of the Confucian Analects, those of this work are headed by two or three words at or near the commencement of them. Each Book is divided into two parts. This arrangement was made by Chaou K'e, who has been spoken of in the Prolegomena, and to him are due also the divisions into chapters, and sentences or paragraphs containing, it may be, many sentences

CH. I. BENEVOLENCE AND RIGHTEOUSNESS MENCIUS' ONLY TOPICS WITH THE PRINCES OF HIS TIME; AND THE ONLY PRINCIPLES WHICH CAN MAKE A COUNTRY PROSPEROUS.

Par. 1. "King Hwuy of Leang"—In the time of Confucius, Tsin was one of the great States, perhaps the greatest State, of the kingdom,—but the power of it was usurped by six great families or clans. By B.C. 452, three of these were absorbed by the other three, the clans, namely, of Wei, Chaou, and Han, which continued to encroach on the small remaining authority of their princes, till at last they divided the whole territory among themselves. King Wei-leeh, in B.C. 402, granted to the chief of each family the title of Marquis. Wei, called also, from the name of its capital, Lëang, occupied what had been the south-eastern part of Tsin, Han and Chaou lying to the west and north-west of it. The Lëang, where Mencius visited king Hwuy, is said to have been in the present district of Ts'eang-foo, department K'ae-fung. Hwuy—"of soft disposition and kind to the people"—was the posthumous or sacrificial epithet of the king, whose name was Yung. He had usurped the

三、1895年版

THE WORKS OF MENCIUS.

BOOK I.

KING HÛI OF LIANG. PART I.

孟子

梁惠王

章句上

一 孟子見梁惠王。王曰，叟不遠千里而來，亦將有以利吾國乎。

CHAPTER I. 1. Mencius *went to* see king Hûi of Liang.

2. The king said, 'Venerable sir, since you have not counted it far to come here, a distance of a thousand *lî*, may I presume that you are provided with counsels to profit my kingdom?'

TITLE OF THE WORK.—孟子, 'The philosopher Măng.' The Work thus simply bears the name, or surname rather, of him whose conversations and opinions it relates, and is said to have been compiled in its present form by the author himself. On the use of 子, after the surname, see on Analects, I. i. The surname and this 子 were combined by the Romish missionaries, and latinized into Mencius, which it is well to adopt throughout the translation, and thereby avoid the constant repetition of the word 'philosopher,' Măng not being distinguished, like K'ung (Confucius), by the crowning epithet of 'The Master.'

TITLE OF THIS BOOK.—梁惠王章句上, 'King Hûi of Liang, in chapters and sentences. Part I.' Like the Books of the Confucian Analects, those of this Work are headed by two or three characters at or near their commencement. Each Book is divided into two parts, called 上下, 'Upper and Lower.' This arrangement was made by Châo Ch'î (趙岐), a scholar of the eastern Han dynasty (died A.D. 201), by whom the chapters and sentences were also divided, and the 章句上, 章句下 remain to the present day, a memorial of his work.

1. BENEVOLENCE AND RIGHTEOUSNESS MENCIUS'S ONLY TOPICS WITH THE PRINCES OF HIS TIME; AND THE ONLY PRINCIPLES WHICH CAN MAKE A COUNTRY PROSPEROUS. 1. 'King Hûi of Liang.'—In the time of Confucius, Tsin (晉) was one of the great States of the nation, but the power of it was usurped by six great families. By B.C. 452, three of these were absorbed by the other three, viz. Wei, Châo, and Han (魏, 趙, and 韓), which continued to encroach on the small remaining power of their prince, until at last they extinguished the ruling house, and divided the whole territory among themselves. The sovereign Wei Lieh (威烈), in his 23rd year, B.C. 402, conferred on the chief of each family the title of Marquis (侯). Wei, called likewise, from the name of its capital, Liang, occupied the south-eastern part of Tsin, Han and Châo lying to the west and north-west of it. The Liang, where Mencius visited king Hûi, is said to have been in the present department of K'âi-fâng. Hûi, 'The Kindly,' is the posthumous epithet of the king, whose name was Yung (罃). The title of *king* had been usurped by Ying, at some time before Mencius first visited him, which, it is said, he did in the 35th year of his government, B.C. 336. Mencius visited him on invitation, it must be supposed, and the simple 見-被招往見. 2. Mencius was a native of Tsâu (鄒), in Lû, the name of which is still retained in the Tsâu district of the department of Yen-châu (兗州), in Shan-

致　謝

本書得以完成，首先是要感謝我的信仰，作為一個基督教的傳道人，不是到基督教的神學院讀博士，反而到大學攻讀博士學位，現在又將論文成書出版，而且內容又與基督教只能沾上些微的關係。實在感謝我所信的上帝奇妙帶領與安排。此外，在博士課程的最後一個科目完結之際，我的太太就確診患上了癌症。在寫這份畢業論文的兩年之間，每週都用最少兩天時間陪太太到醫院看醫生、複診、檢查等，真的有點疲倦。而且，太太因癌症而不能工作，家中的經濟壓力也變得越見沉重。而我自己也因練拳不小心，導致右腳五條腳指筋都撕裂了，腳指的關節也出了毛病，因腳痛關係在床上先後躺了兩個月。在這情況下可以完成這份論文，實在倍覺艱辛。

在此，也要感謝太太對我的支持，有時只她一個人到醫院複診，讓我有更多時間寫論文，家中面對的經濟壓力，她也沒有怨言。而且，她更不顧疲倦，幫我校改論文，提供意見。

同時，也感謝指導教授張三夕老師，老師不厭其煩的與我討論論文大綱的規範。因為我一直以來都是使用中國香港的大學論文格式，一旦轉用中國大陸的大學論文格式，遇到不少困難，有些用詞並不相同，有些標點符號也要重新學習使用。張教授很耐心的修正我的論文問題，對我增益不少。

感謝孫文憲、戴建業、王齊洲、湯江浩、王煒等老師在開題報告會上給我提供寶貴的意見。

感謝答辯祕書安敏對博士論文答辯工作的細緻安排。

感謝曾軍、鄧凱、鄒明軍、李程、蘇小露、羅昌繁諸位學長校改這篇論文，指出很多錯漏之處，使這篇論文生色不少。

也要感謝鄭運蘭同學，她是遲我一年的香港教學點的同學，是香港大學的畢業生。在她幫助下，有不少只能在香港大學圖書館才可以找到的文獻與著作，她都為我影印或借閱出來，使我的論文在文獻資料方面，完備不少。

梁鑑洪

2023 年 3 月